社会科学研究方法系列丛书

如何设计调查问卷

翟振武 等 ◎ 编

中国人民大学出版社
·北京·

目　录

第一章　导论 …………………………………………………… 1
　第一节　什么是调查问卷 ……………………………………… 1
　第二节　调查问卷的作用 ……………………………………… 9
　第三节　调查问卷的分类 ……………………………………… 17

第二章　调查问卷设计的基本原则和步骤 …………………… 24
　第一节　调查问卷设计的基本原则 …………………………… 25
　第二节　问卷设计的基本步骤 ………………………………… 41

第三章　调查问卷问题设计的要求和规则 …………………… 60
　第一节　题目设计的要求和规则 ……………………………… 60
　第二节　答案设计的要求和规则 ……………………………… 63
　第三节　语言表述的要求和规则 ……………………………… 69

第四章　调查问卷的常见题型 ………………………………… 80
　第一节　按题目形式划分的问题类型 ………………………… 80
　第二节　按提问方式划分的问题类型 ………………………… 93

第三节 按题目内容划分的问题类型 …………………………………… 97
第四节 需要特殊操作方法的问题类型 ………………………………… 99

第五章 调查问卷的结构与布局 …………………………………… **107**
第一节 问卷的结构 ……………………………………………………… 108
第二节 不同类型问题的编排格式 ……………………………………… 133
第三节 问卷的排版及布局 ……………………………………………… 139

第六章 客观性问题的提问策略 …………………………………… **146**
第一节 一般性客观问题的提问策略 …………………………………… 147
第二节 敏感性客观问题的提问策略 …………………………………… 155
第三节 客观性问题的其他注意事项 …………………………………… 162

第七章 主观性问题的测量及提问策略 …………………………… **168**
第一节 主观性问题的类型 ……………………………………………… 169
第二节 主观性问题的测量技术 ………………………………………… 172
第三节 量表的其他注意事项 …………………………………………… 183

第八章 网络调查 ……………………………………………………… **187**
第一节 什么是网络调查 ………………………………………………… 187
第二节 网络调查的利与弊 ……………………………………………… 190
第三节 网络调查的注意事项 …………………………………………… 201
第四节 网络调查的实施 ………………………………………………… 207

第九章 问卷评估 ……………………………………………………… **218**
第一节 评估问卷的综合性方法 ………………………………………… 218
第二节 问卷的信度和效度评估 ………………………………………… 230

附录 问卷示例 ………………………………………………………… **250**
一、2005年全国1‰人口抽样调查问卷（表格） …………………… 250

二、跳答类问题示例 ·· 254
三、2018年中国老年社会追踪调查（CLASS）问卷（居民问卷）······· 256

参考文献 ·· 306
后记 ·· 308

第一章

导　　论

第一节　什么是调查问卷

一、社会调查的方法

人们对客观世界及其发展规律的认识，有赖于对客观事物的考察、调查和研究。由于社会科学的研究对象具有持续性、复杂性和难以复制等特点，它很少像自然科学那样，可以通过各种各样的实验进行研究。社会科学通常需要使用社会调查的方法来分析和研究特定主题、掌握信息和寻找规律。"没有调查就没有发言权"，反映的正是这个道理。调查问卷是社会调查的常用工具之一。因此，在介绍调查问卷之前，有必要对社会调查及其常用方法做一简单介绍。

社会调查是由个人或组织实施的，主动、系统地收集和分析相关社会信息以考察、了解和预测特定社会现象的认识活动。社会调查通常会运用一种或者多种科学的方法或经验的研究手段来收集相关信息，其主要目的是通过对所收集的信息进行定性或者定量的分析，掌握某些特定社会现象的现状，并探索其发生、发展和变化的规律。

社会调查的具体方法有多种。根据调查方式，社会调查可被划分为直接调查和间接调查。直接调查是调查者通过直接接触调查对象所进行的调查，比如实地观察、访谈等；间接调查是利用某种中介手段或方法，间接地对研究对象所进行的调查，比如文献研究、问卷调查等。这些调查方法具有各自的优点和缺点，所以适用的范围有所不同。一般来说，社会调查所采取的方法通常是几种调查方法的组合。

实地观察法，要求调查者置身于所调查的地域或者群体中，通过对调查对象的近距离直接观察，达到社会调查的目的。由于调查者可以直接观察调查对象及其行为方式，所以实地观察法通常被认为是最可靠的社会调查方法。实地观察法被大量运用于人类学领域，在社会调查领域也越来越多地被使用。费孝通先生的博士论文《江村经济》就是在社会调查工作中应用实地观察法的典范。1936年，费孝通先生在江苏吴江县（今苏州市吴江区）一个叫开弦弓村（又名江村）的村庄进行了为期几个月的调查。在这几个月里，费孝通先生成为村庄的一分子，与村民一起从事生产，一起生活，一起聊天交流，详细、全面地了解了当时江村村民社会活动方方面面的情况。根据这些资料写成的《江村经济》已经成为研究中国农村问题的经典书目之一。实地观察法可以说是对所有科学研究（包括自然科学研究和社会科学研究）都适用的一种方法，它要求人们直接对研究对象进行观察，并对观察到的现象进行归纳、提炼和解释。在社会调查中，实地观察法能帮助研究者直接感受到研究对象的情感、态度，发掘它们产生的原因，特别适用于对某类群体行为或现象进行深层次的研究。但是，实地观察法也存在着明显的局限性，比如缺乏一定的程序、受研究者主观因素影响较大、结果的代表性常常会受到质疑等。

访谈法是指调查者面对面地或者通过现代通信工具与调查对象进行交谈，以获取所需信息、达到社会研究目的的方法。访谈可以分为结构化访谈和无结构访谈。结构化访谈是指调查者按照一定的程序和设计好的提纲，通过与调查对象进行各种形式的交流来收集信息的方法。而在无结构访谈中，调查者并不按照某一固定程序和提纲向调查对象进行提问，而是围绕某个主题与调查对象进行自由的交流，通过这样的方式来收集资料。访谈法的优点是可以深入了解、挖掘调查对象的心理活动，对调查对象的态度、想法及特定社会行为的动机等深层次的内容有详细的了解。它的缺点是工作量大、成本高、不容易量化、研究结论的推广难度较大。而且，访谈法对调查者的要求比较高，实施访谈法需要对调查者进行专业的训练。此外，在访谈中，调查对象由于种种原因做出扭曲和失真陈述的风险也很大，对研究者来说，控制这种风险是比较困难的。

文献研究法是通过对某领域已有文献和研究成果进行检索和归纳，以达到社会调查目的的方法。由于在文献检索中，研究者并不直接接触研究对象，所以有的研究者并不把文献研究法归为一种社会调查方法。但是也有部分研究者，认为文献研究法通过收集一些关于研究对象的资料，并对其进行整理、归纳和分析，来实现研究目的，属于一种间接的社会调查方法。文献研究法所研究的资料既包括以文字、符号、图画等形式保存的文献资料，也包括政府和其他研究者所收集和发布的统计数据。文献研究法的优点是省时、省力，研究者在研究过程中对研究对象的干扰非常小，而且研究者可以充分利用前人的研究成果，避免重复劳动。但是，文献研究法也存在明显的局限性：由于调查资料的二手性，研究者对特定问题的研究受限于前人所做研究的视角、方法和范围，缺乏针对性，许多资料也许并不符合研究者的研究目的，质量也很难得到保证。所以研究者在使用文献研究法进行研究时，一定要对收集到的资料的适用范围和质量等情况进行评估。

问卷调查法是调查者通过问卷对调查对象的某些社会生活状况及其对于某些社会现象或行为的看法、态度等方面进行询问并记录的调查方法。调查者使用事先设计好的标准化的问卷收集信息，对调查对象进行研究分析。问卷调查法的优点是效率高，可以在短时间内进行大样本调查，收集大量内容丰富、详细的资料，易于量化分析，而且调查者的个人因素对调查质量的影响较小。它的缺点是成本较高，研究时间较长，而且在研究深入性方面明显不足，在解释现象产生原因方面的研究效度及信度（即有效性和可靠性）都不高。

二、问卷调查的历史

问卷调查有着非常悠久的发展历史，大体可以分为三个发展阶段。

问卷调查的第一个发展阶段是古代的社会调查。自从奴隶社会出现阶级、国家、战争等社会现象以来，统治者对内维持国家运转、对外进行战争都需要征收税赋、征集士兵，所以必须对社会的基本状况进行调查。这些调查主要依靠简单的观察、直接的访问和简单的记载和汇总来实现，可以说是近现代社会问卷调查的雏形。比如古埃及早在公元前3000年就实行了每两年一次的关于全国人口、土地和财产的清查。古罗马、古巴比伦和古印度都有相似的关于人口和财产状况的调查。中国早在公元前2000年左右的夏禹时代就进行过较大规模的人口和土地调查，此后历朝历代都有完整、精确的关于人口和土地情况的调查统计。比如，西周不仅进行了公开的人口调查，还有专门负责人口统计和调查的官吏，称"司民"，他们是在中央司寇管辖下的专门负责人口统计和调查的专职官员。西汉统治者将人口调查与课税联系在一起，不仅调查各州、郡户数和平均户规模，还调查户中人口的性别和年龄，规定按年龄大小课税。隋朝时期，全国曾进行"大索貌阅"和实行"输籍法"，以核实人口。所谓"大索貌阅"，即人口调查。明朝建立以后，在全国推行"户帖"制度，"户帖"制度实质上就是一种全国性的人口情况调查和户籍管理制度。[1]

问卷调查的第二个发展阶段是近代的社会调查。在这个发展阶段，组织社会调查的主体更加多元化，调查的内容也变得更为丰富。政府或议会仍然是组织调查的主体，调查的主要目的是有效地管理国家和社会。比如，1748年瑞典进行的人口普查通常被看作现代意义上的问卷调查的起源。英、法等国也从1801年开始进行定期的人口普查。除了政府部门实施的一些调查以外，一些社会改良家和学者们也为解决一些社会问题而进行了调查。比如英国慈善家霍华德开展的关于监狱情况的调查研究、英国学者布斯关于伦敦市民生活状况的调查和法国社会学家帕朗-杜夏特莱关于巴黎卖淫现象的调查等。

从20世纪开始，问卷调查进入了一个全新的发展阶段——第三个发

---

[1] 董友涛. 中国古代人口统计发展史叙略. 人口学刊，1989（5）：30-36.

展阶段，调查范围进一步扩大到了民意调查、市场调查、学术研究等领域。20世纪上半叶，美国的一些杂志和学者进行了多次以预测美国总统大选结果为目的的民意调查，成功案例和失败案例的对比及其引发的思考，极大地推动了问卷调查技术的发展和完善。《文学摘要》（Literary Digest）杂志通过简单的问卷调查（从电话簿、车牌等名单中选出调查对象，向他们邮寄明信片，询问他们在即将来临的总统大选中会把票投给哪位总统候选人），准确地预测了从1920年起连续五届总统大选的结果。1936年，《文学摘要》扩大了调查数量，发出1 000万张民意调查选票，并回收了其中的200多万张。统计结果显示，57%的人倾向于在大选中支持共和党候选人阿尔夫·兰登，只有43%的人会把票投给另外一个候选人富兰克林·罗斯福。但是两星期之后的大选结果和调查结果大相径庭：罗斯福以61%的得票率赢得连任。与《文学摘要》失败的预测相比，另外一位学者乔治·盖洛普则通过采用配额抽样设计的民意调查准确地预测到大选结果。盖洛普的抽样以对抽样总体特征的把握为基础，根据性别、收入、年龄、种族、城乡构成等人口总体的结构特征有针对性地选择调查对象。此后，盖洛普民意调查所又利用同样的方法，准确地预测了三届总统大选的结果，并逐渐发展为一个世界性的民意调查机构。另外，随着商品的丰富化和市场竞争的加剧，企业和厂商们越来越重视对消费者偏好和对产品的评价的研究，所以专门的市场调查开始兴起，主要对消费者的消费偏好、购买习惯等方面进行调查。广大学者在社会研究中对调查问卷的应用越来越普遍，调查所涉及的范围也在不断扩大。统计学家、经济学家和社会学家为了进行学术研究，常常利用问卷调查来收集人们关于某一方面问题的知识、态度、行为等信息和这些人的基本特征信息，为研究提供数据支持。与古代和近代的问卷调查相比，现代的问卷调查有许多不同的特点：一是调查目的不再局限于为国家和政府服务，而更多面向整个社会和居民生活；二是形成了专门的调查机构和人员，社会调查已经成为一种成熟的职业；三是关于调查方法和技术的理论和实践也在不断发展，社会调查逐渐成为一门独立的学科。

三、调查问卷

顾名思义，调查问卷（questionnaire）是社会调查中的问卷调查法所使用的工具，它是根据研究目的，把调查内容设计成一系列依据特定规则和要求组织起来的问题，用于收集个人、家庭或组织某方面的基本情况及其对于某特定问题或现象的态度、观点或者其行为方式等方面的信息。调查问卷通常是标准化的纸质印刷品，但是随着互联网以及信息化办公技术的逐渐发展，电子界面的调查问卷也越来越普及。

在运用传统纸质问卷进行调查的具体过程中，可由调查者将问卷发放给每一个调查对象，请他们按问卷要求自己填写；也可由调查者或他人通过向调查对象询问来获得答案，并进行填写。研究者对回收的问卷进行编码、录入和统计分析，就可以获得问卷所反映的调查信息。

随着现代科学技术的发展，区别于传统纸质问卷的电子问卷得到了广泛的应用。电子问卷一般通过互联网发布，要求调查对象在网页上进行填答，然后答案将通过网络反馈给研究者并被直接保存在数据库中。电子问卷具备成本较低、操作方便、调查对象易获得、省时省力等优势，但是也存在着许多局限。首先，通过网络的途径寻找到调查对象并不是一种概率抽样，样本很可能存在较大的偏差，因为只有拥有上网设备和网络条件的群体才能接触到这类问卷，而且一般愿意参与某个领域调查的群体往往是对这方面内容比较感兴趣的人，其代表性可能存在偏差。其次，通过互联网方式收集的问卷在质量上往往得不到保证。一方面，调查对象在不理解问题及答案的含义时没有调查者可以咨询；另一方面，调查对象在进行互联网电子问卷填答时由于隐匿性，填答态度往往不如在当面访问中填答问卷时认真，随意性比较大。考虑到互联网电子问卷的局限性，一种新的技术——个人数字助理（personal digital assistant，PDA）开始被应用在问卷调查中。这类电子问卷的载体是与数据中心相连的手持终端设备。调查对象直接在终端设备上读取问卷问题并进行选择，调查结果可以通过终端设备被传导回中心数据库并保存。PDA 技术与纸质问卷相比较是一项巨大的进步。它能通过事先的设计，对一些复杂的跳答问题进行设置，给调查对象的填答过程带来了很大的方便，也节省了调查者在引导和纠正调查对象填答行为方面的时间，同时填答的答案能被直接保存为数据文件，省去了编码、录入等环节，避免了由编码和录入带来的误差，提高了调查的质量，还节约了大量的纸张。与互联网电子问卷相比，基于PDA技术的电子问卷也具备一定的优势，比如仍然可以按照严格的概率抽样方法来选择调查对象，调查对象也仍然能与调查者进行交流，遇到不理解的地方可以向其询问。可以说，PDA技术将调查者面访和电子问卷的优势结合在了一起。但是，基于PDA技术的电子问卷仍存在着一些问题，比如设备成本高，电子输入不符合大多数人的填写习惯，不能同时进行大规模的调查，也不适用于开放式问题，等等。

不同介质问卷的不同特点也提示人们，在采用不同方式和工具进行调查的过程中，问卷的形式和题目设置非常重要。比如，对于基于PDA技术的电子问卷来说，它更适用于封闭式问题，因为：人们利用电子设备进行文字输入，明显比直接手写费时费力；电子问卷的题目和答案选项要比较简单，避免跨屏；问卷结构可以比较复杂，因为内置的程序会引导人们自动回答下一题目。对于传统纸质问卷来说，它适用于结构比较简单的调查，且要尽量避免调查对象在填答过程中来回翻页和跳答；同时，可以在纸质问卷中设置一些开放式问题，以收集到更丰富的信息。

调查问卷具备了标准化特征，即具有固定、标准的格式与内容，所以可以方便地被用来在大规模人群中获取整体系统的信息。相对于文献研究法的社会调查形式，问卷调查法自主性更强，可在前人研究的基础上对某研究主题进行有针对性的、更深入的资料收集。相对于实地观察法和访谈法，问卷调查法具有标准化、方便快捷、规模大、成本低和受调查者自身因素影响小等优点。而且，它更容易收集到调查对象的行为方式、观点、喜好和人口特征等方面的量化数据，更适用于定量分析。鉴于上述优势，目前问卷调查法已经成为社会科学研究中最为常用的工具之一，被广泛运用于社会科学的实证研究、市场调查与市场预测以及各类民意调查之中。一些世界著名的大型调查，比如世界各国的人口普查、综合社会调查、世界生育率调查和世界营养状况调查都采用了问卷调查的形式。

在具体的问卷调查过程中，问卷设计与其他各个环节互相配合、环环相扣，帮助研究者实现其研究目的。一般来说，研究者要根据研究目的确定研究对象——研究者希望研究的某一社会现象或某一类人。然而，由于受到客观条件的限制，研究者不能调查每一个研究对象，而是要在研究对象总体中抽取一部分个体，通过这部分个体所反映出来的属性或特征来推断总体的属性或特征。从总体中抽取部分个体的行为就是抽样，抽样要解决对象的选取问题，要在庞大的总体和有限的人力、物力之间实现平衡，所以抽样既是一门技术，也是一门艺术。抽样所选取的个体就是需要进行问卷填答的调查对象。问卷本身是将研究目的和研究内容不断细化，将抽象概念转化为可观察和可测量的具体指标而形成的一种调查媒介。当问卷被收集回来以后，研究者需要对其进行编码，把调查对象的答案转化为便于储存的、抽象的数字和符号。通常，问卷的信息还要经过层层审核，包括检查是否有漏答、错答，是否有逻辑性错误，等等。一旦发现有漏答、错答现象，就要重新联系调查对象或者利用逻辑关系、增设假设进行填补或改正。经过这些审核和修改后，问卷才能进入数据录入的环节。一般数据录入会采取双录入核查比对的方法。这是由于在数据录入中发生错误的概率比较高，但在同一处地方两次录入发生同样错误的概率非常低，所以通过双录入筛选出两次录入不一致的地方，再与原始问卷进行比对并改正，能大大减少录入错误的发生。最后，研究者就能运用各种分析方法和软件对问卷调查的数据进行分析和处理工作。上面提到的各个环节所包含的内容都非常丰富，所需要掌握的理论、方法和技术也很多，本书的主要内容是介绍问卷的设计和评估环节，但是其他环节与问卷设计也有着非常密切的关系，读者如果感兴趣，可以阅读有关抽样、数据处理和分析等内容的专门书籍。

第二节 调查问卷的作用

调查问卷在学术研究、市场调查、民意调查中都有着广泛的应用，学术研究机构、政府机关、企事业单位中使用调查问卷的情况也越来越多。在关于社会生活、社会现象的调查中，以及在社会科学的学术研究中，政府部门或学者们往往利用问卷收集相关群体有关社会生活、社会活动的现状、问题等信息，探索这些现象背后的一般规律，并根据这些规律制定相应的对策或建议，促进社会进步，比如居民社会生活调查、老年社会保障调查等。在市场调查中，企业常常利用问卷来收集消费者的消费习惯、消费偏好和对产品类型、定位、用途、包装和价格的评价等方面的信息，比如市场占有率调查、新产品市场反应调查等。在民意调查中，政府或者专门的民意调查机构运用问卷，针对社会热点问题，对民众的态度、倾向和意见进行调查，比如关于美国总统选举的民意测验、全国社情民意调查等。概括来说，调查问卷有以下三个方面的作用。

一、调查问卷的描述作用

调查问卷能够对调查对象的基本情况、行为方式和态度等现实状况进行描述，解决"是什么"和"怎么样"的问题。

（一）对调查对象基本情况的描述

对社会现象的分析和研究、国家或地方政府相关政策的制定和实施、对组织和机构的管理等均有赖于对特定地域、特定群体基本情况的准确把握。这里的基本情况可以包括很多方面。如在一项政策的论证阶段，首先要了解受政策影响的群体的基本情况，包括人口学特征（如人口数量、性别构成、年龄构成、教育构成、婚姻状况和地域分布等）和社会学特征（如社会分层、收入构成、城乡构成等）。调查问卷能很好地解决这一问题

(见例1-1)。

例1-1：某问卷里关于个人基本情况的一部分问题

A	B	C	D	E
性别 1 男 2 女	出生年月	出生地 1 本乡镇/街道 2 本县/市/区外乡镇/街道 3 本省的外县/市/区 4 外省 5 境外 6 其他	民族 1 汉 2 少数民族	受教育程度 1 未上学 2 小学 3 初中 4 高中 5 中专 6 大学专科 7 大学本科 8 研究生
|_|	|_|_|_|_|年|_|_|月	|_|	|_|	|_|

(二) 对调查对象行为方式的描述

特定群体某方面的行为特征是什么样的？不同特征的群体针对特定事件的行为方式存在什么异同？不同特征的群体针对特定事件的行为方式的特点是什么？这是很多社会研究者和政策制定者必须考虑的问题。调查问卷可以很方便地为研究者提供这方面的答案，帮助研究者了解人们在特定领域的行为方式以及不同群体所表现出的各自的行为特点，很多时候我们会发现不同群体的行为方式差异很大。下面就是某一调查问卷中为了解流动人口在休闲、交往等活动中不同的行为方式而设计的一部分问题（见例1-2）。

例1-2：有关休闲交往状况的调查

Q1. 如果您遇到经济困难，您首先向谁求助？

(1) 本市的家庭成员　　(2) 本市的亲戚　　(3) 同乡

(4) 本地朋友　　(5) 雇主　　(6) 社区干部

(7) 警察　　(8) 当地政府部门　　(9) 家乡政府部门

(10) 谁都不找　　(11) 其他，请说明_____

第一章　导论

Q2. 您休闲的时候主要干什么？_____、_____、_____

（提示：根据参与的频繁程度由多到少依次选择 3 项）

(1) 看电视/电影/录像　　　　(2) 下棋/打牌/打麻将

(3) 逛街/逛公园　　　　　　(4) 参加体育活动/锻炼身体

(5) 读书/看报/学习　　　　　(6) 上网/玩电脑游戏

(7) 与家人朋友聊天　　　　　(8) 发呆/睡觉

(9) 做家务　　　　　　　　　(10) 其他，请说明_____

Q3. 您业余时间在本地和谁来往最多？

(1) 户籍人口同乡　　(2) 流入人口同乡　　(3) 其他本地人

(4) 其他外地人　　　(5) 很少与人来往

（三）对关于事物和社会行为的态度等心理活动的描述

态度是人们在自身道德观和价值观基础上形成的对事物的评价和行为倾向。态度表现在对外界事物的内在感受、情感和意向三方面。激发态度中的任何一个方面，都会引发另外两个方面的相应反应。在长期的社会实践中，人们总会对事物形成一定的看法和观念，其影响因素很多、很复杂，对具有不同特征的群体的态度差异研究也是研究者比较感兴趣的课题之一。在进行态度差异研究的时候，对于具有相同特征个体的态度的概括和总结，也是调查问卷的主要应用领域之一。

一般来讲，调查问卷在这方面的应用集中在以下三个方面：

(1) 公众的时事政治态度调查。它通常由政策研究部门、社会管理部门、新闻媒体部门发起，用于调查人们对具有社会影响力和新闻价值的热点政治事件、社会事件的反应。

(2) 特定群体的社会生活基本意向调查。它通常由研究机构、学者或者政策制定者发起，用于调查人们对待社会生活的态度、追求等（比如生活满意程度、幸福指数、就业意向、家庭观念、价值取向、生活方式的偏好等）。

(3) 施政调查。它通常由政策的制定者和实施者及相关研究机构和学者发起，目的在于调查人们对于某项政策的反应，监测和评估政策实施效果。

下面就是某省政协为完善义务教育"双减"政策落实机制发布的调查问卷中关于家长对学校课后服务态度的一部分问题（见例 1-3）。

例 1-3： 关于学校课后服务的调查

Q1. 您对学校提供的课后服务满意度如何？

（1）很满意　　　　　（2）满意　　　　　　（3）比较满意

（4）一般　　　　　　（5）不满意

Q2. 您认为，完善学校课后服务工作需要加强哪些举措？（可多选）

（1）加强经费保障，健全教师补贴等激励机制

（2）合理增加教师编制

（3）完善学校设施条件水平

（4）增加课后服务课程供给能力和选择性

（5）引入有资质的第三方课程

（6）引入有资质的第三方信息技术服务

（7）减轻教师的非教学负担

（8）实行弹性上下班

（9）其他，请说明_____

总的来说，对于调查对象基本现状的准确描述，是社会研究和政策制定以及相关管理行为得以深入进行的基础，而调查问卷在这方面所具有的优势是无可替代的。

二、调查问卷的解释作用

调查问卷被比较广泛运用的第二个领域是解释社会现象发生的原因，帮助社会研究者加深对社会现象的认识，从发现和界定"是什么"和"怎么样"的层次过渡到探索"为什么"的层次。比起单纯的描述，其所反映的问题显然更为深入和复杂。在实际的社会调查中，由于"为什么"的理由受复杂因素的影响，通常表现出多样性的特点。采用实地观察和访谈的社会调查方式，会给后续的统计和分析工作带来很大的困难；而问卷调查则可以通过穷举法列举出比较有代表性的原因，在牺牲一定程度的多样性

的基础上，得出更集中、更有力量的结论，因而备受各类研究人员的青睐。随着社会统计分析方法的完善和提高，调查问卷在探究现象之间因果关系方面所表现出来的作用也越来越大。

与利用调查问卷进行描述相比，利用调查问卷进行解释有一定优势，也存在局限。利用调查问卷进行解释可以对研究的问题进行比较深入的了解，但是同时存在一定的风险：调查对象回答解释性问题的难度要比回答描述性问题的难度大得多，尤其是回答关于态度等的主观性题目，可能存在调查对象隐藏真实倾向和考虑不全等问题。在研究者对所研究问题的原因有比较充分的了解、能够列举出主要原因的情况下，应用调查问卷进行解释性的研究是比较合适的。相反，在所研究问题比较敏感、研究者对所研究问题的原因不甚了解的情况下，就不适合用调查问卷进行解释性的研究。

在实际的问卷设计中，反映调查对象"为什么"的问题通常和反映"是什么""怎么样"的问题穿插排列。可参考下面某一调查问卷中为了了解人们失业情况及原因而设计的一部分问题（见例1-4）。

例1-4： 关于失业原因的调查问题

Q1. 您今年"五一"前一周是否做过一小时以上有收入的工作？（包括家庭或个体经营）

(1) 是，这周工作时间为_____小时

(2) 否

Q2. 您未工作的主要原因是什么？

(1) 学习培训　　　　　　　　(2) 料理家务/带孩子

(3) 怀孕或哺乳　　　　　　　(4) 生病

(5) 已经找到工作等待上岗　　(6) 企业/单位裁员

(7) 企业/单位倒闭　　　　　　(8) 因单位其他原因失去工作

(9) 因本人原因失去工作　　　(10) 临时性停工或季节性歇业

(11) 没找到工作　　　　　　　(12) 不想工作

(13) 退休　　　　　　　　　　(14) 丧失劳动能力

(15) 其他，请说明_____

Q3. 您从什么时候开始失去工作？____年____月

三、调查问卷的预测作用

除对特定社会现象发生的原因进行探索外，调查问卷还可以用来预测社会现象发展的趋势。

（一）市场调查和市场预测

根据市场变化调整自己的经营行为从而获取利润，古已有之。《史记》记载，战国时期的计然曾这样论述商品的供求和价格之间的关系："论其有余不足，则知贵贱，贵上极则反贱，贱下极则反贵。"要想做到对市场情况的准确判断，我们需要对商品市场的基本情况及发展趋势有准确的了解和预判，这也是社会调查一个很重要的应用领域，调查问卷在这个领域的应用已经十分普遍。

现代意义上的市场调查和市场预测于19世纪下半叶发端于西方资本主义国家。1887年，在国际统计学会第一次会议上，奥地利经济学家兼统计学家斯帕拉特·尼曼首次提出以统计资料为基础，运用指数分析方法进行市场预测的理论，并首次分析研究了金、银、煤、铁、咖啡和棉花等商品市场的运行情况。

在经济运行中，一方面，为了应对瞬息万变的市场变化，减少经营风险，提高利润水平，市场主体需要及时掌握经济周期、供需变化以及人们消费习惯方面的信息。另一方面，经济学、统计学的发展以及各种统计资料的日益丰富为人们处理经济问题和进行市场预测提供了坚实的基础。调查问卷在相关的市场调查和市场预测活动中所具有的独特优势，越来越为人们所重视。人们可以很方便地使用调查问卷了解消费者的偏好和需求、消费者的购物心理、消费者对新产品的评价、广告宣传的效果、市场的发展变化趋势等，为最终做出最有利的市场决策提供依据。事实上，很多知名品牌的生产厂家均设有专门的市场调查部门，在新品上市之前都要做严格的市场调查和市场预测工作。在商品的设计阶段，它们对消费者的消费习惯、消费趋势、消费偏好进行调查，作为设计商品、进行宣传的依据和风向标。在商品的投放阶段，它们又对商品的市场占有率、顾客的反馈和评价进行调查，以便及时更新营销策略，赢得和巩固市场。下面的例子（见例 1-5）就是调查问卷在市场预测中的应用。

例 1-5：有关运动产品的调查

Q1. 您觉得运动系列鞋子价位多少才能被接受？

（1）100 元以下

（2）大于或等于 100 元，小于 300 元

（3）大于或等于 300 元，小于 600 元

（4）大于或等于 600 元，小于 1 000 元

（5）1 000 元及以上

Q2. 您对于运动产品的选择最看重哪些方面？（可多选）

（1）价格　　　　　　　　（2）功能

（3）流行度　　　　　　　（4）品牌

（5）其他，请说明_____

Q3. 您对市场上销售的运动产品有什么看法？（可多选）

（1）价格太高难以接受　　（2）产品质量应该加强

（3）产品的售后服务应该加强　（4）产品的款式应该更加新颖

（5）其他，请说明_____

（二）民意调查和选举预测

前文提到，问卷调查的发展和普遍运用与 20 世纪初美国的总统选举预测调查有很大的关系。目前，民意调查特别是选举预测调查在西方国家非常流行。这类调查通常采用一定的抽样逻辑进行抽样，并使用各种调查方式（电话调查、明信片调查、问卷调查、邮件调查、网络调查等）调查选民的投票意向。调查的内容通常比较简单，比如支持哪个政党、在选举中准备把票投给谁等，然后再利用统计分析结果预测各党派的当选者人数或者当选者是谁。

例 1-6 是美国国家选举研究（ANES）进行的关于总统大选调查的问卷的一部分：

如何设计调查问卷

例 1-6：有关美国总统大选的调查

A8a	有没有什么特别的原因使您愿意投票给约翰·麦凯恩？ (1) 有 (2) 没有
A8c	有没有什么特别的原因使您不愿意投票给约翰·麦凯恩？ (1) 有 (2) 没有
A9a	有没有什么特别的原因使您愿意投票给巴拉克·奥巴马？ (1) 有 (2) 没有
A9c	有没有什么特别的原因使您不愿意投票给巴拉克·奥巴马？ (1) 有 (2) 没有
1	一般而言，您认为您个人是非常关心谁会在秋季的总统选举中胜出，还是并不在乎谁会胜出？ (1) 我很关心 (2) 我不是很在乎
2	您认为谁会在 11 月被选为总统？ (1) 巴拉克·奥巴马 (2) 约翰·麦凯恩

2008 年 11 月 4 日，美国各大电视网公布的初步统计结果显示，美国民主党总统候选人巴拉克·奥巴马在 4 日举行的总统选举中击败共和党对手约翰·麦凯恩，当选第 56 届美国总统。奥巴马成为美国历史上的第 44 任总统，并成为美国历史上第一位黑人总统。对于奥巴马最终入主白宫，很多人觉得一点都不意外，好像大家事先都觉得这一届总统就应该是奥巴马。这是因为在从 2008 年 9 月初开始的各个媒体做的连续 77 次民意调查中，奥巴马至少领先了 70 次。民意调查的结果命中了总统大选的结果，这在美国的历史上经常发生。早在 1936 年的美国大选中，盖洛普使用科学抽样法组织了一个样本容量仅为几千人的民意调查，调查结果显示富兰克林·罗斯福的得票率将是 55.7%，而大选的结果是罗斯福赢得了 61% 的选票。这说明，只要利用科学的方法、合适的抽样框、合理的提问，就能够获取可信度很高的调查结果。从此，民意调查越来越受到美国公众和

各界人士的关注。

那这些民意调查具体是如何操作的呢？我们以《纽约时报》2008年的调查为例来介绍。这次民意调查以电话采访的方式展开，共采访了来自全美的1 070名成人，他们中的972人已经注册为选民。电话采访的样本是从全美42 000多个地区的电话分局中随机抽取的，电话分局的入样概率与其人口数量成比例。在每个电话分局内，为了组成完整的电话号码，调查者采用了随机数字组合的办法，在被抽到的家庭中根据随机程序，选出一名成人作为此次调查的调查对象。为了增加覆盖率，除了从电话分局抽取的样本外，调查者还随意拨打了一些手机号，并把两种样本结合起来进行统计。调查者对这两种样本进行加权，使之与全美的地理区域、性别、种族、婚姻状况、年龄和受教育程度的多样性相符。另外，通过座机调查的对象根据家庭大小和当地电话线数量加权，通过手机调查的对象也以他们是只能通过手机被联系到还是也可以通过座机被联系到来进行加权分析。一些类似的调查还通过整体性的"投票可能性"来加权。调查者通过调查对象对与大选历史相关问题的回答、对竞选的关注程度以及2008年参加投票的可能性这三个方面来判断调查对象参加11月大选投票的可能性。可以说，各个民意调查机构在抽样方法和调查方法方面都在不断改进，虽然各种民意调查的结果互不相同，但大多数的民意调查基本都能利用一个区区几千人的样本命中历次总统大选的结果，这就是人们对奥巴马入主白宫并没有感到很意外的原因，也是抽样和民意调查的神奇之处。

第三节 调查问卷的分类

一、按问题答案类型划分

（一）结构式问卷

结构式问卷，又称标准式问卷。问卷的设计具有结构性的特征，问题的提问方式、顺序和组合是根据特定的逻辑关系安排的，调查者在调查过程中不能随意变动问卷中的问题和顺序。结构式问卷因其严密的内在设计逻辑，通常比较容易控制调查的信度和效度，但同时对问卷的设计要求很高。根据问题的回答方式，结构式问卷又可被划分为三种类型：

（1）封闭式结构问卷。在这种问卷中，所有问题的备选答案都已经确定，调查对象只能从给定的备选答案中进行选择。每一个调查对象都不需要构思问题的答案，而是要在现成的答案选项中进行选择。封闭式结构问卷的形式比较简单，填答起来比较省时省力，在数据分析时也比较容易。但是，它也存在着一定的局限性。首先，它对问题备选答案的要求比较高，这些答案选项一定要不重不漏，并且要覆盖比较重要的选项。如果研究者对问题的答案不太熟悉，容易遗漏比较重要的备选答案，则不适合用封闭式结构问卷。其次，封闭式结构问卷所能提供的选项比较简单，不利于进行深层的原因分析。最后，利用封闭式结构问卷进行调查的调查对象，受到研究者的干扰比较大，研究者提供的答案选项对调查对象有一定的影响和诱导作用。

（2）开放式结构问卷。这种问卷只提出问题，不提供任何参考的答案和选择项，由调查对象自由回答。与封闭式结构问卷相比，开放式结构问卷对研究者前期相关知识的要求比较低，也为调查对象提供了自由的回答空间，把他们受到的研究者的影响降到了最低限度，比较有利于回答行为或现象背后的原因等深层次的问题。但是，采用开放式的问卷结构，调查对象填答时非常费时费力，在数据分析阶段也有一定难度，通常需要对得到的资料进一步编码。

（3）半封闭式结构问卷。它是封闭式和开放式结构问卷的综合，所包含的问题中既有备选答案已经确定的，也有需要调查对象自由回答的，还有可能给出一定备选答案供调查对象选择，同时列出一个或若干个开放式的答案选项。现在大多数的调查问卷，都采用半封闭式的结构，因为有些题目适合用封闭式问题，有些题目适合用开放式问题。这两类问题都有各自的优势和劣势，研究者可以根据自身的研究目的进行选择，并且往往需要将这两类题目结合起来，从而会采用半封闭式结构问卷。

（二）无结构式问卷

无结构式问卷和结构式问卷相比具有一定的自由性，通常被用于探索性的研究中，目的是得到一些启发性的问题和线索，因此不适合被设计成具有像结构式问卷那样目的很明确的逻辑形式。由于调查目的的特殊性，在一般情况下，无结构式问卷的调查对象人数较少，将调查资料进行量化的目的性不强，所以问卷所包含问题的结构比较松散，题目的用语、回答格式可以是自由的。但无结构式问卷并非完全没有结构，所提问题还是紧紧围绕调查目的展开的，只是可以根据实际情况适当变动问题的顺序或者形式，目的是便于调查者根据需要控制问题的内容和方向。例1-7是一个调查淘宝网店雇用网拍模特的无结构式问卷，研究者主要想了解为什么有的网店雇用专门的网拍模特，用了网拍模特后对网店的业绩有什么影响。

例1-7： 淘宝网店雇用网拍模特的无结构式问卷调查

（1）该网店的基本情况，如建店年份、网店规模、所卖商品、资金状况等。

（2）该网店是否雇用网拍模特，或者采取其他什么方式（如店主自拍照片、使用现成图片）展示商品。

（3）该网店之前采用哪种图片展示商品？是否做过改进？改进的原因是什么？

（4）采用网拍模特照片展示商品后，对商品的销售产生了什么影响？

（5）店家认为采用网拍模特照片展示商品的优点是什么？

（6）店家认为采用网拍模特照片展示商品的缺点是什么？其在市场中推广的阻碍在哪儿？

无结构式问卷的优点是调查对象受的约束较少，可以自由地表达自己的想法，因此研究者可以从其回答中了解到动机、态度、意见等比较深层次的内容，可通过这些内容来进行深度研究。问题的数量、顺序都可以根据现场的状况进行调整，比较灵活。其缺点是资料分散，量化困难，对调查对象的耐心、时间、精力、配合度和文化水平都有较高的要求。同时由于可能存在隐藏、修饰自己想法的问题，调查对象的回答可能不真实，可能对研究结果产生不利的影响。

二、按填答方式划分

（一）自填问卷

顾名思义，自填问卷是由调查对象自己填写的问卷。自填问卷可以避免由调查者倾向性提问造成的误差，而且在比较短的时间内可以同时调查很多调查对象，省时、省力。但是，自填问卷也存在一些局限性。首先，它对调查对象有较高的要求——他们要具备一定的文化水平和理解能力。其次，问卷的难度不能过大，复杂程度不能过高，不然会给调查对象填答问卷带来困难，影响问卷填答质量。最后，自填问卷的回收率比较低，填答的完整性较差。自填问卷的发送方式有：当面发放、通过邮寄的方式发送、随报刊发送、通过网络发送。

当面发放自填问卷是比较常见的方法。这种方法是由调查者将问卷发放到每个调查对象手中，并约定时间取回。由于约定了固定的回收时间，这种方式的回收率在所有自填问卷发送方式中是比较高的，再加上调查对象有充分的时间填答问卷，有不清楚的地方也可以向调查者进行询问，所以问卷填答的质量也比较高。但是由于当面发放问卷需要调查者挨家挨户地送问卷、回收问卷，又要留给调查对象充分的填答时间，所以相对其他自填问卷发送方式来说，成本比较高，花费的时间也比较长。

通过邮寄的方式向调查对象发送和回收自填问卷，也是一种比较常见的方法。在这种方法中，研究者将问卷、填答说明和回收方式一起邮寄给调查对象，调查对象在填答完问卷以后再将问卷寄回。这种方法最大的优点在于省时省力、节约成本。但是这种方法也存在许多的问题，比如调查过程不好控制，答案的信度和效度都不高，问卷的回收率低、回收时间长，而且可能会由于样本不具有代表性从而导致偏差，影响对总体的判断。同时，这种方法要求比较完善的邮寄地址，一般来说，在地址和姓名信息比较完备的地区或国家，通过邮寄的方式发送自填问卷是比较合适的。

随报刊发送的方式是将问卷刊发在报纸上或者作为附页夹在刊物内，随报刊的传递送达读者，号召读者对问卷做出书面回答，然后按规定的时间将填好的问卷通过邮局寄回。这种发送方式有稳定的传递渠道，分布面广、匿名性强，又能节省费用和时间，因此有很强的适用性。其主要缺陷是调查对象存在选择性，非该报刊的读者的意见无法被反映，对此问题兴趣不强的读者也不会回应，所以很容易产生样本的偏差问题，而且存在回复率低的问题。

随着科技的进步和社会的发展，互联网已经成为现代社会人们日常生活中的一部分，发布在网络上的自填问卷因此具有得天独厚的便利优势。调查对象可能来自全世界不同地区，具有不同文化背景、不同信仰、不同年龄、不同爱好和不同学历，通常是社会中比较有活力的群体。目前已经有越来越多的公司在开发网络自填问卷这方面的业务。采用这种方式进行的自填问卷调查，优点是便利、成本低，缺点是调查对象的随意性比较高，信度和效度难以控制，同时调查对象的代表性也存在着一定的问题。

（二）访问问卷

和自填问卷相比，访问问卷由调查者按照统一设计的问卷向调查对象当面提问或者通过电话、网络等通信方式提问，然后再由调查者根据调查对象的口头回答来填写。这种方法程序比较严格，操作比较规范，在各个环节都有一整套统一的标准和要求。访问问卷的最大优点是有利于选择调查对象和控制访问过程，有利于灵活使用各种访谈方法和技巧，有利于对回答的结果做出统一的分析和评价。而且与自填问卷相比，访问问卷的回复率、问卷填答的质量都有一定的保证。但是它的缺点是要花费大量的人力和物力，且对调查者的专业素质、调查技巧，调查对象的合作态度要求较高。根据调查者与调查对象是否进行面对面交流，访问问卷还可以分为当面访问问卷和电话访问问卷等形式。

使用访问问卷实施调查首先需要对调查者进行统一的培训，然后由调查者对根据抽样方案所选出的调查对象进行访问，记录调查对象的答案。在这个过程中，问题的顺序、内容和解释都是统一标准化的。由于在当面访问中，调查者与调查对象要进行比较长时间的交流和互动，所以调查的回答率比较高；通过调查者的陈述解释，调查对象对问卷的理解比较透彻，调查的质量也比较高。另外，由于可以由调查者来进行解释、说明等工作，所以调查问卷的难度和复杂程度都可以比较高，而对调查对象的要求并不高。但是，利用当面访问问卷实施调查在所有问卷调查方法中成本最高，花费人力、物力最多。此外，由于当面访问问卷的匿名性比较差，有许多敏感性问题不适宜当面询问，所以，调查内容受到一定程度的限制。

与当面访问问卷相比，电话访问问卷方法产生时间较晚。但是随着电话的普及，这种方法也越来越受到青睐。早在1927年，柯乐利调查公司就在44个城市完成了对3万个电话样本的访问，进行了广播收听率的调研，这是较早采用电话访问方式进行的调查。在发展的早期，电话访问需要调查者人工拨号，依据纸质问卷向调查对象提问并记录答案。1970年，计算机辅助电话调查系统（computer assisted telephone interviewing system，CATI）在美国出现，但它的使用范围很小，计算机的辅助作用也仅限于在电话访问中记录答案和储存数据。经过几十年的发展，随着电话普及率的不断提高和计算机辅助技术的不断发展，CATI已经被应用在市场研究、学术研究、民意调查等各个领域。在目前计算机辅助的电话访问中，研究者首先培训电话访问调查员，利用系统随机抽取电话号码，由电话访问调查员进行电话访问，然后直接在计算机上记录调查对象的答案。电话访问调查员在进行电话访问时，能够同步将数据录入电脑，并且能实现对数据录入和统计的同步整合。而研究者可以利用系统监督电话访问调查员的访问情况，并解决各种疑难问题。电话访问可以有效地节约大量调查成本，所花费的时间也比较少。但是，它的主要问题在于调查对象是从一定的电话号码中选取的，样本的代表性可能会存在一定的偏差。另外，电话访问的时间不能过长，题目也不能太复杂，否则调查对象会由于反感、不耐烦而出现拒答现象，或者由于题目太复杂，听不清、记不得题目或选项而出现错答、乱答的现象。

小结

◇ 由于研究对象的特殊性，社会科学通常需要使用社会调查的方法来分析和研究特定主题、掌握信息和寻找规律，而调查问卷是社会调查的常用工具之一。

◇ 调查问卷根据研究目的，把调查内容设计成一系列依据特定规则和要求组织起来的问题，用于收集个人、家庭或组织某方面的基本情况及其对于某特定问题或现象的态度、观点或者其行为方式等方面的信息。

◇ 调查问卷在学术研究、市场调查、民意调查中都有着广泛的应用，它能用来对调查对象的基本情况、行为方式和态度等现实状况进行描述，也能用来解释社会现象发生的原因，还能用来预测社会现象发展的趋势。

◇ 可以从不同角度对调查问卷进行分类：按问题答案类型，调查问卷可以被分为结构式问卷和无结构式问卷；按填答方式，调查问卷可以被分为自填问卷和访问问卷。

第二章

调查问卷设计的基本原则和步骤

什么样的问卷算一份好的调查问卷？如何设计一份高质量的问卷？

一份高质量的问卷应达到以下几个标准：一是能收集到满足研究需要的信息。设计的问题都应经过仔细推敲，紧扣研究主题，忌大而泛。二是要保证问卷收集到的信息的准确性和真实性。问卷调查的目的之一就是根据收集的资料深入了解社会现象，发现社会问题，提出解决问题的对策和方案，而真实和准确的信息是得出正确结论的前提和保证。因此，问卷设计需要总结以往经验，揣摩被访者心理，利用一些策略和技巧，最大限度地收集到被访者真实的行为、态度和想法。三是尽可能地节约收集资料过程中花费的人力、物力和财力等成本。问卷设计者希望通过问卷尽可能收集到丰富的信息，但这并不意味着问题越多越好、信息量越大越好。在大型调查中，每增加一个问题，相应的成本，包括前期准备过程中的成本、调查过程中的拒访代价及时间和人力成本、后期的数据清理成本等都会增加。因此，一份好的问卷应该是在成本控制范围内高效地收集到研究所需信息的问卷。四是具有可行性，也就是可操作性。这就要求在问卷设计时从实际出发，从被访者角度出发，切忌想当然地设计问题，切忌理论脱离现实，比如设计过于复杂的表格和跳答问题，设计超出被访者回答能力的问题，等等。

本章将介绍调查问卷设计的一些基本原则和步骤，为设计高质量的调查问卷打下基础。

第二章　调查问卷设计的基本原则和步骤

第一节　调查问卷设计的基本原则

一、问卷整体精而简，问题紧扣研究目的

（一）问卷整体精而简

一份高质量的问卷应该是一份信息高度浓缩的问卷，问题含义明确，答案恰当，形式简单。编写问卷应遵循"精而简"原则。"精"，是好、专一的意思，也有简洁之意。"简"，顾名思义，简单、简洁。在问卷设计时，"精"指问题质量高，能明确体现调查目的，即在问题设置、答案设置、逻辑顺序编排等每一步都要精雕细琢，认真推敲。高质量问卷的理想状态是达到"多一个字或多一道题都是画蛇添足，少一个字或少一道题都不能实现调查目的"的程度，虽然问卷设计者在实际操作过程中很难达到这个标准，但是应以这个标准为目标，尽可能做到尽善尽美。

"精"和"简"又同时包含了"少"的含义，即在保证获得必要资料的前提下，问题尽量少，问卷尽量短，表达尽量简洁，避免询问与研究或调查主题不相关的问题，避免收集重复信息的问题[1]，避免语言表述啰唆繁杂。这里要考虑两个方面：一是成本方面。从问卷设计到调查实施，最后到问卷录入[2]、数据清理，都要花费大量的时间、精力和金钱成本，问题越多，所耗费的成本也就越高，因此，在保证获得研究所需信息的条件下，应该尽可能减少问题的数量，不要询问不必要的问题。二是主观因素方面。一般而言，人们更愿意参与时间较短的问卷调查，同时，较短的问卷也更容易让参与者集中精力耐心答完问题。相反，面对问题多、耗时长的问卷，人们的参与意愿会下降，拒访率会增高，中途拒访的可能性也将增大，而且被访者不太容易认真仔细答完每一道题，所以也会降低其回答

---

[1] 为特定研究目的设计的信度效度检验题或逻辑检验题除外。
[2] 当然，随着现代调查技术如计算机辅助调查的应用，可以省掉问卷录入环节。

的准确性和真实性。

"精而简"原则在邮寄问卷访问或电话访问中尤其需要遵循。在这两类调查中，研究者无法与问卷填答者进行面对面交流，问卷问题的数量和质量是能否说服人们参与到调查中并耐心答完所有问题的关键影响要素。

在问卷设计中，很多缺乏实际经验的人提出一个研究问题后，在没有认真设计研究框架的情况下就开始"头脑风暴"地设计问题，把能够想到的问题都罗列进去，泛而散，待信息收集完毕后再整理研究问题和研究思路，本末倒置。这种缺乏目的性的问卷设计做法会导致问卷长、问题多、耗时长，明显地违背了"精而简"的原则，不仅会浪费大量的资源，也无法收集到研究所需要的信息。因此，问卷设计要事先明确研究目的，问题要具有针对性，不要贪多求全，什么都意图囊括，贪多求全的做法不仅会耗费大量的成本，也会使获得的信息质量不高，得不偿失。

（二）问题紧扣研究目的

问卷是收集信息的工具，是为研究服务的。问卷的内容和形式应以研究问题或调查目的为基础展开设计。问题紧扣研究目的也是对"精而简"原则的细化和具体化，因为只有紧扣研究目的，问卷中才不会出现与研究目的无关的问题，才能尽量缩短问卷篇幅。同时，设计的问题要具有效度，通俗地说，就是问到点子上。

在设计问卷前，问卷设计者首先必须明确调查目的和内容，即弄清楚两个问题：为什么要做调查？调查需要了解什么？这不仅是问卷设计的前提，也是它的基础。为什么要做调查？设计问卷、组织问卷调查的人可以分为两类：一是研究者，问卷调查的目的是收集实地资料，让研究者了解实际情况，为前期的研究假设提供数据支撑，为理论提供数据依据；二是决策者，无论是市场组织还是政策部门的决策者，都需要掌握一些实际信息，为制定相应的市场策略或政策提供参考依据，进行预测，有的调查数据甚至能为制定长远规划服务。研究者和决策者有时候可能无法分离开来，但无论是哪种情况，在进行问卷设计时都必须对调查目的有一个明确

第二章 调查问卷设计的基本原则和步骤

的认识，在设计问题时紧密围绕调查目的进行。在设计具体问题和答案时，一定要想清楚通过这个问题能收集到什么样的信息，是否与研究目的相契合，反复询问自己"为什么要问这个问题"，要能够清楚地解释提出的具体问题是如何在本质上与研究问题相关联的。"可问可不问"的问题不要保留，偏离研究目的的问题也要舍弃。

要做到问题紧扣研究目的，还必须对问卷调查的目的进行准确归类。问卷调查通常有几个目的：了解基本状况（描述性研究），对现象或问题做出解释（解释性研究），或者二者兼顾，对未来发展趋势做出预测。根据调查目的的不同，问卷中问题的设计方法也有较大差异。一般而言，如果调查只是为了了解调查对象的一般情况，那么问卷应该主要围绕调查对象各个方面的基本事实展开，确定收集信息的维度、每个维度包含的指标，以及每个指标的测量问题。例如，国家各种类型的普查——人口普查、经济普查、农业普查、工业普查等——就是非常典型的了解基本状况的调查。以人口普查为例，调查主要为了了解全国人口的基本人口信息、婚姻家庭信息、教育信息、工作就业信息、迁移流动信息、住房信息等，并围绕这些维度设计了相应的指标和具体的问题[①]。如果调查的目的是对现象做解释，探索因果关系，那么问卷设计应该紧密围绕研究的关键变量来进行。这在学术研究中应用得比较多，要求研究者事先有良好的理论基础、文献基础和明确的研究假设，确定好因变量和自变量，以及数据处理的统计分析技术。在此基础上，所有问题都要围绕研究假设展开。例如，要研究人们生育意愿的影响因素，从这一研究目的可以基本确定这是一项定量研究。所以，研究者第一步需要查阅大量文献，明确生育意愿是什么，如将生育意愿分成三个维度——时间、数量和性别，即什么时候生、生育多少、生男生女，这就确定了最终分析的因变量，在问卷设计时就需要围绕这几个因变量设计问题。接着，研究者需要总结已有研究中提到的影响因素（如基本的人口学特征、生育史、家庭的经济状况、文化、政策、社会关系网络等），并结合自己的研究关注点和想法，形成一套成熟

---

① 可参见第七次全国人口普查方案中的短表和长表设计。

的研究假设，再以此为基础，将概念量化，形成指标，最后形成问题，通过这些问题收集到的信息最终将在研究中以自变量形式出现。以预测为目的的调查跟解释性调查类似，本质上也是通过收集数据确定变量之间的关系，进而改变一些变量的值，预测另外一些变量的变化。因此，在相应的预测变量和被预测变量的设计上要经过充分的论证。基于调查进行预测在政治学领域和商科领域比较常见。最典型的案例是美国每四年一次的总统大选，各大机构在结果公布前都会通过民意调查预测总统大选结果，预测的准确性直接依赖于抽样的科学性和在调查中是否询问到了民众最真实的想法。

要做到问卷为研究目的而设，还要求研究者对问卷中每一个问题在今后的资料分析中能派上什么用场、怎样进行统计分析和处理做到心中有数。如果研究主要进行定量分析，则问卷应以封闭式问题为主；但若想加大定性分析的比重，则可适当多设计一些开放式问题。另外，针对定量研究，研究者还必须清楚问卷最终的数据处理方式。问卷收集的数据的最终处理方式与问卷中的变量设置密切相关。在统计学中，变量有四种类型：定类、定序、定距和定比。在问卷调查中，除了开放式问题外，所有封闭式问题（变量）都是这四类中的一类。但是根据研究目的的不同，变量的设置也会各异。比如构建指数的调查一般要求变量是定距或者定比类型，问题多以量表形式出现。以量表形式收集信息构建指数的调查在心理学领域比较常见，如求抑郁倾向得分。它的问题设计样式如下（见例 2-1）。抑郁倾向得分为各个题目取值加总（第 5 题和第 8 题需要反向编码）。

例 2-1：下面是一些您可能有过的感受或行为。请根据您的实际情况，选择过去一周您各种感受或行为的发生频率。

	1. 很少或几乎没有	2. 有些时候	3. 经常	4. 大多数时间
1. 我因一些小事而烦恼				
2. 我在做事时很难集中精力				

续前表

	1. 很少或几乎没有	2. 有些时候	3. 经常	4. 大多数时间
3. 我感到情绪低落				
4. 我觉得做任何事都很费劲				
5. 我对未来充满希望				
6. 我感到害怕				
7. 我的睡眠不好				
8. 我生活愉快				
9. 我感到孤独				
10. 我觉得我无法继续我的生活				

在问卷设计实践中，即使研究者清楚问题紧扣研究目的的原则，但由于经验不足、前期准备不足等各方面原因，也可能导致问卷中部分问题偏离研究目的。在具体操作过程中，研究者总是认为得到的信息越多越好，觉得想到的问题都有意思，都应该调查，或者担心有些方面的问题可能会对结果变量产生影响，而最终设计了大量与研究目的无关的问题。问卷中调查问题的设计如果广撒网、无的放矢，将会带来很多弊端。一方面，研究者无法获得想要的信息，意味着问卷调查没有达到目标。另一方面，由于调查成本较高，收集没有意义的信息会浪费大量资源。从问卷设计到实地调查再到最后的数据录入分析，是一项耗时耗力的巨大工程，花大力气调查的问题没有满足研究需要，则是对资源的严重浪费。那么，如何做到设计问卷问题以研究目的为中心呢？首先，需要明确研究目的，清晰的研究目的是确保好的问卷设计的重要条件，如果能用清晰而简练的语句表达出问卷调查想要达到的目的，将有助于将问卷设计的全过程集中在正在研究的主题上。其次，在问卷设计之前可以拟出一个问卷提纲，列出调查维度和每个维度下的具体指标，征求专家意见，反复讨论修改，当提纲确定后，再围绕各指标展开问题设计。

二、语言精练，准确到位，因人、因情况制宜

对于通过一份问卷能否获得真实、准确、可靠的信息，问卷的语言表

达、遣词造句至关重要。对问卷整体语言的要求是精练、准确到位、因人制宜、因情况制宜。

（一）语言精练

语言精练指的是在对问题、答案和解释的表述上简洁干净，不拖泥带水。简洁的语言表述使问题清晰、一目了然，有利于被访者或访问员准确理解句子所表达的含义，保证收集信息的准确性。同时，简洁的语言还能够减少被访者阅读和思考的时间，节约时间成本。相反，啰唆、冗长的语言表达更容易造成歧义，分散被访者的注意力，增大收集错误信息的风险，增加被访者的反感程度，也浪费了时间、金钱等。例2-2、例2-3、例2-4分别是针对此原则的一些示例。

例2-2： 建议问法：您想要的孩子性别组合是：_____男_____女，无所谓

不可取的问法：您想要的孩子性别组合是：
(1) 不要孩子　　　　　　(2) 一个孩子，性别无所谓
(3) 一个男孩　　　　　　(4) 一个女孩
(5) 一个男孩一个女孩　　(6) 两个男孩
(7) 两个女孩　　　　　　(8) 三个及以上孩子，至少一个男孩
(9) 三个及以上孩子，至少一个女孩
(10) 无所谓

例2-3： 不恰当问法：如果您拥有一部或多部手机，请列出每一部手机的购买年份和型号，从最新的那部开始。

例2-4： 不恰当问法：如果您想买某品牌的空调，而您的配偶想买另一个品牌的空调，而且两人都强烈地坚持自己的意见，那么您会怎样解决？

例2-2的两种答案设计方式很好地体现了遵守和违背这个原则的不同结果。两种方式都为了了解相同的信息，即理想的孩子数量和性别结构组合。用自填数量的方式是比较简洁清楚，能穷尽所有数量和性别的组合情况，而不可取的问法则用选项的方式，其列出多个选项让被访者自选，容

第二章　调查问卷设计的基本原则和步骤

易造成混乱和被访者找不到理想答案的情况，如被访者希望生四个孩子，两个男孩两个女孩。在这种情况下，建议问法不仅简洁，节约问题所占的版面，也更容易收集到准确的信息。例 2-3 和例 2-4 也是语言表述不简洁的典型例子。例 2-3 语言表述啰唆，没有必要要求被访者从最新的那部手机开始排序，因为研究者在收集了购买年份的信息后，可以事后自己排序；也没有必要加"一部或多部"的条件，没有手机的人直接跳答即可。这个问题的建议表述方式是"请列出您拥有的每部手机的购买年份和型号（没有手机的跳答）"。例 2-4 采用了并列-复合结构，读起来啰唆拗口，推荐的问法应是："如果您和您的配偶在购买空调的品牌上产生强烈分歧，您会怎样解决？"

（二）语言准确到位

语言准确到位对收集到真实的信息也非常关键。在问卷调查中，语义模糊、模棱两可、容易产生歧义的语言，会导致信息错误、错位，使收集到的信息并不是研究者想要的。因此，问卷整体语言表述要清楚明确，避免产生歧义，切忌让被访者、访问员揣测语义。这就要求研究者在设计问卷时不要一题多问，对一些易产生歧义的概念要界定清楚，明确告诉被访者该题目想要的信息是什么。以下是关于此原则的示例（见例 2-5、例 2-6）。

例 2-5：不恰当问法：通常您会因为餐馆的服务或者菜品而选择这家餐馆吗？

正确问法：通常您选择餐馆考虑的因素有：

（1）环境　　（2）服务　　（3）菜品　　（4）价格

（5）其他，请说明_____

例 2-6：不恰当问法：您因为孙俪的精彩演技而喜欢她吗？

正确问法：您喜欢孙俪吗？（回答后进一步追问）喜欢的原因是什么？不喜欢的原因是什么？

例 2-5 中的不恰当问法将多个原因糅在一个句子中提问，导致被访者不清楚到底如何回答，而稍做修改，就能解决这个问题（见正确问法）。

例 2-6 则犯了一题多问的错误，让被访者无所适从，不知道如何回答，同时，用正面积极的形容词"精彩演技"又犯了"诱导性"语言错误。

　　语言措辞非常重要，应反复推敲，以达到让每位被访者都回答相同问题的目的。问卷调查的目的就是了解真实情况，调查最后一般通过平均数、中位数、比例等展现群体的基本状况，通过极差、方差等表现群体的差异。如果因为问题或答案的措辞导致一些被访者对问题或答案的理解不一样，那么收集到的信息和分析结果都将是无效的。所以，应当尽量选择适当的词语，让所有被访者都能理解问题的含义并且对其有相同的理解。有些无法用一句话表达清楚的问题，可以在问题后面进行解释，这对自填问卷而言尤为重要，适当的解释能帮助被访者理解问题的含义，并且让所有被访者理解一致。例 2-7 是问题表达不清楚的典型示例，容易让不同的人产生不同理解并给出不同答案：

例 2-7：

Q1. 您家庭的总收入是_____元

Q2. 您家庭的总花销是_____元

Q3. 您家的住房面积是_____平方米

　　Q1 中询问的总收入，是指上个月还是上一年的总收入？其对时间缺乏界定。收入包含很多类别，如工资、分红、奖金、经营性收入、实物收入等，哪些被包含其中，哪些不被包含？这些也都缺乏明确的说明。Q2 中关于总花销的问题，犯了与询问总收入同样的错误，首先是对时间没有限定，其次是对范围没有限定，比如没有说明买房、买车这种偶然性的支出是否算在其中。当被询问住房面积时，可能有人将其理解为建筑面积，而有人将其理解为居住面积，甚至有人会将生产经营用房面积算进来，最终产生的答案也会五花八门。对于以上这类语义模糊的问题，一方面需要修改提问的方式，限定时间和范围；另一方面，在必要情况下，可以在后面做特殊说明。对以上三个问题稍做改动将使表述更为准确（见例 2-8）：

例 2-8：

Q1. 您家庭上个月的总收入是_____元（注：总收入包括工资、各种奖金、补贴、分红、股息、保险、退休金、公积金、经营性纯收入、银行利息、他人馈赠等所有收入。但要注意扣除应缴纳的税金、税费、生产经营的成本和转移支出部分。)

Q2. 您家庭上个月的总花销是_____元（注：总花销不包括生产经营性成本支出，即家庭个体经营，其进货成本不算在家庭花销里面；也不包括偶然性支出，比如买房、买车等。）

Q3. 您家的实际居住面积是_____平方米（注：居住面积包括租入和借住的房子面积等。不包括空置房和已经租出去的房子面积，不包括生产经营用房面积。）

（三）语言因人制宜

问卷设计的语言不是千篇一律、一成不变的，而应因时因地因人制宜。人的因素在调查过程中至关重要，要特别重视被访者的感受，事先考虑到可能遇到的困难。

这就要求研究者在设计问卷前，一定要对样本有一个清楚全面的认识，了解样本的基本人口学特征：性别、年龄、职业、文化程度等。即使调查内容和目的相同，人群层次不同，对问卷的语言要求、题目的数量和性质也不一样。对于文化程度较低、年龄较大的人群，问卷语言应该通俗易懂，题目数量也应相对少一些。对于知识分子、大学生、青年人等群体，问卷语言可以书面化一些，题目也可以复杂些、数量多些。如果调查对象异质性太大，设计不同问卷不可行，则更适合采用面对面调查方式，但这种方式一定要对访问员进行严格的培训，保证访问员对问题和答案的理解是符合研究者设计初衷的。同时，制作详细的调查手册，用通俗易懂的语言解释问题及其答案。只有在这样的细节上综合考虑，调查才能够顺利进行。这里用几个简单的例子说明针对不同人群的问卷在语言表达上的差异。在询问对方的受教育年限时，对文化程度较高的人，可以直接问"您的受教育程度"，不存在理解困难，但如果询问的是偏远农村地区的高龄老人，他们可能不知道"受教育程度"的含义，此时就应该用更通俗的语言——"您的文化程度/您上了几年学"来提问；借用前文用到的例子，在调查家庭的生育意愿时,对于大学生或知识分子等文化素质较高的人群,以"您理想的孩子数量和性别结构是"询问不会存在任何问题,但这种表述方式可能让生活在偏远农村地区的人在理解上遇到困难,什么是"理想",什么是"结构",他们不一定清楚,所以应该改变表述方式,比如:"您认为一个家庭生育几个孩子最好?几个男孩?几个女孩?"

(四)语言因情况制宜

问卷的语言、措辞具有很大的灵活性和创造性,不同研究者设计出的问卷具有不同的风格,但总的原则是充分考虑实际情况,根据不同的情况设计具有不同语言风格的问卷。

问卷调查的类型基本分为自填式和访问式两大类,这两类形式的调查对语言的要求有很大的差别。自填问卷中的问题必须简单直白、通俗易懂,不要让被访者去猜问题的含义。同时,要做到指示明确,让所有被访者对同一问题的理解具有一致性,以保证数据分析结果的准确性。另外,还要特别注意跳答、选答的情况,需要跳答的问题最好用箭头或其他字体明确标明,以免产生混乱。用邮寄方式进行调查的问卷,还要特别注意封面信的设计——语言要亲切,要强调保密性。电话调查问卷的问题和选项都要简短,让被访者能够记住电话访问员读出的问题和答案并在其中做出选择,这类问卷的语言表达还应尽量口语化,便于访问员直接读出问题。访问问卷的问题设计和语言表述可以相对复杂一些,但要事先对访问员进行培训,保证每个访问员理解的题目含义是一致的。以下这类问题(见例2-9),分类多,表述语言专业性强,更适合面对面访问,这类问题放在自填问卷中很可能会导致被访者因为不清楚自己所从事的职业属于哪个行业而选错的情况,甚至被访者可能多数会选"其他"然后注明职业,这将给后期的数据处理工作带来沉重的负担。

例 2-9:您上一份工作属于何种行业?

(1) 制造业　　　(2) 采掘　　　(3) 农林牧渔

(4) 建筑　　　(5) 电煤水生产供应　　　(6) 批发零售

(7) 住宿餐饮　　　(8) 社会服务　　　(9) 金融、保险、房地产

第二章　调查问卷设计的基本原则和步骤

（10）交通运输、仓储通信　　（11）卫生、体育和社会福利

（12）教育、文化及广播电影电视　（13）科研和技术服务

（14）党政机关和社会团体　　（15）其他，请说明_____

同时，调查的内容不同，语言表述也有一定的差别。对于被访者熟悉的内容，比如被访者自身的人口学特征以及其家人的基本情况，提问可以直接，问得详细、深入。而对于被访者不太熟悉、需要回忆和计算或涉及敏感性问题的内容，题目应该概略些、浅显些、间接些，问卷的封面信和指导语必须详细，措辞要更为谨慎、具体。这些问题对语言的要求可以用两个字概括：巧妙。如想要了解某学校的课堂秩序，如果直接问学生"你上课时经常找同学讲话吗"，显然不会得到真实的答案，但如果问"你的课堂上经常有同学讲话吗"，这样委婉的表述就能使学生更容易接受和表达出真实的感受。在调查被访者的年龄时，询问出生日期所获得的信息要比直接询问年龄准确得多，可以避免特殊年龄或数字偏好问题。在农村地区调查，当询问被访者的年龄时，往往有很多人记不清出生年份，因此问生肖将是一个很好的替代方式。

三、以被访者为本，从被访者角度出发思考问题

问卷能否收集到信息和收集到的信息准确与否，关键在于被访者是否配合，因此，在设计问卷时要从被访者角度出发，充分考虑被访者的实际情况，尽量设计被访者愿意回答、如实回答和方便回答的问卷。这也是保证问卷调查可行性和可操作性的必要条件之一。遵循这一原则，有以下几点需要注意。

（一）避免问题超出被访者知识范围

"知识"不仅仅局限于大家所认为的从书本上获得的知识，而是泛指被访者所有知道的、清楚的问题，这与其受教育程度、专业领域有关，也与其生活环境有关。比如，农民不了解城市生活，询问农民有关城市公共服务设施改善的问题将没有任何意义；青少年不了解父辈生活时代的电影、电视等文化艺术，也就无法对其进行评价。因此，提问前一定要仔细

斟酌，反复推敲问卷设计的问题是否是被访者所熟悉的话题，是否在他们能力范围内。超出被访者知识范围的问题会使他们产生挫败感，降低他们继续回答问题的意愿。例 2-10 是生殖健康调查中出现的一个问题，是超出被访者知识范围的例子。这一问题的设计有两个潜在假设：被访者了解这些避孕药并准确地知道药名，被访者服用过其中两种以上的药。而这两个潜在假设是不符合现实的，被访者很有可能根本不了解这些药，或者只服用过其中一种，根本没法做对比。

例 2-10：在您使用过的避孕药中，您认为避孕效果最好的是？
（1）妈富隆　（2）美欣乐　（3）毓婷　　（4）悦可婷　（5）后定诺
（6）达英　　（7）特居乐　（8）优思明　（9）敏定偶

同时，"术业有专攻"，除非被调查群体的专业领域事先已经确定，且研究者专门了解过这个群体，否则在一般性调查中，一定要避免晦涩难懂的语言或专业性较强的词语（如经济学中的沉没成本，商学中的羊群效应，社会学中的后现代主义，人口学中的人口红利，等等）。这些专业词汇不仅超出普通大众的知识范围，也超出非此专业领域人士的知识范围，会造成问卷调查漏答率高、可信度低的后果。因此，设计问卷要把握通俗易懂的原则，保证被访者都能回答，并能准确回答。

（二）避免问卷和问题的复杂性

首先，要避免复杂的问卷结构。有些研究者为了方便排版或后期数据处理，设计问题多、跳答多、箭头多、内容复杂的表格。在访问员填写式问卷调查中，这种设计会增加访问员调查的难度，使填写容易出错。在自填问卷中，内容太复杂、箭头和跳答太多很容易造成缺失、错行，增加了后期复查、编码和录入的工作量和难度，并有可能挑战被访者的耐心，增加他们的厌恶感，降低问卷回收率和信息准确率。

例 2-11 是某调查中询问孩子受教育状况的表格填答样式，其将孩子的受教育状况、家长对教育满意度以及孩子数量混合在一张表中，如果不仔细阅读思考，就很难明白里面的逻辑顺序，而且非常容易填错表格。在自填问卷中，不推荐使用这种排版方式。在访问员填写式问卷中，也应尽

第二章 调查问卷设计的基本原则和步骤

量避免这类复杂表格，如无法避免，一定要在调查前对访问员进行认真培训。

例 2-11：

B1　您目前是否有孩子？
（1）有　　　　（2）没有（跳答 B7 题）

B2　目前，您孩子的受教育状况是：
（请把孩子的受教育状况以及相应选项前的代码填在右表的相应位置）

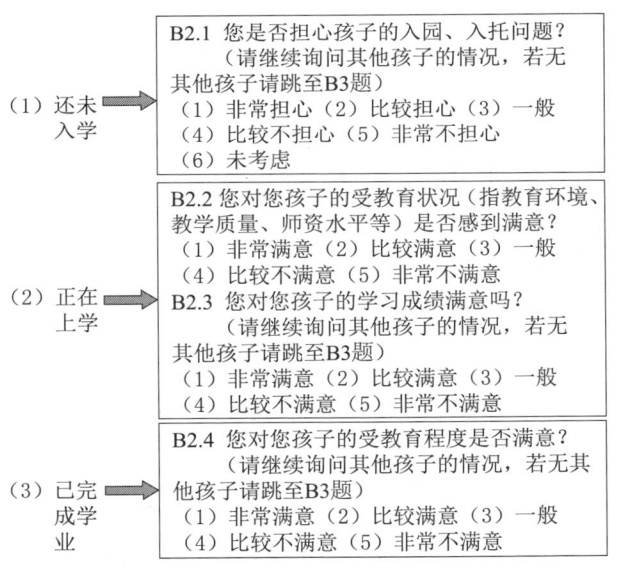

按年龄由大到小顺序填写				
	老大	老二	老三	老四
B2 受教育状况				
B2.1				
B2.2				
B2.3				
B2.4				

（1）还未入学 →
B2.1　您是否担心孩子的入园、入托问题？
（请继续询问其他孩子的情况，若无其他孩子请跳至B3题）
（1）非常担心（2）比较担心（3）一般
（4）比较不担心（5）非常不担心
（6）未考虑

（2）正在上学 →
B2.2　您对您孩子的受教育状况（指教育环境、教学质量、师资水平等）是否感到满意？
（1）非常满意（2）比较满意（3）一般
（4）比较不满意（5）非常不满意

B2.3　您对您孩子的学习成绩满意吗？
（请继续询问其他孩子的情况，若无其他孩子请跳至B3题）
（1）非常满意（2）比较满意（3）一般
（4）比较不满意（5）非常不满意

（3）已完成学业 →
B2.4　您对您孩子的受教育程度是否满意？
（请继续询问其他孩子的情况，若无其他孩子请跳至B3题）
（1）非常满意（2）比较满意（3）一般
（4）比较不满意（5）非常不满意

其次，还应避免出现被访者须经过复杂计算才能回答的问题或回忆太久之前的事情。被访者可能出现计算误差或回忆误差，导致对这类问题的回答在准确性上存在偏差。这类问题增大了主观失真和客观失真的风险。主观失真是指被访者嫌麻烦不愿意计算和回忆，从而任意填写一个不真实的答案；客观失真则是指被访者计算出或回忆起来的答案是错误的，不是实际情况。为了保证信息的准确性和真实性，问卷中应尽量少出现这类问题。

（三）尽量避免敏感性或个人隐私问题

在现代社会中，人们对自己隐私的保护意识越来越强，敏感性或个人隐私问题从传统的与性有关的非常私密的问题扩展到个人生活、态度、收入、年龄和体重等一些比较常见的问题。敏感性或个人隐私问题过多会增加拒访率，被访者甚至可能在调查中途拒绝继续参与，导致废卷率提高。被访者也有可能直接跳过敏感性或个人隐私问题，或者即使回答了，提供的也是非真实的答案，缺乏信度。这就大大增加了访问的难度。除非出于研究需要，否则应尽量回避敏感性或个人隐私问题。

但如果调查的目的就是收集一些敏感信息，那么研究者需要在设计问题时使用一些策略或技术对问题进行巧妙处理。本书第六章会详细介绍敏感性问题的设计技巧。

四、问卷整体逻辑严谨

问卷的逻辑和顺序尤为重要。一份调查问卷并不是问题的简单堆砌，而是问题环环相扣、逻辑严谨的有机整体。逻辑严谨的问卷是符合被访者思维习惯的问卷。问卷的题目设置具有顺序效应和上下文情境效应，问卷中问题的排列、顺序和组织方式都要符合被访者的思维活动过程，要能最大限度地减轻被访者的混乱感和不适应感，否则会降低效率。同时，巧妙利用题目的排列顺序还能达到研究想要的效果。

要保证问卷整体逻辑严谨，在设计时要注意以下几点：被访者的基本信息，如性别、年龄、受教育程度等放在问卷开头，这类信息简单易答，被访者在心理上易于接受、感到舒适，较为复杂的态度、行为问题放在后面；非敏感性问题在前，敏感性问题在后；封闭式问题在前，开放式问题在后；被访者熟悉的、简单的问题放在前面，复杂的问题靠后放。此外，同一类别的问题放在一起，不要让问题具有跳跃性。主题不同的题目应当归类、分开，如果安排在一起，就会使被访者感到没有头绪，无法理清其中的逻辑关系。一般将主题相同的题目放在一起，并做一个简短的说明或突出标题（如"就业""社会保障"等小标题）。在具体的每一部分，对问题的排列也具有很强的技巧性，符合人们思维习惯的问题顺序会让被访者回答得顺畅，收集到的信息也更加真实。如在询问支出状况时，可以将各小类别的花销（可分成衣食住行、医疗、教育、娱乐等分项）放在前面，在问完分项后，再问总花销，这样的问题顺序，被访者回答起来更容易；相反，如果一开始就问总花销，那么被访者还要花一定时间计算加总。

总之，问卷问题的布局和各问题的设置要考虑逻辑关联，要符合人们的思维习惯，在设计问卷时要让所有问题按序排列，形成一个有机总体。

五、问卷设计要避免"闭门造车"

问卷设计是一项具有创造性的工作，但又不是完全开创性的、没有经验可以借鉴的。在设计问卷时，研究者可以借鉴他人的经验和成果。但借鉴不是指完全照搬，而是以自己的研究问题和调查目的为中心，吸取已有问卷中的精华，创造性地设计自己的问题。所以，整个问卷设计对设计者的要求是具有灵活性和创造性——在充分查阅已有资料的基础上，具体问题具体分析，弄清楚哪些问题可以直接借用，哪些问题需要改进，哪些问题不适合自己的研究。

为什么需要借鉴他人的成果？科学是具有重复性的。目前各个领域的调查问卷非常多，而且一些问题的表述方式和答案选项已基本定型，这是对他人多次实践的经验总结，是从调查经验中提炼出来的精华，是被证明了具有信度和效度的经典问题。比如，普查中对于职业和行业的分类方式，门类齐全、界定清晰、涵盖面广。再如，心理学中的量表，是根据他人多次实践之经验总结编制出来的，具有很高的信度和效度。对于这类问题，直接借鉴可以缩短问卷的信度效度检验过程，节省大量时间，也能保证所收集信息的完整性和准确性，提高问卷调查的可行性和可操作性。同时，如果调查问题与其他调查的一致，那么借鉴还可以通过对结果进行比较分析来检验结果的一致性，如果跨越时间较长，甚至可以据此做趋势估计。本书最后附了不同领域调查的典型问卷，可供读者在设计问卷时参考借鉴。

但与此同时，为什么要求问卷设计者有创造性？这主要考虑了两个因素：（1）调查主题和调查对象千差万别，已有调查不可能完全与研究者的调查目的一致，因此在问卷设计上应有所差异，特别是考虑到调查对象、实际情况的不同，问题设置也应有所变化。比如，在职业问题上，就不能盲目地使用普查的职业分类，如果进行专项的流动人口调查，那么应该根据流动人口从事职业的特点，并结合研究关注点，重新对职业进行分类。（2）即使两项调查的目的、内容完全一致，因为时代在变化，事物也在发生变化，所以调查中的问题也应有所变化。典型的例子是我国人口调查数据中收集流动人口信息的问题。1982年我国流动人口规模还比较小，当时的普查问卷界定流动人口的问题时，在时间上设定的范围是"一年"，地域上设定的范围是"县市区"，1990年的普查沿用了这种界定方法。但是，随着短时期流动人口和短距离流动人口规模的增加，已有的界定方式已不再适合时代需要。1995年全国1‰人口抽样调查将时间和地域范围分别缩小为"半年"和"乡镇街道"。而到2000年，随着市内人户分离人口规模增长，对识别流动人口的问题又进行了细化。到2010年，应时代发展的需要，对流动人口进行界定的时间进一步细化到"半年以下"，而且从流出地和流入地两个角度分析流动人口。2010年和2020年将居住地和户口所在地的地域范围进一步缩小到"本普查小区"和"本村（居）委会"，可见问卷问题的设计要与时俱进。

　　问卷设计者要学会借鉴他人的成果，提高工作效率，同时又要防止教条主义、照搬照抄。在借鉴之前，要弄清楚其他来源的问题与自己研究关心的问题之间是否确实具有一致性，与之前开展的调查相比，在当前社会条件下这个问题是否已经发生了变化。在借鉴的基础上创新，问卷设计才能收到最好的效果。

六、形成视觉友好型的问卷格式

　　在设计问卷时，研究者往往容易忽略问卷的格式，甚至有人认为格式只是一个形式，只有内容是关键，这是错误的观念。事实上，问卷格式的好坏也是决定问卷调查成功与否的重要因素之一。要使调查问卷让访问员和被访者尽可能轻松地完成阅读问题、遵循指示、记录答案等任务，问卷的格式设计编排非常重要。对问卷整体格式的要求是视觉友好型。视觉友好型的问卷应该版面整洁、合理、清晰、美观。问卷应整齐、清楚和容易阅读。打开问卷,问题、选项一目了然,指示语、指示符号清楚。问卷的格式对自填问卷而言尤为重要,有时候甚至是被访者是否愿意参与调查的决定性因素。

对于问卷的结构和格式,研究者主要需要在图表、字体、行间距、跳答、指示符号、问卷惯例、排版等方面下功夫,无论是纸质版问卷还是电子版问卷,都应注重格式。本书第五章会详细介绍问卷结构和布局技巧。

总之,研究者在设计问卷时,要十分重视问卷的格式,专业的问卷格式不仅有利于提高问卷的完成率,也有利于提高信息的准确率。

第二节 问卷设计的基本步骤

问卷设计不是简单地将一些问题集合在一起,而是包含若干步骤的、有顺序的、有逻辑的创作过程。因此,在设计问卷前,研究者需要清楚整个过程应该包含哪些步骤,每一步骤的作用是什么,有什么需要注意的问题。研究者只有对设计过程心中有数,每一步都认真组织、仔细研究,才可能设计出一份信度高、效度高、符合研究需要的、成功的问卷。

本节将详细介绍问卷设计的基本步骤及各步骤的功能、注意事项。问卷设计基本包括八大步骤:提出研究问题,确定调查对象,概念化和操作化,设计问卷初稿,收集他人意见修改问卷,预调查,修改定稿,编制调查手册。

一、提出研究问题

问卷设计是服务于研究需要的,问卷设计的基础和前提是有一个明确的研究问题。研究问题是问卷设计的核心和基础。有的研究是为了了解基本状况，有的研究是为了探索事物之间的因果关系，还有的研究可能将多个目的结合起来。不管是哪一类，研究者首先都要确定研究问题是什么。当研究问题提出后，问卷调查的对象、基本思路就确定了，所以研究问题也是问卷设计的方向指南，清晰的研究问题是设计有意义、有效率、高质量问卷的基础。

在确定研究问题后，研究者还要做如下工作。

第一步是评估该研究问题是否适合进行问卷调查。不是一切研究问题都适合用问卷调查的方法收集资料，如果研究问题本身就不适合进行问卷调查，那么问卷设计就没有任何意义。如当研究自杀时，由于研究者几乎无法访问当事人，所以这样的问题很难通过问卷调查进行研究；再比如研究某少数民族风俗的社会变迁历程，这类问题在某些方面可以采用问卷调查的方式收集信息，但更多的是采用人类学方法展开研究。

第二步是确定研究问题适合什么形式的问卷调查。问卷调查主要包括两类：自填问卷（包括网络填答、邮寄问卷、现场填答后集中收取等）调查和访问问卷（包括面对面访问、电话访问等）调查。不同的研究问题适合使用不同的调查方式，而不同的调查方式又对问卷的长度、语言表述等各方面有不同的要求，需要研究者设计不同类型的问卷。如有关性行为方面的问题比较敏感，适合自填，这类研究的问卷调查在问题设置上要特别谨慎，注意措辞，既让被访者理解题目的意思，又能使他们如实地回答问题；如果调查农民生活状况，调查内容比较全面、详细，则适合采用入户访问式调查，对于这类问卷，设计的问题和语言又有自己的特点，可参考第一节问卷设计原则中的详细说明。

第三步，也是最重要的一步，是提出研究命题或研究假设，建立完善的研究框架。有些描述性研究虽然没有严格的研究假设，但也需要一个明确的研究框架，以便于进一步设计问题。按照一般的研究思路，在研究问题提出后，都会有一些研究假定或想要了解的问题，问卷则是在此基础上，将这些假定用问题进行操作化。因此，一个清晰的研究框架是确保问卷设计紧扣研究目的的前提条件。以研究老年人身体健康状况的影响因素

第二章 调查问卷设计的基本原则和步骤

为例，通过查阅文献，研究者可以基本确定影响因素的维度，然后画出研究框架，如图2-1所示。老年人身体健康状况的影响因素可以从个人、家庭和社会三个层次讨论。已有研究表明，基本人口学特征（性别、年龄、受教育程度）、生活习惯、疾病史、心理健康状况、婚姻史和经济状况等是影响老年人身体健康的个人因素，家庭结构、婚姻和谐度、家庭关系、家庭的社会经济状况和家族遗传病史是对老年人身体健康产生重要影响的

```
老年人身体健康状况影响因素
├─ 个人因素
│   ├─ 基本人口学特征
│   ├─ 生活习惯
│   ├─ 疾病史
│   ├─ 心理健康状况
│   ├─ 婚姻史
│   └─ 经济状况
├─ 家庭因素
│   ├─ 家庭结构
│   ├─ 婚姻和谐度
│   ├─ 家庭关系
│   ├─ 家庭的社会经济状况
│   └─ 家族遗传病史
└─ 社会因素
    ├─ 地区生活环境质量
    ├─ 地区医疗技术水平
    ├─ 就医便捷度
    ├─ 卫生保健知识宣传度
    └─ 社区服务
```

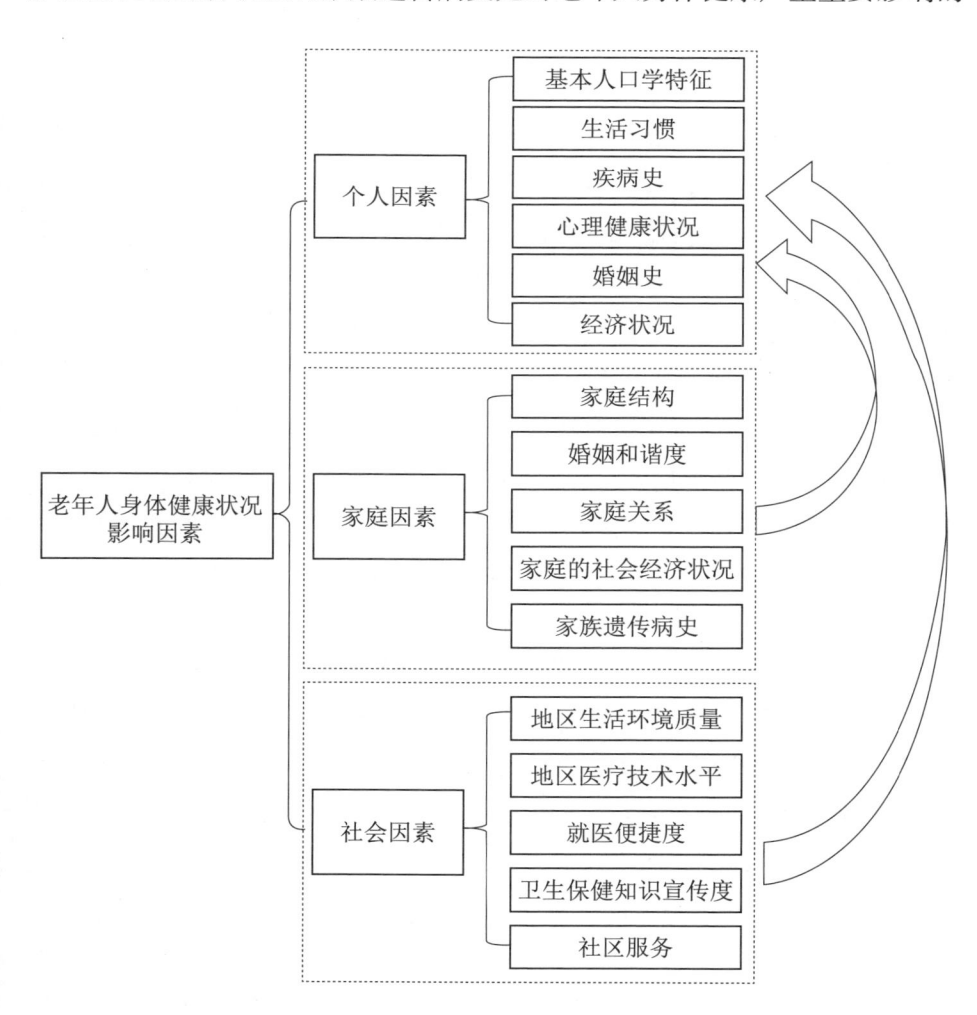

图2-1 老年人身体健康状况的影响因素研究框架图

注：这里只是用它来举例说明研究过程，并不代表老年人身体健康状况的影响因素就只有这些，老年人身体健康状况的影响因素非常复杂，需要根据实际情况开展研究。

家庭因素，而地区生活环境质量、地区医疗技术水平、就医便捷度、卫生保健知识宣传度和社区服务等社会层面的因素也会影响老年人的身体健康。同时，社会因素和家庭因素又会作用于个人因素，除了设置社会因素和家庭因素的具体指标来测量和收集客观数据外，还可以设置一些个人评价指标。研究者在理清这些关系后，就可以以此框架为指导，进一步细化各个维度下的指标，设计问题。

二、确定调查对象

确定调查对象是问卷设计中非常关键的一步。被访者是问卷调查实施的对象，是调查的直接参与者，应该在问卷设计前被清晰地界定。只有明确了调查对象，研究者才能根据调查对象的特征，进一步确定问卷的问题类型、语言表述方式以及调查方式，才能确定抽样设计方案，特别是确定抽样框和抽样单元，也才能保证调查过程的顺利进行。

那么，如何确定调查对象？

研究问题会初步确定调查对象，有的甚至会直接指明调查对象。如中国妇女社会地位调查研究、北京市流动人口非正规就业研究、中国老年人健康长寿影响因素研究、中国城市青年就业研究等，这些研究问题基本指明了调查对象的年龄范围（如青年人、老年人）、性别（如女性）和所在区域（如北京）等一些基本的人口学特征。

但是调查对象的确定并没有这么简单，这只是第一步。虽然研究问题会涉及调查对象，但在具体操作过程中，研究者需要更进一步地明确接受调查的对象。越详细、越具体的对象界定，才越具有实践操作性和可行性。对调查对象的细化界定一般以基本的人口学特征为基础，包括上文提到的年龄范围、性别、所在区域，但不仅限于此。根据实际研究需要，还有多种确定调查对象身份的方式，如职业、受教育程度、是否使用过某种品牌等。例如以上提到的北京市流动人口非正规就业研究，虽然明确了调查对象是流动人口，但非正规就业如何定义、去哪些地点寻找调查对象、如何抽取调查对象等一系列问题都是无法通过这个研究问题直接看出来的，都需要进一步深入研究。因此，研究者还需要查阅文献资料，对非正规就业进行定义。这类定义不是空泛的，而是具体明确的，要能让研究者、访问员顺利筛选出符合条件的调查对象。例 2-12 是对正规就业和非正规就业的详细定义，根据这个定义，研究者和访问员就能很容易选出调查对象。

例 2-12：北京市流动人口就业研究调查对象

此次研究的调查对象是在北京居住一个月及以上，16 周岁及以上非北京户籍的外来就业人口，分正规就业人员和非正规就业人员两类。

其中，正规就业人员限定为受雇于企事业单位且已签订劳动合同的外来从业人员。

非正规就业人员应包含：（1）外来人口中的受雇佣者，没有正式合同，且不是单位的正式职工。（2）外来人口中从事个体经营的工商户或家庭劳动经营者（自己未办理营业执照），如自由市场中从事零售的外来商贩，提供废品回收等服务的外来劳动者，以及经营临时摊点、小商店、小餐馆等的外来经营者。（3）外来人口中受雇用，但工资发放"无固定期限、无固定金额"的人员，如工资按"小时""天""周"发放的劳动者以及经常性失业人员，包括劳务派遣工、小时工和临时工，以及其他打零工者和随时待命人员。

有些研究问题的研究对象和调查对象是分开的，从研究问题中并不能确定调查对象，例如，中国出生性别比失衡研究、中国综合社会调查（CGSS）、中国家庭追踪调查（CFPS）等。对于这样的研究或调查，研究者需要反复分析研究问题，明确调查对象。例如，中国综合社会调查是为了收集社会各方面的资料，总结社会变迁趋势，所以它的调查对象是家庭户中年龄在 18 岁及以上的个人。以上只是为了说明确定调查对象在问卷设计过程中的重要性而列举的一些简单的例子，读者可以收集各类调查问卷，仔细分析其调查对象，以及调查对象与研究问题之间的关系，加深对这个步骤的理解。

在实际调查过程中，除了比较明显的人口学特征（如性别）可以让访问员直接筛选出被访者外，在大多数情况下都需要在问卷中设计甄别题，以选出符合条件的被访者①。例 2-13 是某公司对某品牌手机满意度的市场调查中设置的被访者甄别题。

例 2-13：您使用过某品牌手机吗？
A. 使用过——继续访问　B. 未使用过——终止访问

多数调查的被访者往往同时包含几个特征（如年龄、性别、职业、受教育程度、流动身份等），比如非正规就业的流动人口就包含两个因素。为了挑出合适的被访者，研究者往往需要设置几道甄别题。

三、概念化和操作化

问卷设计不是一个简单的罗列、堆砌问题的过程。从理论到概念，从概念到测量维度再到测量指标，从指标到具体的问题设置，这是一个需要对研究问题反复斟酌、仔细考量的过程。因此，研究者在提出研究问题后，还需要对研究问题进行概念化和操作化。概念化和操作化要求研究者有坚实的理论和文献基础。在进行概念化和操作化之前，研究者有必要阅读大量文献，对概念、理论、假设等做到心中有数。

概念化指的是将研究问题拓展、分解成具体的概念，对其进行清楚定义，为其指定明确的、共识性的含义，然后对概念进行层次划分，并将概念分解成不同维度。研究者在确定维度后，再对每一个维度进行细化的界定。如社会经济地位（SES）被界定为"结合经济学和社会学关于个体或家庭基于收入、教育和职业等因素相对于其他人的经济和社会地位的总体衡量"②，它包含三个维度——收入、教育和职业，在某些情况下还会包含财富，每一个维度都需要被进一步界定。

而操作化是连接概念定义与一套特别的测量技术的程序，或者说是构

---

① 需要说明的是，如果有抽样设计方案，从抽样框中最终抽到了个人，就不需要甄别题，而可在调查中直接寻找被抽到的人。不过上述情况并不意味着没有甄别过程，只是甄别已经在设计抽样方案时完成了。有些抽样方案只抽到户，在户里面抽取个人回答时也需要甄别题。

② 社会经济地位．（2018-04-01）［2019-05-10］．https：//zh.wikipedia.org/wiki/%E7%A4%BE%E4%BC%9A%E7%BB%8F%E6%B5%8E%E5%9C%B0%E4%BD%8D．

想的操作定义，它是连接理论与经验测量工具所使用的语言[①]。从抽象意义看，研究者探究的是两个概念的关系。而在实际操作层次上，研究者要做的就是检验经验假设，探寻指标间的相关性和逻辑关系。操作化是概念化的延伸，它一方面使利用数字测量概念成为可能，另一方面也将各个概念之间的关系定量化了。以上文提到的社会经济地位为例，在操作化过程中，研究者需要明确各个指标如何测量，如"教育是一个人的实际受教育年限，以年为单位"。需要说明的是，一些以了解基本情况为目的的问卷调查可能不需要理论，也不存在假设，但是仍然需要经过概念化和操作化的程序——首先是确定要了解的事实或现象的维度，其次是在各个维度下设计问题，将所要了解的事实或现象量化。

概念化和操作化是为了建立测量工具进行测量，测量是资料收集前一个独立的步骤。什么是测量呢？测量是连接概念与资料的桥梁，是一套将抽象概念转变为数字信息以表达关系的程序。研究，特别是定量研究，总是从概念开始，然后通过精确、细致的测量，以数字形式来表现概念。从这个意义上讲，问卷就是测量工具。

建立测量工具（问卷）之前的重要步骤就是概念化和操作化。此处仍以调查老年人身体健康状况的影响因素为例，解释概念化和操作化的过程。在研究老年人身体健康状况的影响因素时，身体健康是因变量，应如何测量呢？研究者可以直接设计打分形式或定序（非常好、好、一般、差、非常差）的题目让被访者评价自己的身体健康状况，也可以将身体健康状况分解为多个维度分别调查，然后综合评价。在大多数情况下，这些方法会被结合使用。研究者在将概念细化为维度后，还需要进行操作化定义。而设计问题测量各个影响因素，需要研究者在研究框架的基础上延伸拓展，将各个抽象的概念具体化为可测量的指标，然后在各个指标下设计题目。比如，测量老年人的生活习惯，可以从吸烟、喝酒、锻炼、业余活动等几个方面设计问题。表 2-1 是对老年人身体健康的概念

---

① 纽曼. 社会研究方法：定性和定量的取向. 郝大海, 译. 北京：中国人民大学出版社, 2007：23.

化和操作化举例说明。

表 2-1　概念化和操作化举例

需要操作化的概念	操作化定义	操作化-问题
自评健康	被访者对自身身体健康状况的感受和评价	打分或者从非常好到非常差五个等级中进行选择
日常活动能力（ADL）	人们在日常生活中为了照顾自己的衣食住行、保持个人卫生和独立进行社会活动所必需的一系列基本活动，包括运动、自理、交流和家务劳动等	Katz日常活动能力评定量表
工具性日常活动能力（IADL）	指在社区中独立生活所需的较高技能，如能否到邻居家串门、举起5公斤重物、洗衣服、做饭等	工具性日常活动能力量表
健康指标	通过体检获得，包括视力、牙齿、血压、心率、基本肢体活动等项目	体检表
认知功能	考察老年人五方面的能力：方向定位能力（一般能力）、反应能力、注意力和计算能力、回忆能力，以及语言、理解和自我协调能力	简易精神状态量表（MMSE）

以上例子展示了概念化和操作化的过程，但在实际研究中，根据研究问题和研究目的的不同，概念化和操作化的中间步骤可能更多，从概念到指标，从总指标到分级指标（一级指标、二级指标、三级指标甚至更多），从分级指标到转换成一系列具体问题，整个过程逻辑严谨，要求研究者对该研究领域的理论、概念、方法和调查都非常熟悉，以便在概念化和操作化过程中思路清晰、得心应手。

四、设计问卷初稿

以上三个步骤可以理解为正式编制问卷的前期准备工作。在设计结构式问卷时，研究者既要清楚地理解概念，准确地将概念操作化为问卷问题，还应该保证问题符合经验事实。研究者在自己不太熟悉的领域，还需要通过观察、小组访谈、个别深度访谈等方法，收集被访者对概念和问题

第二章　调查问卷设计的基本原则和步骤

的理解，研究某些特定概念和问题在实际生活中的表述方式、专业术语，并尽可能收集问题答案的多种可能性，避免收集上来的问卷中选择"其他，请说明_____"选项的过多，造成重新编码的麻烦。当这些工作准备就绪后，研究者就可以正式开始设计问卷了。

问卷的设计通常有两种具体方法：框图法和卡片法[1]。框图法也称问卷流程图法，它的主要步骤是：研究者根据研究假设和研究内容画出整个问卷各个部分的前后顺序简略框图，然后写出各个部分的问题和答案选项，并按照问题的逻辑顺序和难易程度对问题进行排列。在框图完成后，研究者根据问卷设计的基本原则，仔细研究框图各个部分的前后顺序是否科学合理、符合逻辑，各部分的问题是否符合人们的思维习惯，是否便于填写，是否有利于收集到真实的答案，对其进行检查、调整和完善。框图法是"先总再分"思路。而卡片法跟框图法的方向刚好相反，是"先分再总"的思路。即从具体问题开始，先将各个问题和答案选项记录在一张张卡片上，然后归类整理，将问题汇总到各个部分，最后到整体。

两种方法各有优劣。框图法整体感强，在安排问卷各个部分的顺序和逻辑结构方面具有明显的优势，但修改、调整具体问题不太方便；而卡片法在修改、调整问题方面更具优势。在实际操作中，研究者可以将两种方法结合使用——在对调查内容各个部分的布局安排上使用框图法，增强问卷的整体性和逻辑性；然后针对每一部分的内容，在卡片上写出具体问题，修改问题，并调整问题的顺序；最后按整理好的卡片顺序整理问卷初稿。

设计问卷初稿可以分为两步：一是编写问卷大纲，二是形成问卷初稿。

(一) 编写问卷大纲

问卷大纲是在正式编写问卷初稿之前编写的，以使问卷设计工作更加方便。问卷大纲一般包含概念、维度、指标和测量方式，它是在研究框架、概念化和操作化基础上形成的，能够使研究问题更清晰明确，问卷编

---

[1] 风笑天．社会研究方法．北京：高等教育出版社，2006：34-35．

写起来有章可循，思路更顺畅。问卷大纲充分利用了框图法的优势。表 2-2 是老年人身体健康状况影响因素调查的问卷大纲样式，展示了设计一份问卷的逻辑过程。

表 2-2 问卷大纲示例

调查大项目	调查小项目	操作化指标
基本人口学特征	年龄	按公历出生日期计算的年龄（以岁为单位）
	性别	男或女
	受教育程度	受教育年限数（以年为单位）
生活习惯	吸烟	现在是否吸烟，过去是否吸烟
		吸烟开始时间（填年份），每天吸烟频率（填吸烟支数）
	喝酒	现在是否喝酒，过去是否喝酒
		喝酒开始时间（填年份），每天喝酒量（填喝酒重量）
	体育锻炼	现在是否锻炼，过去是否锻炼
		锻炼开始时间（填年份），每周锻炼频率（以次为单位）
	娱乐生活	业余时间是否读书看报、种花养鸟、看电视听广播、打牌、参加社会活动等
	饮食	主食类型（定类变量，选项列出主食类型供被访者选择）
		新鲜水果食用频率，新鲜蔬菜食用频率（定序变量）
疾病史	是否患过各种慢性病	是否患过高血压、糖尿病、心脏病、脑血管病、骨关节病等
	患重病次数	过去一年患重病次数（重病指导致住院或卧床不起的病，以次为单位）
		患病类型，每次患病住院天数（以天为单位）
心理健康状况	生活满意度	以打分的形式对生活现状进行评价
	对事态度	遇事想得开（以定序题和量表形式呈现答案）
	焦虑感	经常感到紧张（以定序题和量表形式呈现答案）
	孤独感	经常感到孤独（以定序题和量表形式呈现答案）
婚姻史	结婚次数	把目前婚姻算在内结过几次婚（以次为单位）
	婚姻状况	目前的婚姻状况（定类变量，将婚姻类型列出供被访者选择）

续前表

调查大项目	调查小项目	操作化指标
经济状况	居住地	居住在城镇或农村
	收入	目前年收入，包括工资、养老金、劳动收入、子女支持等（以元为单位）
	生活来源	主要生活来源类型（定类变量，列出选项供被访者选择）
	住房拥有状况	是否拥有带产权的房子
	养老金状况	是否有养老金
		年度养老金额度（以元为单位）
经济状况	职业	过去的职业类型（按普查职业分类划分职业类型）
		现在的工作状态（是否工作）
	医疗保险	参加的医疗保险类型（定类变量，列出选项供被访者选择，多选题），医疗报销比例（百分比）
家庭结构	一起居住的家庭成员	一起居住的家庭成员数
		哪些家庭成员一起居住（多选题）
婚姻和谐度	跟配偶的关系	用定序题评价与配偶的关系
家庭关系	跟子女的关系	与子女的联系频率，用定序题评价与子女的关系（非常好，较好，一般，较差，非常差）
家庭的社会经济状况	家庭总收入	一起居住的所有家庭成员总的年收入（以元为单位）
	家庭住房类型	定类变量，列出常见住房类型供被访者选择
	一起居住的子女的职业	如果有一起居住的子女，列出每一个人的职业（按普查职业分类划分职业类型）
家族遗传病史	遗传病种类	是否有家族遗传病（是否题），遗传病类型
地区生活环境质量	气候	评价所生活地区的气候条件
	污染	评价所生活地区的空气、水、噪声等污染程度
地区医疗技术水平	医院级别	本县（市、区）一、二、三级医院数量（以所为单位）
	病床数量	本县（市、区）病床数量
	医护人员数量	本县（市、区）医护人员数量
就医便捷度	就医距离	最近的医院离居住地的距离（以千米为单位）
	排队等候时间	每次就医挂号排队所用时间（以分钟为单位）

续前表

调查大项目	调查小项目	操作化指标
卫生保健知识宣传度	卫生保健知识宣传度	社区里是否有医疗保健知识宣传（是否题）
		每月宣传频率（以次为单位）
社区服务	能够为老年人解决实际困难的社区服务活动	是否有起居照料、上门看病、聊天解闷、法律援助、日常购物、组织社会娱乐活动等服务活动

（二）形成问卷初稿

在问卷大纲形成后，研究者基本确定了各个调查项目，此时可采用卡片法设计各个项目下面具体的问题和答案选项，并进行排序、修改、完善和排版，最后形成完整的问卷。

关于问卷设计的一个经验是收集前人使用过的相关问卷并借鉴参考。目前市面上几乎有所有类型的调查问卷，这些问卷中的许多问题都是经过他人仔细推敲、反复使用并得到了实践检验的，具有较高的信度和效度，研究者可以根据具体情况直接借鉴或进行一定程度的修改。

当问卷编好后，研究者还需要对问卷进行自我对照检查——可以依据本章第一节介绍的问卷设计原则和本书后面章节介绍的题目设计策略及注意事项依次对问卷进行检查。检查的项目较多，涉及问题设置和排序、语言表述、问卷排版等各个方面。经常涉及的检查项目有：问题有没有使用引导性的语句；问题有没有使用倾向性的语句；问题有没有使用晦涩的表达，如文言文、俗语、俚语、缩写、专业词汇等；问题有没有使用双重否定的语句；问题的文字说明是否浅显易懂；问题的文字数量是否适中；问题是否列出了所有可能的选项；问题选项间是否具有互斥性；问题有没有涉及不受欢迎的语句；等等。

五、收集他人意见修改问卷

问卷设计中非常重要的一个经验就是：学会借鉴，善于借鉴。这一方面是要求研究者吸收已有成果，借鉴他人问卷；另一方面则是要求研究者广泛收集他人意见，修改问卷。这一过程中的"他人"包括三个群体：一是经验丰富的专题小组，二是相关领域的专家，三是被访者。

（一）专题小组讨论

专题小组在问题评估过程中发挥着重要作用。通过专题小组讨论，集思广益，研究者能够发现问卷设计中的问题，进一步完善问卷。专题小组成员根据自己的亲身经验或调查经历，能够发现研究者未考虑到的一些问题，包括问题的逻辑顺序、用词准确性、提问方式、调查对象在实际调查过程中可能碰到的一些困难和问题。同时，专题小组讨论还能够帮助研究者解决问题——研究者在问卷设计过程中会遇到各种各样的问题，凭研究者一己之力可能无法解决，但通过组织专题小组讨论，收集大家的意见，凭借众人的智慧，问题往往容易迎刃而解。

专题小组应选择异质性强的小组成员。异质性强的小组成员往往意见能相互补充、完善，能最大限度地找出问卷的问题。专题小组成员以有丰富的实地调研经验和问卷设计经验的对象为最佳。在人数上，一般而言，5~8人的小组比较合适，人多容易造成混乱，人少又难以发现问题。

（二）专家评估

专家评估是修改问卷的有效方式之一。它采用主观评价法评估问卷，即将问卷初稿给相关领域的专家或研究人员进行评审，请他们直接阅读和分析问卷初稿，并根据他们的经验和认识对问卷进行评论，指出不妥之处，提出修改意见。

（三）被访者意见

被访者是问卷调查的直接参与者，他们的感受和意见对于问卷的完善至关重要。收集被访者的意见有几种方式，比如：在自填问卷后附一份意见调查表，鼓励被访者提出意见和建议；在问卷填答完成后，访问员当面询问被访者的感受和认为问卷中有问题的地方；针对每一个问题对被访者进行深入访谈，让被访者尽可能详细地描述回答问题时的心理活动。还有一种方式来源于认知心理学，这种发现问题的方式是，访问员先让被访者填写问卷，经历思考、填答的过程，然后询问被访者一系列有关回答过程的问题：让被访者自己解释对问题、答案、术语的理解，询问被访者是否对"什么是合适的答案"有疑点或困惑，询问被访者在答题过程中的整个思考过程，让他们描述在选定自己觉得合适的答案时的思想活动，如有关数字计算问题是如何算出来的，在选定答案时考虑了什么[①]。访问员在这个过程中要注意记录，标出可能有缺陷的词语、理解和作答等具体问题。

六、预调查

预调查是正式调查开始前的一次小规模试验性调查，是问卷设计过程中必不可少的一个步骤，研究者可以从中发现问题，并及时纠正。通过预调查，研究者一是可以直接在调查过程中发现问题，二是可以在处理通过预调查收集到的数据的过程中发现问题。小范围的预调查是大规模正式问卷调查顺利进行的保证。

预调查一般基于方便和可获得性，采用非随机抽样的方式，从调查对象中选取一个小规模样本，用问卷初稿对他们进行调查，在调查过程中记录遇到的问题，同时认真分析在预调查中收集的信息，从中发现问题和缺陷，并进行修改。虽然预调查是基于方便选择的调查对象，但预调查对象应基本覆盖正式调查可能涉及的对象（比如不同年龄、不同文化程度、不同地域等都尽量涉及），尽可能找出潜在的问题，并及时解决，避免问题在将来的大规模调查中出现。预调查不用刻意追求规模大小，以发现问题，检验问卷的信度、效度和实际可操作性为主。

对于面对面访问式的问卷调查，研究者在预调查的过程中要详细记录遇到的问题。调查问卷中最易出现的问题包括：题项不全导致过多人选择"其他，请说明_____"选项；询问了被访者不熟悉、难以回答的问题；题意表述不清，语言含糊、不准确；问题顺序排列不当；某些措辞拗口或者不符合当地的语言表达习惯；跳答设计有误；等等。研究者在预调查过程中应该仔细记录，在预调查完成后统一汇总讨论修改问卷。此外，预调查的一部分问卷可用来详细访问被访者，以记录问卷中的问题；另外一部

[①] 福勒.调查问卷的设计与评估.蒋逸民，译.重庆：重庆大学出版社，2010.

分问卷则应尽量仿照真实调查场景来使用，记录实际调查所用的时间和被访者的配合程度，评估是否有进一步精简问卷的必要性。

对于网络调查、邮寄问卷调查、现场集中填答等形式的自填问卷，在预调查时可以采用访问员当面访问的形式以便记录问题。但预调查的主要目的是对即将完成的调查问卷进行评估，研究者通常希望预调查与正式调查尽可能一样，因此还需要进行一部分的"仿真"调查，即完全采用与正式调查一样的程序。然后，研究者对回收的问卷进行统一分析评估。评估这类调查，除了直接对问卷数据进行分析外，还可以在问卷后面附上一份"问题收集报告表"，让被访者报告他们在填答过程中感到困惑的问题、难以回答的问题或有缺陷的问题，甚至可以收集他们对问卷的建议和意见。在客观条件允许的情况下，研究者也可以组织被访者现场报告他们遇到的问题和困惑。

对于收集到的预调查问卷，研究者应统一分析评估问卷回收率的高低，是否有不恰当的填答形式，是否有漏答、错答等问题。同时，研究者还可以根据研究问题对数据进行初步处理，分析数据呈现的结果是否达到了前期的研究设想和研究需要，判断是否有增加问题的必要性，判断是否每个问题都是对研究有用的，进而决定是否精简问题。

七、修改定稿

研究者在预调查完成后，集中汇总问题，修改问卷。当在预调查基础上修改的问卷定稿后，研究者还应该进行二次预调查，二次预调查的人数可少于初次预调查，但也是必不可少的一步。通过二次预调查，研究者可以进一步发现问题，并纠正问题。在问卷定稿的过程中，研究者应该反复检查，仔细修改，确保万无一失。在定稿后，研究者就可以印刷问卷，准备正式调查了。

八、编制调查手册

在问卷定稿后，研究者还需要编制一份详细的问卷调查手册。调查手册是保证调查工作顺利进行的指导性文件，是问卷调查工作的指南和行动纲领。第一，它能帮助访问员深入了解这项研究和整个调查过程；第二，它能供访问员在遇到问题时及时查阅，对问题和答案的一致性解释能够保证访问员和被访者对问题理解的一致性；第三，它也是研究者在后期研究工作（比如撰写报告、学术论文等）中可以参考的宝贵资料。调查手册中对问题的解释、对概念的界定、对方法的介绍等都是研究者们在问卷设计初期共同讨论得出的，是集体智慧的结晶。在后期研究中，研究者可能会遇到类似的困惑或问题，调查手册便于研究者随时查询、解开疑惑、解决问题。

调查手册的内容一般包括：

（1）详细阐明调查背景和调查目的。背景是开展研究或调查的依据，而目的则基本表明了研究或调查的内容。阐明调查背景和调查目的有助于访问员认识到这项研究的重要意义和作用，也便于研究者在开展后期研究工作时进行参考。

（2）准确清晰地界定调查对象。明确地指明调查对象，便于研究者筛选符合条件的被访者，并且能帮研究者确定调查规模（如果分地区开展调查而且有配额要求，可以做详细的列表说明）。

（3）说明整个调查过程的时间规划安排。

（4）介绍抽样方案。抽样方案虽然不是问卷设计的一部分，但是调查的重要组成部分，调查手册应该包含抽样方案。有些调查即使没有严格的抽样程序，也应该明确说明调查地区和被访者是以什么标准或程序选择的。

（5）一般情况下，调查手册还应包含编码原则，以便后期数据录入。大部分调查问卷在第一页有详细的地址，所以需要制定一个地区编码表或者编码原则。在对问卷中的具体问题进行编码时，应对缺失值等一些不正常的值的编码进行说明。

（6）介绍调查队伍。对组织者、培训员、访问员、督导员等参与到问卷调查中的人员的职责进行说明，保证参与者各司其职、各尽所能。另外，还需要留下一些调查负责人的联系方式，以备访问员或培训员在遇到问题时随时咨询。

第二章　调查问卷设计的基本原则和步骤

（7）介绍问卷的质量控制和管理细则。对问卷的质量要求、复查和抽查、破损和遗失等都要有明确的文字说明和规定，以把好质量关，保证访问员遵守质量规范，提高问卷调查质量。

（8）调查手册中最重要的一部分内容是对每个问题及其答案选项进行详细解释和填答说明。对问题和答案选项的解释要通俗易懂、清晰明确，特别是对于容易混淆的概念或不易理解的字眼，需要花一定笔墨加以界定和说明。这不仅能保证问卷培训员、访问员和被访者准确理解问题和答案选项的含义，也是后期数据分析处理和对问题进行解释的重要依据。一些比较复杂的跳答或表格设计样式，如果无法在问卷中避免，则一定要设计填写示范。另外，对纸质问卷填写笔、笔的颜色、勾选答案样式、涂改要求都需要统一规定，以便于后期数据录入。

（9）在一些情况下，可以在调查手册最后附上附件。有些对农村地区或者老年人的调查，为了获得准确的年龄信息，还会在调查手册后面附上生肖对照表。其他与调查有关的方便访问员查阅的信息，也可以以附件形式附在手册最后。

以下是一个流动人口调查的调查手册样式（见表 2-3），基本展示了调查手册应该包含的内容。

表 2-3　流动人口调查调查手册样式

××调查手册
一、调查背景和目的
二、调查对象
（一）研究样本与调查对象的选取
1. 流入地调查对象
2. 流出地调查对象
3. 访谈对象
（二）样本规模
1. 流入地调查对象规模及其地区、性别和年龄配额表
2. 流出地调查对象规模及其地区、性别和年龄配额表
3. 访谈对象
三、抽样方案
四、时间计划

续前表

五、问卷填写的一般要求

六、问卷具体内容说明

　　（一）通用概念（包括对年龄、年月的一些规定）

　　（二）封面部分填写说明

　　（三）问卷问题填写说明

****

例：

　　Q1. 出生年月：写明四位数的出生年份和两位数的月份（即当月份为个位数时，要高位补零）。当被访者不能准确回答，或只知自己的虚岁、属相时，访问员须将其换算成周岁年龄并按照附录（一）中的生肖对照表查出其对应的公历年份，还要在问卷上记录被访者的属相。以下涉及出生年月或年龄的问题，照此执行。如果被访者只知道农历（或阴历）的月份，统一在农历的月份上加上一个月；如果遇上农历十二月，则须将其转换为公历的次年一月。

　　Q5. 体重的计量单位是斤，1斤＝500克。

　　身高的计量单位是厘米，1米＝100厘米。

****

七、调查实施细则

　　（一）访问员的职责和要求

　　（二）督导员的职责和要求

　　（三）调查问卷质量控制细则

　　1. 质量控制的一般要求

　　2. 复查

　　3. 抽查

　　（四）问卷管理细则

八、调查负责人通信录

九、附录

　　（一）生肖对照表

　　（二）省份编码对照表

最后，以流程图的形式展现整个问卷设计过程（见图 2-2）。

第二章 调查问卷设计的基本原则和步骤

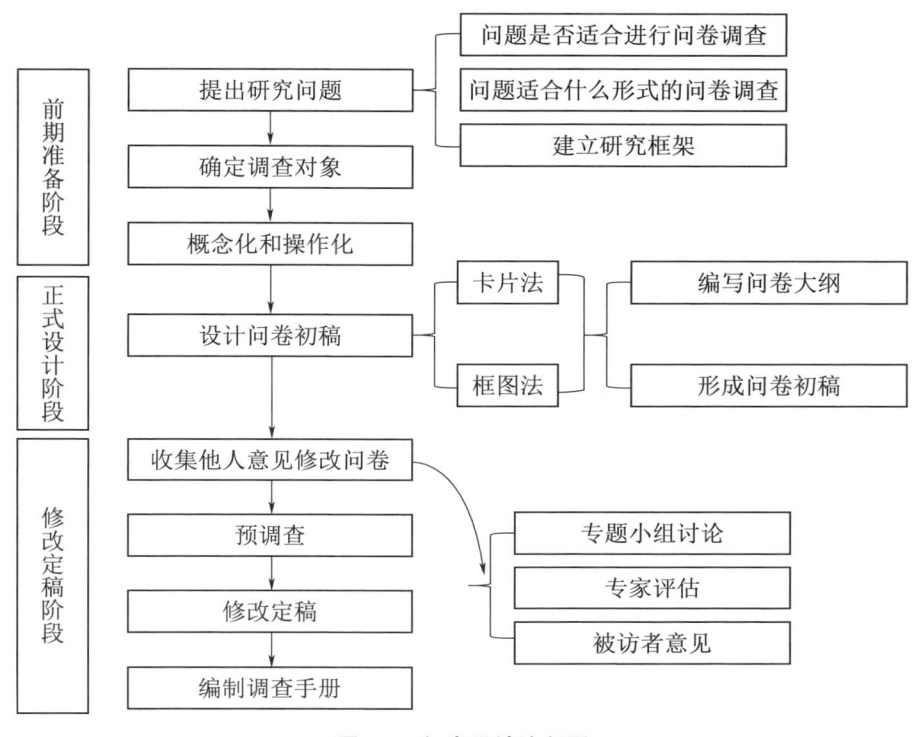

图 2-2 问卷设计流程图

小结

◇ 问卷设计不是简单堆砌和罗列问题。高质量的问卷要达到以下几个标准：充分收集研究需要的信息；保证信息的准确性和真实性；尽可能节约成本；具有可操作性。

◇ 要设计一份高质量的问卷，需遵循的几个基本原则是：问卷整体精而简，问题紧扣研究目的；语言精练，准确到位，因人、因情况制宜；以被访者为本，从被访者角度出发思考问题；问卷整体逻辑严谨；问卷设计要避免"闭门造车"；形成视觉友好型的问卷格式。

◇ 问卷设计的基本步骤包括：提出研究问题，确定调查对象，概念化和操作化，设计问卷初稿，收集他人意见修改问卷，预调查，修改定稿，编制调查手册。

第三章

调查问卷问题设计的要求和规则

调查问卷的问题有许多不同的类型和设计方法。丰富的题目类型和设计方法给了问卷设计者很大的自由操作空间,他们可以根据研究目的和所需信息的不同,自行对问卷问题进行类型选择和编排。但是,这并不意味着问卷问题的设计是漫无章法或者随心所欲的,仍然有一些基本的要求必须达到,有一些基本的规则必须遵守。这一章主要从题目的设计、答案的设计和语言表述三个方面介绍问卷问题设计中要遵循的一些基本要求和规则。

第一节 题目设计的要求和规则

一、题目要与研究目的直接相关

在社会调查中,问卷是为实现研究目的而采用的收集数据的一种工具。而调查问卷中的各个题目是收集信息的重要载体,也是研究者表达自己的研究内容和关注信息,并在此基础上与调查对象进行沟通的主要途径。

所以,研究者要始终做到以研究目的为导向,面向广大调查对象来进行题目的设计。问卷中的题目必须能够真正反映出研究者所关心、所需要的信息,不能够偏离研究目的,既不能是无关的问题,也不能是间接相关的问题。也就是说,每个问题都应当是准确、合适和直接体现研究目的的。

例如，某所大学拟在学生中进行一次关于图书馆服务质量的调查，可以采用类似"你对图书馆服务是否满意"或者"请你给图书馆的服务质量打分（1～10分，分数越高代表服务质量越高）"这样的问题来收集信息。这些信息能够准确反映出学生们对图书馆服务质量的评价。但是，如果该大学采用类似"你是否喜欢去图书馆"这样的问题进行调查，那所收集到的信息就会偏离研究目的。因为是否喜欢去图书馆虽然与图书馆的服务质量有一定的关系，但是还受到个人兴趣、需要等其他多种因素的影响，它与研究目的并不直接相关，所以并不能准确、恰当地反映出研究目的。在设计问卷的问题时，设计无关问题的错误比较容易被发现，但设计间接相关或部分相关问题的错误比较隐蔽，不太容易被发现，更需要引起研究者的注意。

二、选择合适的题目形式

本书下一章会介绍调查问卷的各种题型。正所谓"尺有所短，寸有所长"，不同类型的题目各有其优缺点，判断其好坏的标准并不在于题型本身孰优孰劣，而在于对不同研究目的而言是否合适。所以对一个研究者来说，能够根据不同的研究目的选择合适的题目形式是非常重要的一个方面。

比如，当研究目的是解释某种现象产生的原因及获取对某种现象的评价，而研究者事先并不知道或不能穷尽问题的答案时，采用开放式的题目形式是比较合适的；而当研究目的是描述某种情况，并且研究者事先能够列举出可能的所有答案时，采用封闭式的题目形式是比较合适的。

例如，一项对关于延迟退休年龄政策的意见与态度的调查，如果是想调查职工对延迟退休年龄政策的意见，一般会选择开放式的题目形式；而如果是想调查职工目前可以接受的退休年龄，则一般会选择封闭式的题目形式。

又如，当研究目的仅是了解调查对象某项属性的分布情况时，采用选择题的形式比较合适；而当研究目的是了解调查对象某项属性的具体描述时，采用填空题的形式比较合适。

例如，想了解某市小学生的体重分布情况，可以采用选择题的形式，将答案设置为五个选项进行调查：

（1）20公斤以下；

（2）大于或等于20公斤，小于30公斤；

（3）大于或等于30公斤，小于40公斤；

（4）大于或等于40公斤，小于50公斤；

（5）50公斤及以上。

但如果研究目的是了解某市小学生的体重指数（体重指数 BMI＝体重/身高的平方，国际单位 kg/m^2），就必须采用填空题的形式，得到每个小学生身高、体重的具体数值。

三、充分考虑调查对象的回答能力

问卷调查所要面对的对象是社会生活中形形色色的人，需要他们根据自己的理解、自身的情况和想法来做出相应的反应，以此提供有用的信息。所以，在问题的设计过程中，研究者必须时刻考虑到调查对象是否有能力来回答问卷的题目，不要设计超出调查对象能力范围的问题。

第一，不要问调查对象可能没有经历过的事情。例如，某餐馆的顾客满意度调查问卷中有一个问题："您最喜欢的服务员是几号？"对一名普通顾客来说，不可能所有的服务员都为他服务过，他所能评价的只有已经为他服务过的服务员，而对其他服务员的评价已经超出了他可以回答的范围。另外，"喜欢"这个词也不准确，容易引发歧义，对顾客来说，服务员并不是明星，不存在喜欢不喜欢的问题，所以应该问对其服务满意不满意。所以，比较合适的问题应该是："为您服务过的服务员有哪几位？请您分别对他们的服务进行满意度评分。"

第二，不要问需要调查对象精确记忆或复杂计算的问题。类似"去年一年您在各大平台进行知识付费的次数"这样的问题，普通人是无法记得并准确回答的。这样的题目会造成很高的空答率，如果换成类似"上个月您进行知识付费的次数"这样的问题，调查对象回答起来就相对顺利多了。

四、尽量提高获得真实信息的可能性

社会科学与自然科学不同，它的研究对象是有情感、有态度的人。出

于各种各样的原因，人们会隐瞒或掩饰自己的真实想法，所以通过问卷调查获得的数据和通过科学实验获得的数据不同，前者并不一定是对客观事实的直接反映。虽然这样的情况不可避免，但是研究者仍然可以通过对问卷题目的合理设计，最大限度地提高通过问卷获得的信息的真实性。

例如一项对于国货市场支持率的调查，如果直接问"您是否更愿意支持国货"，很多人会由于害怕遭到道德方面的指责或者惩罚而掩饰自己的真实想法，即使内心更愿意购买进口货，也不会在问卷上如实填写。对于这样的情况，研究者就要考虑修改问题，采取间接迂回的方式得到信息，使问题变得不那么尖锐、直接。比如在上面的例子中，可以采取以下这种替代方式来间接考察调查对象的国货购买意愿。

例 3-1：您在购买产品时会考虑以下哪些因素？（多选）
（1）品牌是否是国货
（2）品牌知名度
（3）产品质量或效果
（4）产品价格
（5）口碑评价
（6）售后服务
（7）其他，请说明_____

第二节 答案设计的要求和规则

调查问卷中的答案是调查对象对问题的反馈，也是研究者在科学研究中进行进一步分析的依据。答案设计在调查问卷的设计中占据半壁江山，需要研究者进行多方面周密细致的考虑，也必须满足一定的基本要求和规则。

一、题目与答案要协调

题目与答案是构成问卷主体内容的两项重要因素。所以，题目与答案需要相互协调，不能出现答非所问的情况。也就是说，题目与答案需要匹配，题干问什么，答案选项就应当回答什么。

例 3-2：在最近的一个月内，您认为您是否有可能顺利找到工作？
（1）不可能　　　　　（2）比较困难
（3）不是很难　　　　（4）很困难

在上例中，问题询问的是"是否有可能"，即询问的是可能性，而答案中"比较困难""不是很难""很困难"的选项并不是针对"可能性"问题的答案，出现了答非所问的情况。所以，更为合适的做法应该是针对"可能性"，把答案选项设置为"（1）完全不可能　（2）不可能　（3）有些可能　（4）很有可能"，会显得与题目题干更为对应。

例 3-3：当您遇到问题和困难时，最先想找谁解决？

	经常	偶尔	从不
配偶			
儿子			
女儿			
儿媳			
女婿			
孙子女或其配偶			
其他亲属			
朋友/邻居			
社会工作者			
保姆			
无人解决靠自己			

上例中题目询问的是"最先想找谁解决"，而设置的答案，不仅涉及"最先找谁解决问题"的人物类别，还涉及找他们解决问题的频率，因此也出现了题目与答案的不协调。如果出现题目与答案不协调这样的问题，就需要对题目或答案选项进行调整，使它们完全匹配。比如在此例中，就可以将问题改为："当您遇到问题和困难时，最先找他（她）们解决的频

率各有多高？"

二、答案内容要穷尽和互斥

封闭式问题的答案设计的最基本要求是穷尽性和互斥性。穷尽性是指答案必须包含所有可能的情况。

例 3-4：您支持在高校的教学和科研活动中使用智慧教室吗？
（1）完全支持　　（2）一般支持　　（3）应禁止使用

上例中答案的设置并未将调查对象的基本情况都穷尽，因为不了解或没使用过智慧教室的人、支持程度在完全支持与一般支持之间的人，无法在答案选项中找到合适的选项。正确的答案选项设置应该是：

例 3-5：您支持在高校的教学和科研活动中使用智慧教室吗？
（1）完全支持　　（2）比较支持　　（3）一般支持
（4）比较反对　　（5）应禁止使用　（6）不清楚

这样一来，对任何一个调查对象来说，备择的各个选项中总有符合自己实际情况的内容。总之，如果在某个调查中，有任何一个调查对象无法在备择答案中找到符合自己基本情况的答案，那么这一问题的答案设置就不是穷尽的。为了使答案穷尽，研究者通常会在问题选项中加入"其他，请说明_____"选项。

答案的互斥性是指答案之间不能相互包含或交叉重叠，每个答案的内容和含义都不存在与其他答案相互覆盖的问题。

例 3-6：您认为社区居家养老服务的优势在哪些方面？（可多选）
（1）方便快捷　　（2）服务质量高　　（3）成本较低
（4）个性化服务　（5）安全可靠　　　（6）符合老人生活习惯
（7）价格合理

在上例选项中，"服务质量高"与"个性化服务"的含义存在交叉，"成本较低"与"价格合理"的含义也存在交叉，必须做出修改。如果答案之间互相交叉，就会导致调查对象无法选择，或者造成具有相同想法的人选择不同答案的情况，这样的测量是不准确的。此外，上述 7 个答案也无法穷尽调查对象对社区居家养老服务的优势的认识，研究者可以考虑增加一个开放式选项。

三、答案内容要准确清晰

在问卷调查中，设置答案选项的目的就是帮助调查对象根据自身情况尽快地找到相对应或相似的类别，而答案内容就是对某一类别情况的说明和描述。这就要求答案的内容必须十分精准、容易互相区分，不能似是而非，导致不同的人对同一问题产生不同的理解。

例 3-7：您经常点外卖就餐吗？
（1）很少　　　　（2）较少
（3）较多　　　　（4）很多

例 3-8：您是否经常通过网络线上课程进行学习？
（1）经常　　　　（2）有时
（3）极少　　　　（4）每天都会

例 3-7 中"很少""较少""较多""很多"与例 3-8 中"经常""有时""极少"的标准并不是客观标准。因为每个人对多少、大小、时间频次等方面的认识都不同。这种问卷调查的结果，并不能反映客观事实，也不能作为科学研究的依据。较好的答案选项设计如例 3-9 所示。

例 3-9：您现在从事/参加个人户外活动的频率有多高？
（1）几乎每天
（2）不是每天，但每周至少一次
（3）不是每周，但每月至少一次
（4）不是每月，但有时
（5）不参加

四、尽量减少调查对象"中庸"的回答

对于具有程度差别的答案，大多数调查对象倾向于选择非极端的中间

第三章　调查问卷问题设计的要求和规则

答案。这会造成问卷信度和效度的下降。这样的问题可以通过扩大类别的范围、增加分组的数量等方法来补救。

例 3-10：您现在的睡眠质量如何？
（1）好　　　　（2）一般　　　　（3）不好

例 3-11：您认为小区的垃圾分类做得如何？
（1）非常差
（2）在最差和最好之间
（3）非常好

例 3-10 和例 3-11 的答案设计就存在着一定的问题，研究者可能会发现在最后的调查结果中，几乎所有人都选了第 2 项，答案的设计失去了为调查研究提供准确信息的功能。所以在设计答案时，研究者应注意答案之间量化级别的差距，增加问题的选项。研究者如果想让调查对象表明肯定或否定的明确态度，就应该将答案选项数量设计为偶数，去掉中间选项。如例 3-11 可以被修改成例 3-12 这样的形式：

例 3-12：您认为小区的垃圾分类做得如何？
（1）非常差　　（2）比较差　　（3）比较好　　（4）非常好

一般来说，对家庭收入等问题，调查对象往往也倾向于选择偏少或居中位置的答案。这样的问题也可以通过增加收入的分类来进行修正。例如，如果研究者根据其他数据资料，了解到调查地区的大多数居民月收入范围为 1 000～4 000 元，在一般情况下，研究者会将答案划分为 1 000 元以下、1 000～1 999 元、2 000～2 999 元、3 000～3 999 元、4 000 元及以上 5 个类别。如果每个调查对象都如实回答，那么答案中的收入分布是以 2 000～2 999 元为中心的正态分布。但由于调查对象倾向于选择程度较低的答案，预调查获得的调查结果可能是以 1 000～1 999 元为中心的偏态分布。所以研究者可以考虑将答案类别增加，分为 1 000 元以下、1 000～1 499 元、1 500～1 999 元、2 000～2 499 元、2 500～2 999 元、3 000～3 499 元、3 500～3 999 元、4 000～4 499 元、4 500 元及以上 9 个类别，这样调查对象选择的倾向性就会相对改变。

五、避免答案排列形式带来的系统偏差

根据以往的问卷调查经验,对于一般的陈述性问题,调查对象倾向于选择第一个或最后一个答案选项。因为有时调查对象为了赶时间,只看了前几个答案选项,一旦前几个答案选项与自己的情况稍有符合,就马上选取,所以第一个答案选项被选择的概率较高。而有时由于答案选项过多,内容过于冗长,调查对象在看完所有选项后,对前面的选项不记得或印象不深刻了,所以最后一个答案选项被选择的概率也较高。为了避免在实际操作中出现系统偏差问题,研究者在实际操作中一方面可以精练语言,简化答案选项的数量和内容,另一方面也可以采用随机化的方法。随机化的方法是将问卷分成几类,每一类问卷中答案的排列顺序是不同的——第一类问卷将第一个答案选项放在首位,第二类问卷将第二个答案选项放在首位,以此类推。这样可以避免调查对象不加考虑地选择第一项答案或者由于记忆不清而选择最后一项答案,从而造成系统性偏差的问题。

六、避免调查对象大量选择"其他"类答案

"其他"类答案在问卷中属于半封闭式问题的答案,即考虑到问卷的版面和调查对象的特殊性,在无法将问题的相关答案全部罗列在问卷中时,研究者一般会选取最主要、最具有代表性的答案选项,并将答案的最后一项设置为"其他,请说明_____"。使用这一选项能够确保答案的穷尽性。然而,如果在问卷回收后,研究者发现选择"其他"类答案的调查对象在总体中所占的比例相当大,或该选项被选择的频率远远高于其他几类选项,那么说明问题的答案设计出现了问题,即有关该问题的某些更重要的答案类型没有被纳入备择答案中。

例 3-13:您进行网购最主要的原因为?

(1) 节约时间

(2) 送货上门

(3) 其他,请说明_____

在上面这个例子中，前两个选项没有尽可能覆盖重要的答案类型。调查对象网购的主要原因还包括商品种类丰富、价格便宜等等，所以在本例中大量调查对象只能选择"其他，请说明_____"来阐明他们网购最主要的原因。"其他"类答案无法直接与其他定量数据进行比较，会增加数据分析的复杂性。

为避免这种类型的错误，研究者需要在调查准备工作中深入、广泛地了解研究领域，充分利用预调查等形式，了解人们对问题的回答情况，并在此基础上设计答案。研究者也可以用二次编码的方法对这类问题进行补救，对大量的"其他"类答案进行整理，把相近或相同的归为一类，选择比较重要的几类进行重新编码。

第三节 语言表述的要求和规则

无论是题目的设计，还是答案的设计，在语言表述方面都要力求精准、明确、简洁、中肯。因为一般而言，研究者对调查的主题是非常熟悉的，因此往往在题目和答案的语言表述方面不太敏感，而调查对象中大多数人对调查的内容还是比较陌生的，如果题目和答案在语言表述上存在着一定的问题，就会影响人们对问卷真实信息的理解，导致问卷调查的效率下降，甚至会得到错误的信息。所以，问卷设计的语言表述在很大程度上决定了调查的质量。因此，问卷的题目和答案设计的语言表述也必须遵循一定的基本要求，经过反复推敲和修饰。

一、语言表述要完整

无论是题目还是答案，语言表述一定要完整，尽量不要使用缩写。在具体情景和语境中，简短的句子和缩写是可以被人们理解的。但是问卷在使用过程中已经完全脱离了原来的情景和语境，所以使用不完整的句子或者缩写会使调查对象不理解问卷的意思。

例 3-14：您的工作年限？

在上面这个例子中，调查对象并不能够通过题目明白研究者的意图。这道题目是问调查对象在当前公司的工作年限还是全部的工作年限？调查对象不得而知。较好的语言表述形式如下例所示：

例 3-15：您在当前公司的工作年限？

滥用缩写也是调查问卷中较为常见的一类错误。一些中文或者外文的缩写往往是在某个专业圈子中比较被熟知的词汇，而脱离了这个圈子，大多数人对这些缩写的含义并不了解。

例 3-16：在这次金融危机中，您认为IMF所采取的政策是否有效？

IMF这个缩写代表了什么含义，并不是所有的调查对象都清楚。而且IMF本身代表了多种含义，它有可能是国际货币基金组织（International Monetary Fund），也有可能是国际营销联合会（International Marketing Federation），如果不明确说明，调查对象就很可能产生混淆。

二、语言表述要避免模糊、歧义和抽象

问卷的题目和答案设计，语言表述要具体明确、直指目标、正中靶心，避免使用模糊不清的概念或词汇。一般来说，语言表述越具体明确，得到的答案就越可靠。

比如，研究者有时会在问题中加入起修饰作用的词，如"通常""经常""有时""偶尔""很少""几乎""许多""大多数""很多""少量""绝大多数""很大比例"等，但这些词的意义比较模糊，缺乏衡量的统一标准，不同的人对这些词的感觉是不一样的，所以易产生误差。

例 3-17：您是否经常参加志愿服务活动？
（1）是　　　　（2）否

上例中，"经常"一词的概念难以确定，含义模糊，容易使句子产生歧义。在设计题目时，研究者应尽量避免使用这类词语。在实际操作中，研究者应该尽量把这样的词语转换成具体可测量的指标，如例3-17可修

改为例 3-18 的形式。

例 3-18：您平均多久参加一次志愿服务活动？
(1) 每天　　(2) 每周　　(3) 每月　　(4) 每季度
(5) 每半年　(6) 每年　　(7) 一年以上

题目设计中容易出现的另一个问题是多重含义，即词汇的意思可以有多种解释方式，不同的人可能会有不同的理解，从而产生调查对象认识的偏差。这主要是由于研究者采用了一些笼统的概念，而未对概念的具体含义做出规定，从而导致人们对概念的理解出现偏差。

比如，在经济调查中，研究者想了解人们的就业情况，如果采取"您上周是否就业"的问题形式，就犯了"概念笼统"的错误。因为就业是一个含混不清的概念，不同的人对其会有不同的理解（例如，国际劳工组织规定在参考期内从事某些领取工资或薪金的工作至少一小时为就业），研究者需要在设计调查问卷时明确地指出这一概念的内涵。例如，2020 年第七次全国人口普查对就业进行了具体的定义：

例 3-19：10 月 25—31 日是否为取得收入而工作了一小时以上（包括临时工、依托互联网平台灵活就业、家庭经营无酬帮工等）？
(1) 是，上周工作_____小时
(2) 在职休假、在职学习培训、临时停工（保留工资）
(3) 未做任何工作

又如，有研究者就有关家庭决策行为的调查，设计了如下题目：

例 3-20：目前您家庭中的重大决策一般以谁的意见为主？
(1) 丈夫　　(2) 妻子　　(3) 夫妻共同决定
(4) 公婆　　(5) 岳父母　(6) 其他，请说明_____

在上例中，重大决策的含义表述不清，人们对重大决策的理解可能不尽相同。研究者需要对重大决策的含义进行界定，如上例可以更改为：

例 3-21：目前您家庭中的重大决策（如重大支出、子女婚嫁、搬迁、流动等）一般以谁的意见为主？

(1) 丈夫　　(2) 妻子　　(3) 夫妻共同决定

(4) 公婆　　(5) 岳父母　(6) 其他，请说明_____

有时候，问卷中也会出现语言抽象的错误。这类错误往往涉及人们对某种事物的描述或态度，有的研究者对这种事物没有明确、具体的指向，而采用了一些非常抽象的概念，比如体制、理念、机制等。这样的问题形式上看似完整，实际上却使调查对象无从回答，给其填写问卷带来很大的困难。在这种情况下，调查对象只能按照自己的主观判断去理解和回答这些问题，调查结果自然会出现偏差。

例3-22：您认为这次"双减"政策的出台会给我国的教育事业发展带来怎样的影响？

(1) 正面影响　　(2) 负面影响　　(3) 无影响　　(4) 不知道

在上面这个例子中，"'双减'政策"内涵比较丰富且包含多个方面，"教育事业发展"属于特别抽象的词汇，它们相互之间的关系非常复杂，不容易被大多数人理解。是"双减"政策的哪一项内容？到底是教育事业哪一方面的发展？如果不具体指明，调查对象就根本无法进行评价。所以，比较清楚的提法应是："您认为这次'双减'政策中关于减轻课外培训负担的改革会给我国教育事业公平性的提高带来怎样的影响？"

三、语言表述不能晦涩难懂

问卷题目的设计应考虑调查对象的文化层次和认知水平。在进行大规模问卷调查时，由于调查对象的范围比较广泛，为了使文化层次和认知水平较低的人能够清楚地了解问卷内容，在表述问题时，研究者应尽量选取浅显易懂的文字和通俗的表达方式，避免使用专业术语和一些流行语。

简单来说，每个人都有三个层次的词汇：第一个层次是核心词汇，即人们在日常生活中使用的词汇；第二个层次是认识的词汇，即人们能够理解其含义，但是在日常生活中很少使用的词汇；第三个层次是不认识、不理解的词汇，即人们在日常生活中不会使用的词汇。在问卷设计中，研究者所用的词汇应该是第一个层次的词汇。

第三章　调查问卷问题设计的要求和规则

例 3-23：您是否感觉自身有"文字失语"的情况？
（1）是　　　（2）否

在上面这个例子中，"文字失语"属于专业术语，一般只有具备一定知识，或者曾经历过该情况的人才能准确了解其含义，不了解这个词的人很难准确理解问题的意思，也就不能提供合理的答案。因此在实际操作中，研究者应该将这一问题更改为："您是否感觉自己习惯性使用简单的网络用语/表情包代替表达，因而自我表述能力下降，很难组织语言说明自我感受？"更改之后，题目的含义更容易为大多数人所理解。

在现代信息社会中，特别是由于网络的普及，每天都有大量的新鲜词汇和俚语不断涌现。如果不是对于这方面问题的调查，研究者在设计问卷时就应避免使用这样的流行词汇。一是由于这样的词汇还未发展成熟，它的含义并没有正式、清晰的界定，甚至能否保留下来仍然是个未知数，所以在研究中使用这样的词汇本身就是不严谨的。二是由于这样的词汇并未为大多数人所认识，所以调查对象往往不能明白它们的含义，这会对应答造成阻碍。

例 3-24：您觉得"996"现象是否违和？

在上面这个例子中，"996"和"违和"就属于流行词汇，不适合出现在问卷调查中。首先，此问题中的"996"是指每天早上 9 点上班、晚上 9 点下班，每周工作 6 天的工作制度，这种工作制度在中国的一些互联网公司比较常见，引发了很多关于劳动权益和工作生活平衡的讨论。调查对象如果不了解这个背景，就根本无法理解题目的意思，从而导致错答现象。其次，"违和"来源于日语"いわかん"（违和感），发音为 iwakan，在日语中使用时有"不对路、有问题"的意思。后来这种含义被进一步引申为因为对周围的环境不适应而感到无法融入其中，从而产生一种疏离感的意思。比如当一个人身处国外，面对着不同的文化背景时，就可以用"违和感"一词来表达他无法融入大环境的感觉。而在中国，"违和感"中的"违和"二字在网络聊天中常被单独提出使用，并根据日常网络用语习惯，被赋予新的含义，如"违背和谐"，即用于形容违背和谐社会标准的一切事物。但是,"违和"的确切含义并没有为大多数人所理解和接受,随着这个词的流行,其外延不断扩展,而后随着流行趋势的退去,它又逐渐在人们的生活中淡化,并没有形成特别固定的含义。所以像这样的词汇,并不适合出现在问卷中。

四、语言表述要简洁

在能够准确、充分表达题目或答案意思的前提下,语言表述要尽可能简洁。简洁的语言表述能够带来许多优势。首先,它能节约大量的资源。简洁的语言表述能使问卷的篇幅尽可能地缩减,不但节约了问卷在印刷、运输、录入保存中所需要的各种资源,而且大大减少了问卷丢失、错页的可能性。其次,简洁的语言表述保证了调查对象能够直接、快速地理解问卷的含义,节约了调查完成的时间,也能够提高问卷的回答率和回答的完整程度。最后,"言多必失",冗长、啰唆的表述还会增加歧义、模糊的可能性。所以,简洁的语言表述能够提高人们回答问题的有效性。

只有在一些特殊的情况下,研究者才需要选择使用一些较长的表述或问题。比如,研究者在研究的主题是大多数人所不熟悉的领域时,就需要在问题的表述中提供一些背景信息或进一步的说明,以帮助调查对象对调查的主题有最基本的了解。

例 3-25:目前中国居民消费需求和投资需求都出现了下降或者不足的趋势,您认为这会对我国经济造成什么影响?

(1) 没有影响　　　　(2) 产生有利影响
(3) 产生不利影响　　(4) 不知道

上例中,研究者没有直接问调查对象对需求收缩现象的影响的认识,而是将需求收缩具体表述为一种"居民消费需求和投资需求都出现了下降或者不足的趋势"的现象。因为许多人并不了解需求收缩的含义,更无法表达他们对这种现象的影响的认识,所以研究者在表述时要将其具体化,只有先告诉调查对象什么是需求收缩现象,他们才能发表对该现象所产生的影响的认识。

五、避免使用否定的句式

否定的句式不符合人们的思维习惯，因为除了加强语气、表达情感等特殊的需要外，人们在大多数情况下还是会使用肯定的句式来进行交流。问卷调查往往要求调查对象在短时间内运用逻辑思维对问题进行分析和解答，如果采用否定的句式，就会给调查对象的理解和回答带来难度和偏差，有时调查对象甚至会因为忽略否定词或者多次否定转换而发生错误，从而做出与意愿完全相反的选择。所以问卷要尽量避免运用否定形式甚至双重否定形式提问或进行表述。

例 3-26： 您是否不赞成国家取消对车船税的征收？
（1）是　　　　（2）否　　　　（3）无所谓

在例 3-26 中，"不赞成"这个带有否定性质的词汇出现在了题目的表述中。如果选择"是"，代表的是对"国家取消对车船税的征收"这种政策的否定态度，而选择"否"，却代表了对"国家取消对车船税的征收"这种政策的肯定态度。这与人们的思维习惯是恰恰相反的，所以会带来很大的答案选择错误的风险。再加上该题本身就存在"取消"这一带有否定色彩的词汇，它与"不赞成"一起，在语义上形成了多重否定。多重否定需要通过仔细谨慎的思维转换才能被正确理解，这给调查对象平添了阅读的难度，是没有必要的。如上例题目完全可以改为"您是否同意继续征收车船税"，直接、明了，不会造成调查对象理解困难或误选、错选。

六、避免包含多重问题

"一事一问"也是研究者在设计问卷时应该遵守的基本原则。如果题目包含多重问题，那么无论调查对象选择了肯定还是否定的答案，研究者都无法得知他是对哪部分进行了肯定或否定，还是对全部进行了肯定或否定，所以依然无法获得有效的信息。

例 3-27： 您是否认为人工智能技术能够在未来带来持续的经济增长并且创造更多就业机会？
（1）是　　　　（2）否　　　　（3）说不清

上例中的问题就属于典型的双重问题，它应该被拆分为以下两个独立问题，否则研究者无法理解调查对象在哪个维度上有确切的回答。

例 3-28：您是否认为人工智能技术能够在未来带来持续的经济增长？
（1）是　　　　（2）否　　　　（3）说不清

例 3-29：您是否认为人工智能技术能够创造更多就业机会？
（1）是　　　　（2）否　　　　（3）说不清

值得注意的是，多重问题正被大量使用，它的错误性还未为大多数人所认识。

比如，"某市甲型 H1N1 流感病毒裂解疫苗接种知情同意书"中曾有一道题："你是否安全接种过流感疫苗？"答案选项只有两个——"是"和"否"，而且这道题是所有人都必须回答的。这个问题其实包含了两层意思：第一，你以前是否接种过流感疫苗；第二，你以前接种流感疫苗后是否安全。如果回答"是"，情况比较简单，表示申请接种者以前接种过流感疫苗，并且接种后是安全的。如果回答"否"，情况就复杂了，可能表示两种情况，要么申请接种者以前没有接种过流感疫苗，要么申请接种者以前接种过流感疫苗但是发生了不安全的情况。可以想象，设置这道题的目的就是将那些注射流感疫苗后曾发生不安全情况的申请接种者从普通人群中筛选出来，待医生详细询问后，再决定他们是否适合接种。但结果是，无论是没有注射过流感疫苗的人，还是注射流感疫苗后曾发生过不安全情况的人，都填了"否"。如此一来，这道题形同虚设，根本无法实现问题设计者的目的。

又如，由某公司开展的一项关于用电话费购买公共交通车票的市场问卷调查中，有这样一道题：

例 3-30：请问通常情况下您上下班是否只采用固定的一种交通方式？
（1）是（比如只乘坐地铁）
（2）不是（比如先坐公交车再换乘地铁）
（3）不固定，经常换方式

这个问题的答案设置给人的感觉是"不在一个层次上"，先是"是"

和"否",已然"互斥"与"穷尽",但后来又出现了"不固定,经常换方式"的选项,让调查对象无所适从。仔细分析后可以发现,其实问题出在题目的设置上,它包含了两个问题:"通常情况下您上下班是否只采用固定的交通方式"和"通常情况下您上下班是否只采用一种交通方式"。而问卷的设计者硬是将这两个问题糅合在一道题目里,自然会给调查对象带来困惑。

七、避免诱导性的语言表述

问题的客观性是保证问卷质量的重要因素。研究者在设计问题时,有时会无意识地将自己的观点和态度流露在问题表述中,使问题具有诱导性和暗示性。这样一来,调查对象受到研究者的影响,往往会选择一个"被要求""被鼓励""被希望"的选项,导致无法测量调查对象的真实行为和态度,从而影响整个问卷的效度和信度。所以,在设计问卷时,词汇和语言表述的运用都要尽可能地保持中立、客观,不要带有任何感情色彩和倾向性。

例 3-31:您认为我国的城市最低保障标准是否应当提高?
(1) 城市最低保障标准偏低,应该大幅度提高
(2) 城市最低保障标准偏低,应该小幅度提高
(3) 城市最低保障标准合理,可以暂时不提高
(4) 城市最低保障标准较高,不应继续提高

上例中问题的表述方式具有倾向性,掺杂了研究者的主观想法。这类问题对调查对象有潜在的期待,希望调查对象认同城市最低保障标准应该提高。实际上,在问题或答案中运用贬义或褒义的词语,都会使问题带有倾向性,对调查对象产生误导。为避免问题语言的诱导性,上例中问题的表述应更改为:"您认为我国的城市最低保障标准怎么样?"

例 3-32:科学研究表明,吸烟有害身体健康,您是否认同我国在公共场所禁止吸烟?
(1) 是   (2) 否   (3) 无所谓

如何设计调查问卷

诸如"科学研究表明""××政策表明"等表述方式容易产生权威效应。也就是说,社会对某些问题比较一致的看法,或权威机关和权威人士的态度,容易对调查对象的选择产生倾向性的诱导。

例 3-33:很多人认为"静音车厢"可为旅客提供更加安静舒适的旅行环境,您是否赞成"静音车厢"的推广?

(1) 赞成　　　(2) 不赞成　　(3) 无所谓

"很多人认为"等表述方式容易使调查对象产生从众心理,调查对象可能因这种表述方式而临时改变自己的选择,从而导致调查问卷的最终结果失去信度。

例 3-34:在求职时,您与其他几个人竞争激烈,这时您会怎么做?

(1) 通过自己的能力获得职位　　(2) 通过动用社会关系获得职位

(3) 顺其自然　　　　　　　　　(4) 从舆论上贬低对手

上例中第 4 个答案是不正当手段,受道德权威和社会价值标准约束,很少会有人选择第 4 个答案。这样,问题设置便失去了原有的意义。对于这类问题,研究者可以采用投影技法等方法,从侧面挖掘调查对象的真实态度和想法。

例 3-35:您认为"内卷"是否给人们带来了过大的负担与压力?

(1) 是　　　　(2) 否　　　　(3) 不好说

上例中的问题带有明显的负面感情色彩,"内卷"本身就是一个偏向贬义色彩的词,题干中又出现了"过大的负担与压力"这样的词组,这些都会引发调查对象对"内卷"行为的负面情绪。

例 3-36:您孩子的出生场所是在哪里?

(1) 医院　　(2) 妇幼保健院　　(3) 私人诊所　　(4) 家中

上例中存在着预先假设,其暗含的假设是,所有的调查对象都只有一个孩子或者其所有孩子的出生场所都是一样的,它逼迫调查对象在其所有的孩子中选择一个孩子的情况或者根据大多数孩子的情况进行作答。所以,研究者在实际操作中应明确指出询问的具体的孩子,比如"您的第一个孩子""您最大的孩子""您最小的孩子"等。

八、小心处理敏感性问题

在遇到涉及个人隐私、谈论社会道德等问题时，调查对象由于种种原因，容易产生戒备心理，修饰或者不愿透露内心真实的想法。对于这种类型的问题，研究者直接询问会导致很高的拒答率。所以，研究者在处理敏感性问题时，一般应采用间接提问的方式，减轻调查对象的心理压力，语言表述也要经过反复酝酿，尽量委婉。在实际操作中，研究者还可以采取其他方法来减弱问题敏感性带来的影响。比如采取将敏感性问题放置于问卷的最后、将所询问的行为或态度"大众化"、"模糊化"技术、将敏感性问题嵌入一般问题的技术或者随机化回答等多种方法，降低敏感性问题对回答所造成的不利影响。本书第六章将详细地为读者介绍处理敏感性问题的方法。

小结

◇ 在设计问卷题目时，题目要与研究目的直接相关，选择合适的题目形式，充分考虑调查对象的回答能力，并尽量提高获得真实信息的可能性。

◇ 在设计问卷答案时，要注意题目与答案要协调。如果是封闭式问题答案，要做到答案内容穷尽和互斥。答案的内容要准确清晰，不能似是而非。通过精心设计，尽量减少调查对象"中庸"的回答，避免答案排列形式带来的系统偏差，避免调查对象大量选择"其他"类答案。

◇ 调查问卷的语言表述要完整，要避免模糊、歧义、抽象和晦涩难懂，应充分考虑调查对象的认知程度。在能够准确、充分表达题目或答案意思的前提下，语言表述要尽可能简洁。避免使用否定的句式、包含多重问题或诱导性的语言表述，小心处理敏感性问题。

第四章

调查问卷的常见题型

调查问题及其答案选项是调查问卷的主体。为了确保调查问卷测量的信度和效度，在问卷设计过程中，研究者需要对调查问题及其答案选项进行科学严密的设计和细致周到的考量。调查问卷中的问题有多种类型，不同题型具有不同的表述方式、适用情境和注意事项，因此，研究者在设计问卷时需要根据自己的研究目的和问卷的设计目标，合理选择恰当的问题类型及其设计方式。本章介绍调查问卷设计的主要题型，对各种题型的适用性、优缺点等方面进行分析，并进行举例说明。

第一节 按题目形式划分的问题类型

按照题目形式，调查问卷中的问题可以被划分为开放式问题、封闭式问题和跳答式问题。实际的调查设计可以综合应用上述几种问题设计方式，以适应研究者的调查目的和研究需要。

一、开放式问题

开放式问题是指问题不设置具体的答案或范围，由调查对象根据自己的实际想法和态度自由填答。开放式问题适用的情形是：研究者很难在调查前估计调查问题可能获得的答案，或者这一调查问题的潜在答案太多，

第四章　调查问卷的常见题型

难以通过列举答案选项的方式一一涵盖。开放式问题一般在问题的下方留出空白或加长横线，供调查对象进行填答，或者由调查者根据调查对象的回答将答案记录下来（见例 4-1、例 4-2）。

例 4-1：您认为影响消费者购买新能源汽车的因素有哪些？

例 4-2：您认为影响我国城市发展的最重要的问题是什么？

研究者在设计开放式问题时，需要注意为填写答案设计恰当的预留空间。预留空间过大将增加问卷的篇幅和版面，也意味着暗示调查对象多填写一些答案；预留空间过小，则会限制调查对象回答内容的篇幅，容易使调查对象简单填答，达不到收集详细资料的目的。因此在设计预留空间时，研究者需要根据问题的设置目的进行综合考虑。如果问题的答案比较简单，调查对象整体的文化程度比较低，或者研究者设计该调查问题只是想了解调查对象的基本看法，那么预留空间可以相应减少；如果问题可能涉及的范围十分广泛，调查对象总体的文化程度较高，可以对这一问题进行详细回答，研究者也想深入地了解调查对象对这一问题的各种不同看法，那么预留空间就应该相应增加。

开放式问题的优点在于能够最大限度地收集、了解调查对象对某一问题的看法。开放式问题的答案范围十分广泛，有时研究者甚至可以获得在问卷设计之初未设想到的有价值的信息，这些信息可以为相关研究提供丰富的素材。在研究者需要深入探究某一特殊群体对某个调查问题的看法时，可以由调查对象在填写答案时自由发挥，为研究报告提供更多有价值的信息。此外，开放式问题有助于简化问卷。当调查问题可能获得的答案太多时，调查问卷会显得冗长、烦琐，而应用开放式问题可以使问卷更加简洁，节省版面，从而降低调查成本。

开放式问题与封闭式问题的联合运用可以帮助研究者获取更加丰富的信息。一种较为常见的形式是，在某一封闭式问题之后追加询问开放式问题，以进一步了解调查对象的态度和动机。例如，在对产品特性的重要性进行比较的研究中，封闭式问题可以被设计为"您在购买某品牌手机时，最关注该产品的哪些特性？（请您对以下特性进行排序）"。这些特性可能包括手机性能、价格、外观颜色等方面，如果某一调查对象认为价格是他选择该品牌手机的第二原因，可以在此问题之后设计一个开放式问题，深入了解该调查对象为什么将价格作为选择该品牌手机的第二原因。此外，开放式问题可以被运用在预调查中，例如，研究者可以依据预调查的结果，对正式调查中封闭式问题的答案选项进行设计。

开放式问题的后期资料整理工作需要引起研究者的特别注意。由于开放式问题完全由调查对象基于自己的观点与态度进行填答，所收集的答案可能各具特点，有些答案可能冗长复杂，有些答案可能缺乏逻辑。后期的资料整理人员需要将意思相同的各种表达方式整理为统一措辞，问卷编码和后期资料整理工作比较复杂。因此在处理后期资料时，为了降低数据的复杂程度，研究者需要减少或简化答案的类别数，同时为了便于对数据进行统计处理，研究者还需要对答案进行编码。此外，研究者需要制作编码手册，对编码员进行培训，并对编码进行周期性的信度校验，以控制编码误差。

在开放式问题的设计过程中，研究者需要注意以下几点，提高调查质量：

（1）在开放式问题中，研究者不仅应该关注出现频率最高的答案选项，还需要关注出现频率较低但极具代表性的答案选项。开放式问题可以为研究带来更为丰富的信息，忽略某些答案可能会使研究者丧失许多有价值的信息。

（2）开放式问题需要较高的访谈技巧。许多调查对象在面对开放式问题时，可能在短时间内没有明确的想法，或仅仅回答一个模糊的答案，此时，调查者掌握良好的访谈技巧就显得格外重要。调查者可以通过有技巧的"追问"，引导调查对象提供更为详细的答案。"追问"是指调查者为了获取更为丰富的信息，鼓励调查对象进一步阐述自己的想法。常用的追问方式有"能否请您具体解释一下""除了这一点以外，还有吗"等。

（3）在实际调查时，调查者需要为调查对象提供较为充足的时间，使调查对象能够对问题进行充分思考，以提供逻辑清晰、有意义的答案。

二、封闭式问题

封闭式问题是指研究者根据以往的研究经验预先设计好若干可能的答案选项，并将其列在问题的下方供调查对象选择，调查对象只能从设定好的答案选项中进行选择。封闭式问题的基本形式为一个问题题干和若干答案选项。

封闭式问题有很多优点，使得这种问题类型成为调查问卷问题设计中一种比较常见的方式。

（1）封闭式问题的答案相对固定，研究者编制的答案序号可以直接作为问题的编码，节省了后期问卷编码的时间和成本。因此，与开放式问题相比，封闭式问题便于后期进行资料整理和统计分析。

（2）封闭式问题对调查对象的知识范围和文化水平要求不高。调查对象只需在已经设计好的答案中选择，不需要拥有很强的表达能力。同时，已有的答案选项也有助于加深调查对象对题目的理解和认识。

（3）封闭式问题可以节省调查时间，提高回答效率。调查者或调查对象通常只需要在选项上画圈或打钩，使调查过程大大简化。

但是，封闭式问题也存在一些缺点，需要研究者注意。研究者可以通过预调查对问题进行恰当设计，尽量减少封闭式问题可能带来的不利影响。

（1）封闭式问题的答案由研究者根据已有经验或研究进行编制，可能无法涵盖不同调查对象的情况，从而漏掉一些有价值的信息，使问卷调查的深度和广度受到限制。

（2）现有的答案可能会影响调查对象的想法。受已有答案选项的影响，调查对象对该问题的原有看法可能会临时改变，所做出的选择也未必能代表调查对象的真实想法。

（3）封闭式问题的答案选项的数量及长度可能会给调查结果带来误差。例如，如果所列的答案选项数量太多，就可能使调查对象失去耐心而随意选择，如果答案选项表述过于复杂、不够清晰简洁，也可能使调查对象对问题的理解发生偏差，以上两种情形的发生都有可能降低问卷质量。一般情况下，封闭式问题的选项数不应超过 10 项，每个答案选项都应使用简洁明了的表述方式。

（4）答案的排列次序可能给调查结果带来误差。在其他因素不变的情况下，由于回答习惯或方便性等原因，调查对象倾向于优先选择排在最前和最后的答案，因此研究者也要考虑选项顺序设置可能带来的误差。对于这类问题，研究者可以通过变换开始选项的方法控制误差，亦即，第一份问卷从第一个选项开始阅读，第二份问卷从第二个选项开始阅读，以此类推。研究者也可以尽量将社会期许最低的选项放在答案选项的开端，避免调查对象不读完全部选项就直接选择符合社会期许的答案，而不选择能够代表其内心真实想法的答案。

封闭式问题包括多种形式，不同的问题设置形式有不同的注意事项。下面将通过案例进行详细解释和具体分析。

（一）填空式问题

填空式问题是在问题题干后画一横线，让调查对象在空白处填写答案。填空式问题相对易于回答，便于理解和填写。填空式问题通常只需填写数字，比如调查对象的年龄、家庭人口数、子女数目、收入、从事某项活动的时间，以及对事物的评分等。填空式问题最大的优点是获得结果的测量层次较高，属于定比测量，易于进行统计分析。如例 4-3 至例 4-5 均为填空式问题。

例 4-3：您的出生年月（阳历）是：＿＿＿＿年＿＿＿＿月

例 4-4：过去 12 个月，您家为孩子的教育专门存了多少钱？＿＿＿＿＿＿＿元

例 4-5：用日常的交通方式，从您家到您的工作单位要花多少时间？＿＿＿＿＿＿＿小时

非数字答案的调查问题不适合采用填空式问题形式。例如，一项社会调查希望了解调查对象目前的家庭住址，如果将该问题设计为填空式问题，那么可能每个调查对象对此问题的理解都会不同，有的会填写到城

市，有的会填写到街道甚至门牌号。如果任由调查对象按照自己的理解进行填写，将极大地增加后期答案编码的困难。因此，在实际的问卷调查中，一般会将家庭住址类问题设计为多个选项类问题，比如按照调查对象家庭住址所在的省/自治区/直辖市、地级市、县级市、乡镇、街道或居/村委会等进行依次设问，这样就可以在后续的答案编码过程中将相应的答案转换为数字代码。

（二）列举式问题

列举式问题是指在问题后不提供具体答案，而是要求调查对象根据实际情况直接列举所有可能的答案。这种问题形式适用于调查对象可能列举的答案比较多的情形，如果将这种问题的答案设计成选项的形式，往往容易漏掉某些可能的答案，同时会占用问卷版面，延长问卷回答时间，使调查对象失去耐心。为了节省问卷版面、调查时间和成本，有些问题可以选择列举式问题这一形式。

例 4-6：您一般从哪些途径获取环境保护知识？（请列举您认为最重要的三个途径）

＿＿＿＿、＿＿＿＿、＿＿＿＿

在例 4-6 中，人们获取环境保护知识的途径可能包括图书、报纸、互联网、电视节目、朋友介绍等。如果将此问题设计为固定答案选项（如选择题）的形式，那么可能会漏掉某些特殊的途径，而这些途径可能正是研究者的兴趣所在。问卷调查是探寻社会现象发展规律的研究方法，从问卷调查中发现的一些特殊现象，可以帮助研究者揭开事物的面纱，探寻社会现象的本质。

例 4-7：您选择住房的标准是什么？（请列举您最看重的三个标准）

＿＿＿＿、＿＿＿＿、＿＿＿＿

在例 4-7 中，人们对住房标准的认知各有不同，许多人会考察住房的地点、户型、交通、生活设施、周边的教育医疗资源等，但这些标准的重要性排序因人而异。通过列举式问题，研究者可以让调查对象根据自己的实际情况进行填答。

列举式问题没有固定的答案选项，因此研究者无法对备选答案进行预编码，只能在问卷回收后再进行单独的问卷编码工作，这将在一定程度上增加问卷回收后资料编码的成本和时间。

（三）二项选择题

二项选择题又称二项选择法（dichotomous choice method）或者是非题，是指只有两个答案选项的问题，调查对象只能在问题的两个答案选项中选择其中一个。这类题目的主要特点是答案选项简单明确，界限分明，非此即彼。二项选择题这一问题形式在民意测验、市场调查问卷中的应用最为广泛（见例 4-8 至例 4-11）。

例 4-8：最近一个月，由您负责为家庭采购食品吗？
（1）是　　　　　　　（2）否

例 4-9：您家是否有互联网使用设备？
（1）是　　　　　　　（2）否

例 4-10：您最近一个月有固定的下班时间吗？
（1）有　　　　　　　（2）没有

例 4-11：您同意在我国继续修建核电站吗？
（1）同意　　　　　　（2）不同意

二项选择题的形式将调查对象严格分为两类不同的群体，可以简化调查对象的回答分布，便于研究者明确地了解调查对象的看法。但是这种问题的答案比较极端，所包含的信息量较少，不能很好地测量人们在认知态度上的程度差异，不利于对调查对象的态度进行层次划分。二项选择题可能使原本持中立态度的调查对象不得不偏向一方，在一定程度上带有强迫选择的性质。

（四）多项选择题

多项选择题又称多项选择法（multiple choice method）。这种题型要求备选的答案选项在两个以上，调查对象根据实际情况从中进行选择。多项选择题包括"多选一""多选多""多选任意"的形式。

第四章　调查问卷的常见题型

1. "多选一"式问题

"多选一"式问题要求调查对象从所列选项中选择其中之一作为回答，因此又被称作多项单选题。这类问题的答案适合进行频数统计和交互分析，答案选项要求穷尽和互斥。

例 4-12：您的文化程度是：
（1）小学　　　　（2）初中　　　　（3）高中　　　　（4）中专
（5）大专　　　　（6）大学本科及以上

例 4-12 的答案选项设计出现了错误，问题的答案仅仅考虑了接受过教育的群体的情况，却忽略了未接受过教育的群体的情况，因此在实际操作中，研究者需要在选项中加入"未上过学"一类，如果希望了解研究生群体的情况，则可以将"大学本科及以上"细化为"大学本科"和"研究生"两个选项，即可以将例 4-12 更改为例 4-13 的设计形式。

例 4-13：您的文化程度是：
（1）未上过学　　（2）小学　　　　（3）初中
（4）高中　　　　（5）中专　　　　（6）大专
（7）大学本科　　（8）研究生

研究者在设计答案选项时还可以根据研究需要对研究对象进行分类，并调整选项设置。例如现在针对高龄老年人口的调查，由于该群体拥有大专、大学本科及研究生学历的人较少，因此可以将大专、大学本科、研究生合并为大专及以上。

例 4-14：您的婚姻状况是：
（1）未婚　　　　（2）已婚

在实际应用中，类似于例 4-14 的错误问题设置方式也十分常见。研究者的目的是了解调查对象的婚姻状况，但是仅仅将婚姻状况分为未婚和已婚两类，显然比较模糊，易产生歧义。在实际生活中，婚姻状况可能包括未婚、初婚、再婚、离异及丧偶五种类型。如果问题设置为例 4-14 中的表述方式，那么离异者有可能填答未婚（离异且尚未再婚），也有可能填答已婚（曾经结婚）；丧偶者有可能填答未婚（丧偶且尚未再婚），也有可能填答已婚（曾经结婚）。此外，尽管再婚人群与初婚人群都属于在婚人群，但这两类人群之间也有明显的差异。因此，这种分类方式容易使调查对象产生误解。由该问题得到的调查结果不仅无法为研究者提供丰富的研究信息，还可能造成误导，而这种情况是研究者不希望看到的。例 4-14 可以被更改为例 4-15 的形式。

例 4-15：您目前的婚姻状况是：
（1）未婚　　　（2）初婚　　　（3）再婚
（4）离异　　　（5）丧偶

修改后的案例（例 4-13 和例 4-15），答案选项覆盖了文化程度或婚姻状况的全部可能性，调查对象可以根据自己的真实情况进行选择。在实际操作中，研究者需要十分审慎，通过预调查等方式尽量避免出现这类错误。

有些问题的答案涵盖多种可能性，为了保证答案穷尽，研究者常常在选项中加入"其他，请说明＿＿＿＿"一项，供调查对象填答，如例 4-16 所示。如果缺少这一开放式选项，调查对象就可能在已有的答案选项中无从选择，使问卷无法反映调查对象的真实情况，损失有效信息。需要注意的是，"其他"类答案中不要涵盖太多信息或可能性，如果有相当比例的调查对象均选择"其他"类答案，说明研究者的答案设计有误。

例 4-16：您现在工作的计酬方式主要是：
（1）计件工资　　　（2）计时工资　　　（3）固定工资
（4）基本工资加提成　（5）个体经营收入
（6）其他，请说明＿＿＿＿

2. "多选多"式问题

"多选多"式问题是指调查对象根据自己的实际情况，从所列选项中选择若干选项，它又被称作多项多选题。"多选多"式问题答案选项的范围比较广泛，能够较为全面地反映调查对象的想法，便于后期的资料处理和统计分析。但是，研究者需要考虑所有可能出现的结果，以及可能出现的重复和遗漏。在答案选项较多时，调查对象容易产生厌烦心理，因此"多选多"式问题的答案选项应尽量控制在10个以内（正确示例和错误示例分别见例4-17和例4-18）。在应用"多选多"式问题时还需要考虑样本量。当样本量有限时，"多选多"式问题容易使答案分布的统计结果分散，缺乏说服力。

例4-17：您最喜欢看哪些电视节目？（限选三项）

_____、_____、_____

（1）新闻节目　　　（2）电视剧　　　（3）体育节目
（4）广告节目　　　（5）教育节目　　（6）歌舞节目
（7）少儿节目　　　（8）其他，请说明_____

例4-18：您（60岁以上老年人）平时与谁聊天最多？（限选三项）

_____、_____、_____

（1）配偶　　　　　（2）儿子　　　　（3）女儿
（4）儿媳　　　　　（5）女婿　　　　（6）孙子/孙女或其配偶
（7）其他亲属　　　（8）朋友/邻居　　（9）社会工作者
（10）保姆或小时工　（11）养老机构的护理或服务人员
（12）无人聊天　　　（13）其他，请说明_____

"多选多"式问题还可能包括多选并排序的问题。这种排序式问题又被称为顺位法（ranking method），是指当研究者既希望了解调查对象选择的答案类别，又希望了解调查对象对答案的看重程度时，要求调查对象按照某种顺序排列选择答案。排序式问题一般要求调查对象在备选答案中选择一个以上的答案，同时对已选出的答案进行排序。

排序式问题可能有两种形式。一种是限定数量排序题。问卷设计者可能想了解影响调查对象选择答案的因素（如重要性、频率、时间等），并要求调查对象按照一定的逻辑顺序（如从高到低、由强及弱等）对这些答案进行排序，如例4-19、例4-20所示。

例4-19：您一般在哪儿购买奶茶？（限选三项并按购买频率排序）

_____、_____、_____

(1) 超市、小卖部　　　　　(2) 线下饮品店
(3) 美团、饿了么等互联网平台　(4) 自动售货机
(5) 其他，请说明_____

例 4-20：您选择××品牌手机的原因是什么？（请选择您最看重的三个方面，并按照重要性由高到低进行排序）

_____、_____、_____

(1) 通信效果好　　(2) 上网速度快　　(3) 价格公道
(4) 质量好　　　　(5) 外形美观　　　(6) 维修方便
(7) 他人推荐　　　(8) 其他，请说明_____

另一种是不限定数量排序题，如例 4-21 所示。在研究者希望了解调查对象态度的全部排序时可以应用这种问题设计方式。在设计不限定数量排序题时需要注意以下两点。第一，需要提供较为充足的调查时间。由于不限定数量排序题需要调查对象对若干个选项全部进行排序，因此调查者需要给予调查对象充足的时间进行考虑，避免其不加思考而随意排序。第二，不要设置过多的答案选项。排序题需要调查对象进行全面的思考和排序，如果答案选项过多，容易使调查对象产生厌烦情绪。

例 4-21：下列特性在您选购电脑时的影响如何？（请将答案选项按照重要性由高到低进行排序）

_____、_____、_____、_____、_____、_____

(1) 质量　　　　(2) 保修　　　　(3) 品牌
(4) 外观　　　　(5) 价位　　　　(6) 性能

排序式问题的分析方法比较特殊，研究者可以对选出的变量按照多项单选题的分析方法进行分别统计，也可以对其进行加权分析。加权分析的操作方法如下：如果选择 3 个答案，那么把选择的第一重要答案的权数设为 3，第二重要答案的权数设为 2，第三重要答案的权数设为 1。由于每一个答案选项在最终汇总后会得到其频率，如第一个选项在汇总后，可以得到三个频率，即选择第一个选项第一重要的频率，选择第一个选项第二重要的频率和选择第一个选项第三重要的频率。将每一答案选项的频率分别

乘以权数，然后相加并除以总权数，即进行加权平均，就得到该答案的相对频率 p。

例如，选择答案 1 为第一重要的频率是 30%，第二重要的频率是 20%，第三重要的频率是 20%。选择答案 2 为第一重要的频率是 20%，第二重要的频率是 10%，第三重要的频率是 10%。那么：

答案 1 的相对频率 p_1＝(30%×3＋20%×2＋20%×1)/6＝25%；

答案 2 的相对频率 p_2＝(20%×3＋10%×2＋10%×1)/6＝15%。

当可供选择的答案数量过多时，研究者也可以采用列举式问题的方法，让调查对象直接列举并进行排序。但是，调查对象所填写的答案应该比较简单，字数不多，易于填写。

3. "多选任意"式问题

"多选任意"式问题是指答案选项被设计为多个，调查对象根据实际情况选择答案，选择的答案数目没有限制，可以单选，也可以多选。这类问题又被称作任选式问题，由调查者或调查对象在符合实际情况的选项上画圈或打钩。"多选任意"式问题的优点在于能够较为全面地反映调查对象对问题的真实想法。同样，在答案选项的设计中，研究者需要尽可能地穷尽答案涉及的范围（见例 4-22、例 4-23）。

例 4-22：目前，与您（女性）同吃同住的有谁？（可多选）

(1) 父母　　　(2) 公婆　　　(3) 丈夫　　　(4) 儿子
(5) 女儿　　　(6) 兄弟　　　(7) 姐妹　　　(8) 丈夫的兄弟
(9) 丈夫的姐妹　(10) 无人同住　(11) 其他，请说明_____

例 4-23：以下家庭用品，您家现在都使用哪些？（可多选）

(1) 手机　　　(2) 洗衣机　　(3) 电冰箱　　(4) 彩电
(5) 照相机　　(6) 空调　　　(7) 微波炉　　(8) 电脑

在对任选式问题进行编码时，编码人员需要对每一个答案都进行一次编码。如，例 4-23 中答案的编码，在实际操作中可设置为 B23R1、B23R2、B23R3……B23R8，意为第 23 题的第一选项、第 23 题的第二选项等，以此类推。在编码时采取 0 或者 1 编码，0 代表调查对象没有选择这一选项，1代表调查对象选择了这一选项。那么，如果某一调查对象家中有手机、洗衣机、彩电，在这几个答案选项上画圈，那么变量B23R1到B23R8就可以被编码为1、1、0、1、0、0、0、0。

三、跳答式问题

跳答式问题是通过甄别题有目的地筛选出符合条件的调查对象，并对这部分人群进一步询问的问题类型。跳答式问题中的甄别题可能包括一个问题，也可能包括多个问题，亦即，可能包括一重跳答和多重跳答形式。例4-24是一重跳答的形式。目标问题是Q2，即询问调查对象对于公司目标资本结构的想法。在询问目标问题前可以设置一个用于甄别调查对象的跳答式问题，对Q1问题回答"否"或"不清楚"的调查对象，由于其认为所在公司不应该设定目标资本结构，也就无法对"合理"的目标资本结构进行回答，这部分调查对象将跳过Q2问题，继续回答Q3问题，而对Q1问题回答"是"的调查对象则被筛选出来回答Q2问题。

例4-24：

Q1. 您认为您所在的公司是否应该设定目标资本结构？

(1) 是

(2) 否

(3) 不清楚 ⎬（请跳答Q3）

Q2. 就您所在的公司的实际状况而言，"合理"的目标资本结构应该为多少？

(1) 30%以下　　　　　(2) 30%～39%

(3) 40%～49%　　　　(4) 50%～59%

(5) 60%～69%　　　　(6) 70%及以上

(7) 不清楚

跳答式问题也可以设计成多重跳答的形式，如例4-25所示。在询问调查对象对出租车乘车价格上调的态度时，可以按照这样的思路进行题目设计。对Q1问题回答"同意"和"不同意"的调查对象都属于调查目标人群，针对这两类筛选对象需要分别设计后续回答问题，因此采用多重跳答的形式进行问题设计，对 Q1 问题回答"同意"的调查对象将继续回答 Q2 问题，而回答"不同意"的调查对象将跳至 Q3 问题，回答"不知道/没想过/无所谓"的调查对象则跳出这一系列多重跳答问题，转而回答其他问题，在本例中为 Q4 问题。

例 4-25：

Q1. 您同意我市的出租车乘车价格上调吗？

（1）同意（请回答 Q2）

（2）不同意（请跳答 Q3）

（3）不知道/没想过/无所谓（请跳答 Q4）

Q2. 请问您为什么同意出租车乘车价格上调？

_____

Q3. 请问您为什么不同意出租车乘车价格上调？

_____

在应用跳答式问题的过程中，尤其是在设计多重跳答问题时，研究者应特别关注跳答式问题的版面设计，避免过于烦琐，使调查者和调查对象不理解题目含义。有关跳答式问题的版面设计将在"调查问卷的结构与布局"部分详细阐述，这里不再赘述。同时，一份调查问卷也应该避免应用过多的跳答式问题，否则会增加调查者培训、问卷调查过程等的难度，也容易使调查对象产生厌烦心理。

第二节 按提问方式划分的问题类型

按照提问方式，调查问卷中的问题类型可以被划分为直接性问答题、间接性问答题和假设性问答题。本节将结合案例对上述问题类型的应用方法进行介绍。

一、直接性问答题

直接性问答题是指在问卷中通过直接提问方式得到答案的问答题。直接性问答题通常为调查对象提供明确的回答范围，询问的一般是个人基本情况或意见（见例 4-26 至例 4-28）。

例 4-26：您的年龄是多少岁（周岁）？_____周岁

例 4-27：过去 12 个月，把工资、奖金、现金福利、实物补贴都算在内，并扣除税和五险一金，您这份工作一般每月的收入是多少？_____元

例 4-28：您曾经购买过××品牌的矿泉水吗？_____

这种问题设计方式的特点是，设问问题明确，可以使调查对象进行简单明了的直接回答。但是，直接性问答题也存在局限性，当它被应用于询问敏感性问题或态度测量问题时，容易引起调查对象的警惕心理，不易获得所需要的答案，因此直接性问答题不适用于敏感性问题，或态度、动机方面的测量。

二、间接性问答题

间接性问答题是指对于不宜直接询问的问题，采用间接提问的方式得到所需答案的问答题。它通常适用于调查对象对所需回答的问题存在顾虑，不敢或不愿意展露真实态度的情况。研究者如果为了得到调查结果而强迫调查对象回答，可能会引发调查对象的反感情绪。这时，倘若采用间接询问的方式，使调查对象认为很多看法已被其他人提出来了，他所要做的只不过是对其他人的意见加以评价，就能更好地了解调查对象的真实态度。

间接性问答题的处理方法包括转移法、释疑法等。转移法是指在处理敏感性问题时，采用第三人称方式进行提问，这种问题形式虽表现为调查对象对其他人的情况进行评价，实际则是了解调查对象自身的真实想法和态度。在询问一些特殊的敏感性问题时，调查对象容易对问题产生顾虑，

从而隐藏自己的真实想法。转移法使调查对象不用对问题直接发表意见，而是对其他人已经发表的意见进行评价，从而消除调查对象的疑虑，降低问题的敏感性。可见，转移法通过婉转的提问方式，可以减弱调查对象的反感情绪和戒备心理，使敏感性问题更容易获得回答，帮助研究者获得有效的答案。

释疑法是指在问题前面增加消除调查对象疑虑的功能性文字。其形式包括在问卷的开头加入说明性语言，说明调查机构与调查人员在问卷调查的过程中将依据相应的法律法规和行业准则对调查信息和数据资料进行严格保密；或在问题之前加上一段解释性文字，对问题中的某些词句、专业术语、问题背景等进行解释。

调查工资、收入等相关的问题属于敏感性问题。为了消除调查对象的防备心理，使其顺利地接受调查，研究者可以运用释疑法，在问卷开头进行相应的说明（见例 4-29）。

例 4-29：

您好，我们是××调查公司/机构的调查人员。为了了解当前我国人口的收入情况，我们希望了解您的真实情况和想法。调查可能会耽误您一些时间，但是希望得到您的支持和协助。我们将依据《中华人民共和国统计法》中的相应规定，对您的资料完全保密。衷心感谢您的配合与支持！

对于一些敏感性较强的问题，释疑法有助于减少调查对象的顾虑，使其表达真实想法。例如在对政府机关负责人进行评价的调查中，调查对象可能会心怀顾虑，隐瞒自己对政府机关负责人的真实态度，导致样本的信息难以代表总体的真实情况。在例 4-30 中，研究者在目标问题前引用了《中华人民共和国宪法》的规定，指出表达对政府机关负责人的真实态度是受到法律保护的，从而使调查对象减少顾虑。

例 4-30：

《中华人民共和国宪法》规定："中华人民共和国公民对于任何国家机关和国家工作人员，有提出批评和建议的权利"。请问您对您所在地方的政府机关主要负责人有何评价和看法？

三、假设性问答题

假设性问答题是指用一个假设性条件句作为前提（一般将某一情景或者现象作为调查问题的前提），询问调查对象在假设条件下对这一问题的看法。这种问题表述方式经常被用于对意愿的调查。常用的句式有："假设……您是否会……"或者"如果……您会……吗"。

研究者在应用假设性问答题时需要关注以下几点。

一是假设要具备合理性。由于假设的情景是对真实情景的模拟，因此假设的情景不要过于夸张，不要超出一般人可能会遇到的实际情况。一个反面的案例是询问："假设您是北京市市长，您如何解决交通拥堵问题？"绝大多数人并不能真实了解作为北京市市长会做出的行为，在这种假设条件下，调查对象会不假思索地进行随意回答，所回答的答案并不具备可采纳的信度。

二是假设要提供合理的时间范围。假设的时间范围不要过长，否则让人无法判断。举一个反面的案例："您认为 20 年后，北京养老机构不足的问题能够得到解决吗？"例子中假设的时间范围太长，即使是专业人士也很难对 20 年后北京的养老机构发展趋势进行准确的判断。

三是假设要符合可能会发生的事实。应用假设性问答题并不代表研究者可以天马行空地发挥想象，假设的情景不能超出事物的发展规律和实际发生的可能性。例如，在一项居民调查中询问："如果您有一千万元存款，请问您愿意捐多少钱？"问题设计的目标是考察调查对象的捐赠意愿。在这个假设性问答题中，前提条件"一千万元存款"已经超过了绝大多数人的储蓄水平，过于脱离现实。即使调查对象表示愿意捐赠全部财产，也很可能是他的随意回答，不能代表有真实的捐赠意愿。

例 4-31 是一个假设性问答题的正面案例。在询问某特大城市人群对于购买某品牌手机的意愿时，研究者希望设计有关收入水平的假设条件。通过查阅不同地区的统计年鉴等宏观统计数据，研究者可以获得不同地区的居民平均可支配收入等统计指标，这些数据可以作为设计假设条件的依据。

例 4-31：如果您每月的收入是一万元，那么您近期是否会选择购买××品牌手机？

（1）会　　　　　（2）不会

四是假设性问答题不适合在调查问卷中过多应用。一方面，在设计假设性问答题时，研究者不太容易提供合理、有依据的假设条件；另一方面，在回答假设性问答题时，调查对象在假设条件下回答的答案可能与他的实际行为和态度不同，这使得假设性问答题只能在一定程度上反映调查对象的真实意愿。

第三节　按题目内容划分的问题类型

按照题目的内容，调查问卷的问题类型可以被划分为事实性问答题、行为性问答题、动机性问答题和态度性问答题。

一、事实性问答题

事实性问答题是指用于询问特定事实的问题。简单来说，事实性问答题是用来调查"是什么"的问题，包括询问调查对象的年龄、职业、受教育程度、户口性质等事实类的问题，如例 4-32 至例 4-34 所示。在应用事实性问答题时，为了避免调查对象在回答个人信息时有所顾虑，调查者应该首先表明身份、职责和调查信息的用途，例如，可以在卷首语进行解释说明。一些市场调查类型的调查问卷，可以通过调整事实性问答题在问卷中的位置来减少调查对象的反感心理，一种常见的做法是将事实性问答题设置在调查问卷中靠后的位置。

例 4-32：您现在的体重是_____千克，身高是_____厘米。

例 4-33：您的户口性质是：

（1）农业　　　（2）非农业　　　（3）其他，请说明_____

例 4-34：您的性别是：

(1) 男性　　　　(2) 女性

二、行为性问答题

行为性问答题是询问调查对象的行为特征的问题。实际上，这类问题主要研究调查对象"做过什么"，比较典型的问法是"您是否做过××事"（见例 4-35 和例 4-36）。在使用行为性问答题时，要注意对调查对象目标行为时间尺度进行合理设定，要求调查对象回忆的时间不要过于久远，防止调查对象因记忆模糊而增加回答的偏差，影响调查效果。

例 4-35：您最近一个月去过××电影院看电影吗？

(1) 去过　　　　(2) 没有去过

例 4-36：您最近一个月使用过哪些打车软件？（可多选）

_____

(1) 滴滴出行　　(2) 美团打车　　(3) 曹操出行　　(4) 首汽约车

(5) T3 出行　　(6) 神州专车　　(7) 其他，请说明_____

三、动机性问答题

动机性问答题是询问调查对象产生某种行为的原因或动机的问题。简单地说，动机性问答题是调查"为什么"的问题。例如，在市场调查中，研究者可以用该类问题了解调查对象购买某种商品的原因，以有助于生产厂商进行生产、经营和销售方面的调整，如例 4-37 所示。在社会科学中，动机性问答题也是了解调查对象的行为动机的重要方法，如例 4-38 所示。

例 4-37：您为什么购买××品牌的矿泉水？

_____

例 4-38：您为什么决定在外打工？

_____

四、态度性问答题

态度性问答题是用于询问调查对象对调查目标的态度、评价或意见等感受的问答题。态度性问答题是调查"怎么样"的问题。

态度性问答题对问题和答案设置的要求较高。一方面,问题表达方式的细微差别会造成调查对象的理解有所不同,因此需要对问题表达方式和答案设计进行谨慎处理。另一方面,态度性问答题的答案一般有三分类、五分类、七分类几种分类方式,答案分类的方式要根据研究者的需求进行设计:如果希望了解更为细微的差异,比如"同意"和"一般"的差别,则需要设计更高级别的分类,如将"同意"答案选项划分为"非常同意"和"比较同意"两类,例 4-39 展现了五分类答案选项;如果希望获得的调查结果对答案的差异层次要求不高,那么可以设计较低级别的分类,比较常见的是三分类答案选项(见例 4-40、例 4-41)。

例 4-39:您认为自己是一个幸福的人吗?
(1)非常同意　　(2)比较同意　　(3)一般
(4)比较不同意　(5)非常不同意

例 4-40:您对您家周围的交通情况感到满意吗?
(1)满意　　　　(2)一般　　　　(3)不满意

例 4-41:您是否喜欢××品牌的汽车?
(1)喜欢　　　　(2)无所谓　　　(3)不喜欢

第四节　需要特殊操作方法的问题类型

市场问卷调查、民意调查等类型的调查,还会运用回忆法、比较法、投影技法等需要特殊操作方法的问题类型。本节将对这些问题类型进行介绍并予以举例说明。

一、回忆法

回忆法（recall method）经常被应用在市场营销等类型的调查中，可以了解调查对象对不同商品的品牌、营销方面的印象是否深刻。研究者通过对调查对象回忆品牌的先后顺序、速度，以及各种品牌被回忆起的频率进行研究，进而分析产品的营销策略和手段。需要注意的是，回忆法要求调查对象进行回忆，这将不可避免地导致一定的测量误差。为了尽量控制样本的测量误差，降低不确定性，研究者在应用回忆法时，需要特别注意时间范围的设置。研究者如果要求调查对象回忆三个月，甚至半年前的事情，很可能会导致较大的测量误差，影响测量的精度。因此，回忆法的时间范围不能太过久远，以免因调查对象记忆模糊而产生较大的偏误。

例 4-42 是恰当应用回忆法的问题设计案例，案例中对时间范围的设置比较合理。在一周的时间范围内，大多数人对自己看到过的手机品牌会有比较清楚的记忆，测量误差能够控制在很小的范围之内。

例 4-42：请您列举最近一周在互联网广告中看到过的手机品牌。

二、比较法

比较法（comparison method）是将若干可比较的事物整理成两两对比的形式，要求调查对象对它们进行比较，用以了解调查对象对不同事物的态度的调查方法。在应用比较法时，调查对象需要对所比较的备择选项比较熟悉，否则会出现空项。假如备择选项之间存在一致的偏好结构，就可以得到调查对象对备择选项的选择排序。举例来说，对于 A、B、C 三个备择选项，如果调查对象对 A 选项的偏好强于 B 选项，而对 B 选项的偏好强于 C 选项，那么对 A 选项的偏好就强于 C 选项。但是，调查对象对备择选项的排序也可能不具备可传递性，举例来说，调查对象对 A 选项的偏好强于 B 选项，对 B 选项的偏好强于 C 选项，但是对 C 选项的偏好强于 A 选项。此时，调查对象对备择选项存在不一致的偏好结构。如果发生这种情况，调查者应该继续追问，了解调查对象对备择选项存在不一致偏好结构的原因。这种逐一配对比较的方式，可以揭示调查对象在事物认知或品牌感受等方面更为细微的态度变化（见例 4-43、例 4-44）。但是，如果需要比较的备择选项很多，就会增加调查对象对问题的理解难度。因此，比较法更适用于备择选项不太多的情形。

例 4-43：请您在下列每一对不同品牌的洗衣液中，勾选您更喜欢使用的一种。（每一对中只选一个打√）

（1）雕牌 □　　　汰渍 □
（2）汰渍 □　　　超能 □
（3）超能 □　　　立白 □
（4）立白 □　　　花王 □
（5）花王 □　　　蓝月亮 □
（6）蓝月亮 □　　　雕牌 □

例 4-44：请您比较以下两组人，您认为哪一组人的社会地位比较高？（请在每一行适当的方框内打√）

（1）商人 □　　　医生 □
（2）医生 □　　　科学家 □
（3）科学家 □　　　政府人员 □
（4）政府人员 □　　　教师 □
（5）教师 □　　　商人 □

三、投影技法

投影技法（projective technique method），又称投射法，是指通过无结构、非直接的提问方式，了解调查对象潜在的动机、感觉、信仰和态度等。调查者向调查对象提供一个无限制的、模糊的情景，并要求调查对象依据情景做出反应。在模糊情景中，调查者不要求调查对象描述自己的行为，而是让调查对象对其他人的行为进行解释或判断。通过这种方式，可以使调查对象将真实意愿和想法投射到相关情景中。对于动机类或者敏感性问题，通过直接提问的方法可能无法获得真实有效的信息，那么投影技法就是适用于这类问题的一种很好的间接提问方式。投影技法包括联想技法、完成技法、结构技法、表现技法。

投影技法的优点是可以揭示调查对象的真实观点和情感，尤其是可以被应用于对敏感性问题的调查。但是，投影技法也存在一些缺点：首先，投影技法的应用需要较强的专业性，因此对调查者和研究者的业务水平要求比较高。其次，投影技法会花费较高的费用，可能会增加调查成本。最后，投影技法的答案解释和分析具备开放性，缺乏客观标准，可能会出现解释偏差，给分析和研究带来一定困难。对通过投影技法获得的调查结果不适合进行统计分析。

（一）联想技法

联想技法是指为调查对象设置某一刺激物，了解调查对象联想到的事物的调查方法。这类方法中最常被使用的是词语联想法（word association test）。其表现形式为，由调查者向调查对象提供某一刺激词语，也可以提供一系列词语，将试验词语或刺激词语分散在其中，使研究目的更加隐蔽。之后，由调查对象说出或写出联想的事物，通过分析调查对象的不同反应来揭示其意愿和态度。例如，选择"橙汁"作为试验词语，调查对象可能会联想到"营养""健康""聚会""愉悦轻松"等不同的词语或场景。一般要求调查对象在规定的时间，如三秒钟以内做出快速回答，以降低调查对象的心理防御。在实际的调查过程中，调查者将记录调查对象对每个词语的回答或书写时间。对用词语联想法所获得的调查答案可以进行后续编码，例如可以对词语的类别进行汇总，并计算每类词语的频数，还可以统计调查对象回答每类词语的时间，以及调查对象的回答中积极、消极与中性词语的数量，等等。

另外一种常见的联想技法是图片联想法，即由调查者向调查对象提供一幅或多幅图片，由调查对象说出或写出在看到图片后联想到的内容，通过分析调查对象的答案揭示其真实的观点与态度。例如，在看到有关海洋的图片时，画家可能联想到色彩，动物学家可能联想到海洋生物，地质学家则可能联想到海洋中的矿产资源，每个调查对象在看到图片后联想的内容或词汇都暗含着其对某些事物的特定想法与认识。

联想技法通常被运用于产品品牌选择、广告主题测试等领域的问卷调查（见例4-45）。

例4-45：测试××航空公司的影响力。

在例4-45中，调查者首先为调查对象播放××航空公司的商业广告，然后让调查对象回答根据广告联想到的词语。调查对象可能回答如"家庭""商务""快速""安全""舒适"等词语，这些词语可能暗含调查对象对该航空公司的印象和感受。对这些答案可以进行统计分析，例如可以根据语素统计每个词语的强度，动词为3分，形容词为2分，名词为1分。

联想技法的优势是，通过了解调查对象在看到或听到某一刺激物时的观点和态度，研究者可以获取调查对象对某一事物的真实想法。将不同的答案编码为数值后，还可以对用联想技法所获取的调查内容进行统计分析。但是，在联想技法的实际应用和分析中，调查者和研究者需要具备较高的专业素养，才能进行准确、合理的分析与评价。

（二）完成技法

完成技法是指为调查对象设置不完全的刺激情景或语句，让调查对象完成其余情景或语句的方法。完成技法可以分为句子完成法（sentence completion test）和故事完成法（story completion test）。完成技法能够有效地引导调查对象产生联想，并从调查对象的描述中探究其不经意间表现出的真实态度和想法。在使用该方法时，调查者应注意让调查对象根据第一印象和想法进行描述，并进行完整记录，以便于后期整理和分析。通过完成技法获得的调查资料，需要专业的研究人员对其进行深入分析与理论解释。

句子完成法是向调查对象提供一些不完整的句子，让其完成其余部分（见例4-46）。

例4-46：我认为这个产品＿＿＿＿＿＿＿＿＿＿＿＿＿＿＿＿＿＿
我认为这个产品的价格＿＿＿＿＿＿＿＿＿＿＿＿＿＿＿＿
我认为这个产品的质量＿＿＿＿＿＿＿＿＿＿＿＿＿＿＿＿

我认为这个产品在同类产品中＿＿＿＿＿＿＿＿＿＿＿＿＿＿＿＿＿

如果我拥有一部笔记本电脑，我会＿＿＿＿＿＿＿＿＿＿＿＿＿＿

调查者采用句子完成法进行调查时，应注意调查问题的语句尽可能简短，语句的表述应该避免使调查对象产生心理压力。

故事完成法是指提出一段不完整的故事情节，由调查对象完成故事的剩余部分。故事完成法的问题设计和句子完成法基本一致。例4-47和例4-48是调查不文明行为的问题设计形式。研究者通过分析调查对象的故事描述，可以了解其对不文明行为的真实想法。

例4-47：在电影院观看电影时，甲同学周围的一名观影者高声打电话。请问您认为甲同学会如何进行应对？为什么？＿＿＿＿＿＿＿＿＿＿

例4-48：甲同学在图书馆阅览图书时，发现很多座位被其他人用书籍、书包、衣物等个人物品提前占据。请问您认为甲同学会有怎样的反应？为什么？＿＿＿＿＿＿＿＿＿＿＿＿＿＿＿＿＿＿＿＿＿＿

与联想技法类似，完成技法也可以通过隐蔽的方式掩盖真实研究目的，使调查对象能够真实地表明态度和看法，在敏感性问题的调查中能够获得较好的应用效果。但是由于完成技法一般只能获得开放式答案，这给后续的研究分析带来了挑战。一方面，对开放式答案不太适合进行统计分析；另一方面，开放式答案要求研究者具有社会学、心理学等方面的理论基础，才能进行深入、合理的分析。因此，在实际的调查工作中，完成技法和其他调查方法可以联合使用，以提高调查结果的解释能力。

（三）结构技法

结构技法与完成技法的应用方式比较相似，但是结构技法为调查对象提供的最初信息相比于完成技法更少。结构技法的两种常见形式是图画回答法和卡通试验法。图画回答法起源于主题统觉法（thematic apperception test），类似于我们熟知的"看图说话"。在实际调查中，调查者为调查对象提供一些内容模糊的图画，让调查对象根据图画编一段故事，并加以解释。通过调查对象对图画的解释，研究者可以分析调查对象在相关研究方面的行为和态度，进而了解其内心活动和潜在需求。卡通试验法是指将卡通人物放置于与调查问题相关的环境内，请调查对象从卡通人物的角度提出观点或进行评论。通过分析调查对象表述的答案，研究者可以分析调查对象对调查问题的真实看法。卡通试验法的操作和实施过程相对比较简单。

结构技法可以被用来了解调查对象对某些观点的态度，揭示其内心的感受。结构技法的优点是可以消除调查对象对于敏感性问题的顾虑，真实地反映调查对象的潜意识，提高所收集信息的真实性，减小误差。但是，结构技法在应用时往往需要花费较长的时间，对调查者素质也具有较高的要求，需要专业的解释人员对调查对象的回答或评论进行阐释。由于结构技法的调查答案通常是开放式的，同样很难避免因解释人员的主观理解差异而造成研究结果的不同。例 4-49 提供了一个结构技法的案例。

例 4-49：请您根据要求选择您自己认为与变革和保守两个概念有关的图片要素，将其组在一起做一张拼图，并谈谈您对这张拼图的认识。

（四）表现技法

表现技法是指向调查对象提供文字化或形象化的情景，请调查对象将其他人的态度和情绪与该情景联系在一起。角色扮演和第三者技法是两种常用的表现技法。

角色扮演要求调查对象表演某个特定的角色。这种方法在市场调查中被广泛使用。具体的调查过程为，调查者让调查对象扮演不同角色，并在假设的特定情景中互动，通过分析调查对象在表演时态度和情绪的自然流露，可以了解其在特定情景中的真实想法。这种方式比较直观、自然，能够真实地反映出调查对象的态度和情绪，但是会受调查对象性格和表演能力等方面的影响，对调查环境的要求较高（见例 4-50）。

例 4-50：假设您是一名正在挑选笔记本电脑的消费者，您发现销售人员的服务态度较差，这时您会怎么办？请您将您的想法表演出来。

第三者技法是指为调查对象提供文字化或形象化的情景，要求调查对象将第三者的态度与该情景相互联系。当调查对象以第三者的角度回应某一特定情景的问题时，可以减少在面临敏感性问题时的心理压力，研究者通过分析调查对象的表述，可以揭示调查对象的真实态度和想法（见例4-51）。第三者技法可以有效地隐藏研究目的，减少调查对象不愿意或无法提供真实想法的情况，增加问卷调查的有效性。

例 4-51：当一名消费者在挑选笔记本电脑时，销售人员的服务态度较差，您认为这名消费者将做出怎样的反应？

调查者将调查对象的描述完整记录下来，以供研究者进行后续分析。例 4-50 和例 4-51 反映了调查对象对某产品销售人员的服务和在购物体验等方面的感受和态度。研究者通过对调查对象的表演和情绪进行分析，可以为生产厂商或者服务提供商在产品的销售、服务等方面提供进一步改进的方向。

小结

◇ 在问卷设计过程中，研究者需要根据自己的研究目的和问卷的设计目标，合理选择恰当的题型及其设计方式。有效的问题设计可以保证问卷测量的信度和效度。

◇ 调查问题有多种不同的提问方式，按照题目形式，可以将问题分为开放式问题、封闭式问题和跳答式问题。根据提问方式，可以将问题分为直接性问答题、间接性问答题和假设性问答题。按照题目内容，可以将问题分为事实性问答题、行为性问答题、动机性问答题和态度性问答题。在一些有关心理、市场调查的问卷调查中，还会运用回忆法、比较法和投影技法进行提问。在一套问卷中，研究者往往综合使用多种提问方式来实现问卷目标，提高调查问卷的质量。

第五章

调查问卷的结构与布局

在问卷调查中，问题的询问方式、答案选项的设计以及语言用词风格等均是影响调查对象回答的重要因素。同时，问卷的整体结构与布局也会影响调查对象的态度和回答，直接关系到问卷所得数据的真实性与准确性。

问卷的整体结构与布局，不仅关乎问卷卷面美观与否，更重要的是会影响问卷的质量。事实上，问卷的整体结构与布局对调查的影响贯穿整个问卷调查过程的各个环节。在问卷准备阶段，合理的结构与布局可以帮助研究者减少印刷费用、降低成本，同时一份具有完整结构和合理布局的问卷还可以帮助研究者或调查者在问卷培训阶段从整体上把握和理解调查问卷。在问卷调查的实施过程中，结构清晰、布局美观的问卷可以提高调查对象对问卷的好感，降低拒答率，并有助于调查对象保持逻辑上的一致性，准确、完整地回答问卷中的问题。在问卷回收后，清晰的版面设计可以帮助数据录入人员更快速、准确地将数据资料录入电脑，实现调查数据的电子化，降低出错率。因此，可以说，具有恰当的结构和良好的布局是一份高质量调查问卷的重要标准之一，是提高问卷数据质量、降低调查成本的有效手段。相反，一份结构混乱、布局不当的调查问卷，则会产生不良的影响，给调查者的数据收集工作造成障碍，影响调查对象的态度和回答，甚至直接影响问卷调查所得数据的真实性和有效性，产生不可估量的负面效应。

本书的前半部分已经就问卷的种类及设计原则、问题设计的要求和规则、问题的类型等进行了详细的介绍，接下来本章将着重介绍问卷的结构与布局，并通过翔实丰富的案例对怎样设计问卷结构及安排问卷布局进行说明。

第一节 问卷的结构

建造一栋稳固、美观的大厦，需要坚固的基础架构予以支撑。同样，一份易于理解、方便操作的高质量问卷也需要有完整的结构作为骨架，然后逐步"加砖添瓦"进行完善，使问卷内容不断趋于丰富、翔实，囊括研究者兴趣点的方方面面。因此，明确一份调查问卷需要包括哪些结构要素，以及如何设计，使得不同版块之间良好地衔接，就变得非常必要和重要。

本书前面章节已经讨论过，调查问卷按照问题答案类型、填答方式等标准可以被划分成不同的类型，如按照问题答案类型可以将问卷划分为结构式问卷和无结构式问卷，按照填答方式可以将问卷划分为自填问卷和访问问卷，等等。不同类型的问卷特点不同，分别适用于不同的调查，但是根据对不同类型调查问卷的观察，我们可以发现它们之间也存在一些共同点，比如在语言上简洁精练，问题形式多为单选题、多选题或填空题等，此外问卷的结构安排也存在一些共通之处。本节将重点讨论问卷的结构，并以最常见的结构式问卷为例，对一份完整的问卷必须包含的各个结构要素进行阐释，且加以具体案例的分析。本节还将针对其他一些类型问卷的结构略做解释，并对比不同种类问卷在结构上存在的差异。

结构式问卷是社会科学研究领域最常用的一种调查问卷，被广泛应用于社会学、人口学、经济学、管理学等各个学科领域。相比于无结构式问卷，结构式问卷对调查员和调查对象的要求较低，更易于实际操作，且问卷收集到的数据便于量化和分析，因此应用广泛。结构式问卷有明确的设计原则、标准和结构，以便研究者参考和应用。本节着重介绍结构式问卷的结构。结构式问卷的结构较为固定。一般而言，一份完整的结构式问卷应该包括四个主要部分：说明词、问卷主体、编码和结束语。说明词部分主要是对问卷的调查内容和目的做简要介绍，以及标明问卷的填写注意事项，在访问问卷调查中，此部分通常需要由访问员向调查对象解释说明。问卷主体部分主要是指问卷设计的各类问题及其答案选项，这是整份问卷最为核心的内容，是研究者最关心的部分，也是研究者在设计问卷时投入时间和精力最多的模块。问卷的编码是将通过纸质版问卷收集到的数据信息转化为电子版数据信息的中间手段，准确的编码可以帮助数据录入人员快速、精确地完成问卷录入工作。问卷的结束语部分通常用来向调查对象表达配合填写问卷的感谢之意。在问卷设计的过程中，问卷主体部分是必不可少的，而其他三部分可以根据调查的形式、对象等酌情调整，决定保留或删减等。

一、说明词部分

顾名思义，说明词部分的作用是解释说明，向调查对象说明问卷调查的基本情况，包括问卷调查的主题、研究目的、调查实施机构等，有些情况下还包括对问卷填写注意事项的说明。因此，根据解释内容的不同，调查问卷的说明词又可以细分为两部分：一部分为卷首语，另一部分为问卷填写说明。

（一）卷首语

调查问卷的卷首语通常出现在问卷封面上，向调查对象介绍本次问卷调查的主题、内容、目的、意义、用途、组织调查的研究机构、调查时间等，并指出本次调查会遵循保密性原则，保证不会泄露调查对象的个人信息和在问卷中的回答等，同时希望调查对象能够配合、完成问卷调查。为了引起调查对象的兴趣和重视，争取其合作和支持，卷首语部分的用语应该谦逊、平和、诚恳。

例 5-1：某次关于流动人口状况调查的问卷卷首语
尊敬的先生/女士：

您好！我们是××研究机构的调查人员。为了维护流动人口的合法权益，为政府相关部门决策提供依据，我们组织了此次调查，希望得到您的支持和帮助。调查需要耽误您一些时间，请把您的真实情况和想法告诉我们。

调查资料仅供研究使用，我们将严格遵照《中华人民共和国统计法》，为您的个人信息和回答保密。

对您的配合和支持我们表示衷心的感谢！

××研究机构
二〇××年××月

在例 5-1 中，调查者在卷首语里首先主动对调查组织者和调查人员的身份进行简要介绍，减弱调查对象的防备和警惕心理。然后对调查的内容、目的以及意义稍做解释，使调查对象对问卷有整体的了解。随后，提出希望得到调查对象的支持与配合，并保证其个人信息和回答不会被泄露，减少调查对象在这方面的隐忧。最后对调查对象接下来的配合表达感谢，从情感和心理上增加调查对象对问卷的好感，降低拒访率。

在通常情况下，问卷的卷首语应该简洁明了，篇幅不宜过长，有些调查问卷的卷首语甚至只需一两句话做简要说明。但是，在极少数特殊情况下，卷首语也可能较长，内容比较详细。比如，调查主题比较特殊或调查内容非常丰富时，需要向调查对象多加解释和强调。对研究者而言，在设计问卷时是否设置卷首语、卷首语是简要还是详细，要根据调查内容、调查方式、调查对象特征等具体情况具体分析。

（二）问卷填写说明

问卷填写说明主要是向调查对象说明问卷填答的方式以及有关注意事项等。由于研究目的、研究内容以及研究者设计问卷的习惯和方法等存在差异，不同的调查问卷可能存在不同的格式、填答方法和填答要求等，但是调查对象，尤其是文化程度不高或对问卷调查领域接触较少的调查对象，往往不能完全了解每一种问卷及其填答方式。这时候，就需要有指示性的语言向调查对象说明问卷填答的具体方式及要求。

第五章　调查问卷的结构与布局

　　考虑到问卷调查在内容、复杂度、长度等方面存在差异，问卷填写说明的格式也不尽相同。常见的问卷填写说明有三种形式。

　　第一种问卷填写说明通常单独成册，独立于调查问卷以外。这种问卷填写说明一般适用于调查内容十分丰富、问卷结构比较复杂、调查耗时较长、调查对象的甄选条件限制较多等情况中的某一种或多种共存的情景，多被应用于访问问卷调查。这类问卷调查在实际操作中一般难度较大，需要访问员熟练掌握问卷调查技术和访谈技术，对问卷的结构和问题设计也要十分熟悉。因此，在开展调查之前，研究者需要对访问员就问卷调查内容和注意事项进行前期培训，这时候就需要一份专门对调查对象、问卷填答方式和要求、问卷中各个问题的准确含义等进行详细解释说明的问卷填写说明，以确保访问员对问卷问题的理解不会出现歧义，使不同的访问员对相同问题的理解完全一致，以便在调查过程中明确地向调查对象解释各个问题。这种情况下的调查问卷一般篇幅较长，需要解释说明的内容也比较多，导致对应的问卷填写说明也较长，因而往往单独成册，而不与问卷编印在一起。如2020年第七次全国人口普查，除《第七次全国人口普查短表》《第七次全国人口普查长表》《第七次全国人口普查港澳台居民和外籍人员普查表》《第七次全国人口普查死亡人口调查表》以外，国家统计局、国务院第七次全国人口普查领导小组办公室还组织编制了"普查表填写说明"[1]，就普查表的种类、标准时点、普查对象、登记原则、普查项目、普查表的填写方法等进行了详细解释和说明，作为普查员的工作指导手册。

　　例 5-2：2020年第七次全国人口普查"普查表填写说明"节选
　　一、普查表的种类
　　第七次全国人口普查表分为《第七次全国人口普查短表》《第七次全国人口普查长表》《第七次全国人口普查港澳台居民和外籍人员普查表》和《第七次全国人口普查死亡人口调查表》四种表。

---

[1] 普查表填写说明．（2022-06-10）［2023-10-01］．http：//www.stats.gov.cn/sj/pcsj/rkpc/7rp/zk/indexch.htm．

二、标准时点

第七次全国人口普查的标准时点为2020年11月1日零时。

普查员在掌握普查标准时点时，应注意以下两点：

（一）2020年11月1日零时以后出生的人不登记；2020年11月1日零时以后死亡的人仍要在普查短表中登记。

（二）2020年11月1日零时以后居住地发生变化的人，仍在原居住地登记。

三、普查对象

普查对象是指普查标准时点在中华人民共和国境内的自然人以及在中华人民共和国境外但未定居的中国公民，不包括在中华人民共和国境内短期停留的境外人员。

（一）普查短表和普查长表的普查对象具体是指2020年10月31日晚住本普查小区的人，以及户口登记在本普查小区但2020年10月31日晚未住本普查小区的人。

1. 2020年10月31日晚住本普查小区的人，无论其户口登记在何处。

2. 户口登记在本普查小区，但2020年10月31日晚未住本普查小区的人，无论其外出时间长短、外出原因如何。

（二）港澳台居民和外籍人员普查表的普查对象具体是指2020年10月31日晚住本普查小区的港澳台居民和外籍人员。

（三）死亡人口调查表的登记对象具体是指2019年11月1日至2020年10月31日期间本普查小区的死亡人口。

四、登记原则

人口普查采用按现住地登记的原则，每个人必须在现住地进行登记。普查对象不在户口登记地居住的，户口登记地要登记相应信息。

人口普查以户为单位进行登记，户分为家庭户和集体户。集体户以一个住房单元为一户进行普查登记。

为便于理解登记对象，并考虑到普查中可能遇到的特殊情况，普查员在入户登记时可采取以下方式询问住户：

应在您家普查登记的人包括：

第五章　调查问卷的结构与布局

- 2020年10月31日晚住在您家里的人。
- 经常居住在您家，由于临时出差、探亲、旅游或值夜班等原因，2020年10月31日晚未住在您家的人（视为2020年10月31日晚住在您家）。
- 幼儿园全托孩子，小学、初中住校生（视为2020年10月31日晚住在您家）。
- 户口登记在现住房地址的其他人。

不包括：

- 现役军人和武警。
- 由于临时出差、探亲、旅游等原因，2020年10月31日晚暂住在您家的人。
- 2020年11月1日零时以后出生的人。

第二种问卷填写说明通常印制在问卷封面的背页或者问卷封面卷首语的下方，向调查对象说明问卷的填答要求和方式，或者访问员需要向调查对象说明的其他事项（见例5-3）。这类问卷填写说明通常适用于问卷较短或者调查问题比较简单、问卷不需要复杂的详细说明、问卷填写要求较少等情况。这类问卷填写说明既可用于自填问卷调查，也可用于访问问卷调查，相比第一种问卷填写说明，它在形式上更加灵活。

例5-3：某项社会调查的问卷填写说明

问卷填写说明：

[1] 请填写您的真实情况和看法，我们将对您的答案严格保密。

[2] 请在横线上填写您的答案或所选的答案序号。

[3] 如果题目为选择题，除注明【可多选】的题目之外，每题只可选择一项。对于容易将单选错认成多选的题目，我们在问题中会注明【限选一项】，请您特别留意。其余没有标注【可多选】或【限选一项】的题均为单选题，只可选择一项。

[4] 请您注意【　】中的引导语和方框中的题目，注意跳过您不需要作答的题目。

××课题组
二〇××年××月

第三种问卷填写说明适用于比较简单的问卷。这类问卷的填写通常没有特殊的要求，不需要专门安排单独的版面来印刷填写说明，因此这种形式的问卷填写说明没有固定的印制位置，主要是对需要特殊说明的个别问题进行填答指示，通常印制在需要说明的问题之前或之后，提醒调查对象在回答某些具体问题时需要特别注意这些要求。这种填写说明在市场调查中非常常见。由于调查内容的特殊性，同时也是为了提高问卷有效回答的比例，很多针对消费者消费偏好、产品质量等内容的市场调查问卷往往篇幅比较短，很多问卷甚至只有一页，在这种情况下，就不需要单独印刷问卷填写说明。换言之，如果问卷没有特殊的填写要求，就没有必要单独设置填写说明，否则会增加问卷版面和调查成本。

此外，近年来随着互联网技术、电子信息技术、云计算技术等的发展，问卷调查的形式和手段日趋多样化，各类移动终端和电子设备被广泛引入问卷调查中，在极大丰富问卷调查方式的同时，也对问卷设计提出了新的要求。在这类电子调查中，问卷填写说明往往会内嵌到每个需要解释的问题之前或之后，以不同于问卷正文的特殊字体或更换字体颜色的方式出现在智能设备屏幕上，提醒访问员在询问调查对象时需要特别注意的事项，包括问题题干的名词解释、答案选项的解释、一般填写要求、特殊回答的填写说明等。例如，北京大学中国社会科学调查中心组织实施的中国家庭追踪调查、西南财经大学组织实施的中国家庭金融调查等，都采取了类似的处理方式。例5-4选自2019年中国家庭金融调查问卷，其中以加粗字体提示访问员向调查对象解释将要询问的问题，以倾斜字体对该问题的答案选项做了解释。

例5-4：中国家庭金融调查问卷节选

访问员读出：下面，我们将询问去年最主要一份工作的情况。

访问员注意：1. 雇主指自负盈亏或与合伙人共负盈亏，具有企业经营决策权，并且雇佣了他人的经营者，包括未在工商部门登记注册的，比如承包商、工头等。自营劳动者指未雇佣他人的经营者，例如没有雇佣其他人的街头小商贩。

2. 家庭帮工指在亲属经营的企业（包括商店、门市、工厂等）工作，

第五章 调查问卷的结构与布局

无企业经营决策权，不领报酬的人员。自由职业者指不隶属于任何单位的工作者，包括脑力劳动者或服务提供者，例如：作家、滴滴司机、未签约的网络主播等。

72.［A3132d］【CAPI加载家庭成员姓名】的工作性质属于以下哪一类？

A3132d 家庭成员去年工作性质

1. 受雇于他人或单位（签订正规劳动合同）
2. 临时性工作（有工作单位但没有签订正规劳动合同，如打零工）
3. 雇主【跳至A3170】
4. 自营劳动者【跳至A3170】
5. 家庭帮工【跳至A3170】
6. 自由职业者
7. 务农【跳至A3170】

除上述情况以外，在有些情况下，问卷填写说明非常短，只有一两句话，这时可以将问卷填写说明与卷首语合二为一。例如在例5-1的卷首语中，可以增加一句话用于指示问卷填答的要求——"在填写问卷前，请您先看清题目的要求，然后在相应选项的数字序号上画圈即可"，这样也不再需要编制专门的问卷填写说明。

在编写问卷的说明词部分时，有以下几点需要特别注意：

第一，用词要恰当，语言应简洁明了、通俗易懂。卷首语或问卷填写说明，旨在向调查对象介绍调查目的、调查意义或填答要求等事项，需要开门见山、直截了当，切忌啰唆冗长，或者出现晦涩难懂的专业术语，否则不仅花费调查对象过多的时间和精力去理解，而且容易引起调查对象的排斥心理。

第二，说明词部分的用词要客观、中立，切忌出现感情色彩过浓或者具有明显态度倾向的词句，避免引起调查对象的反感或影响调查对象回答问题的态度。

第三，问卷说明词的语气要谦逊、诚恳，以争取调查对象的理解和配合，有效提高问卷的回答率，保证问卷填答真实、准确。

第四，要根据不同的调查问卷本身的特点，选择合适的说明词形式。

二、问卷主体部分

问卷主体部分是指问卷中问题的组织、编排及回答方式，这是调查问卷的核心所在，是真正能为研究者提供所需信息的部分，因此是整个问卷最为重要的组成部分。关于问卷中问题的设计等，本书第三章和第四章已做过详细的讲解，这里不再赘述，下面将主要介绍问题的类型及不同类型问题在问卷中的排序。

（一）问题的类型

根据调查问题所要收集的数据信息类型来划分，问卷中的问题可以分成四类：个人基本特征问题、客观问题、主观问题和逻辑检验问题。

1. 个人基本特征问题

个人基本特征问题主要是指询问调查对象的人口统计特征、基本社会经济特征的问题，比如询问调查对象的性别、年龄、受教育程度、婚姻状况、民族、户籍性质、出生地、现住地、职业等。这类问题几乎出现在所有类型的调查问卷中，其必要性和重要性主要基于两方面的考虑。一方面，根据调查对象的个人基本特征来甄选符合研究需求的调查对象。在很多情况下，研究者感兴趣的是某个或某些特殊人群，而非全体社会大众，如针对农村地区15～49岁育龄妇女生育行为的调查、关于在校大学生求职意向的调查等，在进行问卷调查之初或之前就需要筛选出符合条件的调查对象。此时，关于调查对象个人基本特征信息的问题可以帮助研究者迅速甄选出想要的调查对象，剔除不满足条件的调查对象，这样既能保证所得数据的有效性，也能控制调查成本。另一方面，调查对象的个人基本特征是调查结束后对调查数据进行描述分析的重要分类依据，在很多情况下也是进行下一步统计推断分析、建立回归模型的自变量或控制变量，方便研究者观察具有不同特征的群体在研究变量上存在的差异，以及探索个体特征对这种差异的影响。出于以上两方面的考虑，一般情况下，调查问卷都要包含对调查对象的个人基本特征进行询问的问题。

2. 客观问题

客观问题是问卷调查中的常见题型，它包括了知识类问题、事实或行为类问题以及动机性问题。

知识类问题是指研究者针对某些客观知识设计的问题，比如在关于妇女生殖健康的调查中询问调查对象是否了解某些妇科疾病、是否知道某些避孕药具，再比如在市场调查中询问调查对象对某种产品成分是否了解。知识类问题通常被研究者用来进行对现状的描述，或以此反映调查对象对某方面、某领域的了解程度。研究者在设计知识类问题时，要尤为注意用词的风格，切忌使用过于专业、晦涩难懂的词汇，尤其是在调查对象范围较广、受教育程度较低或者对某领域不太了解的情况下，更应该使用通俗易懂的语言。同时研究者还要注意对问题答案的设置不要超出调查对象的知识范围。比如在某项针对农村地区水体污染状况的问卷调查中，研究者想要获得调查对象对于水体污染物知识的了解程度的信息，于是设计了例5-5 中的问题。

例 5-5：某项针对农村地区水体污染状况的问卷调查

您认为下列哪项是造成××河流水体污染的主要因素？
（1）无机污染物　　（2）致病微生物　　（3）营养盐污染物
（4）耗氧污染物　　（5）重金属离子

从专业角度看，该问题内容与研究目的契合，但是研究者在设置问题的答案选项时，一是没有考虑农村居民的文化程度和知识面——很多调查对象对这些答案选项并不了解，二是有些答案选项使用了过于学术的专业词汇，不利于调查对象理解。在实际调查中，调查对象很可能会因为不了解每个答案选项的具体含义而出现理解错误，造成误选，甚至胡乱选答。因此，可以说这个问题的设计是比较失败的。

另一类客观问题——事实或行为类问题主要被用于调查已经发生或正在发生的行为和事件，这些行为和事件的主体往往就是调查对象。例如，在市场调查中询问调查对象是否购买过某个品牌的产品，在生育调查中询问被调查的育龄妇女已生育的孩子数量及性别结构等。若调查对象在不同时间段内多次出现某类行为或经历某些事件,而研究者对此类行为或事件发生的历程很感兴趣,那么在设计事实或行为类问题时应该注意不同问题之间的顺序——一般是按照行为或事件发生的先后顺序从前到后或从后到前依次询问。

动机性问题用于询问调查对象发生某种行为的原因或动机。例如,在某项关于流动人口的调查中询问调查对象发生流动的原因,在关于大城市青年群体结婚消费的调查中询问调查对象结婚的动机。在调查问卷设计中,动机性问题通常以选择题的形式出现,或是单选或是多选,由研究者的研究目的和研究兴趣决定。此外,动机性问题的题目形式还可以是填空题或开放式问题,这类题目形式可以帮助研究者收集更广泛的信息,但后期编码工作难度较大。

3. 主观问题

主观问题往往被用于收集调查对象对某件事情或某种社会现象的态度和看法等,侧重于获得关于调查对象个人主观感受的信息,因此对于这类问题的不同回答反映的是调查对象对同一问题的不同态度或看法。例 5-6 和例 5-7 这两个主观问题来自 2021 年中国人民大学中国调查与数据中心组织实施的中国综合社会调查,研究者设计例 5-6 中的问题询问调查对象对当前工作的满意度,设计例 5-7 中的问题询问调查对象对中医和西医的看法。不论是工作满意度还是对中医和西医的看法,都属于调查对象个人的主观感受,答案不同反映的是调查对象在这些方面的感受存在差异而非对错。

例 5-6:询问调查对象的工作满意度

总体而言,您对您当下的工作是否满意?

(1) 非常满意　　(2) 比较满意　　(3) 一般

(4) 不太满意　　(5) 非常不满意　(6) 不知道

(7) 拒绝回答

例 5-7:询问调查对象对中医和西医的看法

您同意"中医比西医更有效"的说法吗?

（1）非常同意　　（2）同意　　（3）说不上同意不同意
（4）不同意　　（5）非常不同意　　（6）无法选择
（7）拒绝回答

4. 逻辑检验问题

最后一类常见的调查问题为逻辑检验问题，这类问题主要通过内部核查问卷中不同问题的回答逻辑是否一致来检验某些研究者比较关心的问题的答案是否可信。在通常情况下，逻辑检验问题与被检验问题被安排在问卷中的不同位置，因为如果位置相近，调查对象就会保留对前一问题回答的较深印象，在主观上有意识地选择与之相同或相似的回答，这样就难以保证可以通过检验不同问题回答的逻辑一致性来判断研究者所关心信息的真实性和准确性。逻辑检验问题在实际调查中很常见。例如，在某项调查中，调查对象的年龄是研究者关注的重点变量，如何获得准确的年龄信息就成为研究者在设计调查问卷时必须考虑的问题。研究者可以直接设计问题询问调查对象的出生年份，然后在调查后自行计算得到调查对象的具体年龄。此外，研究者还可以设计问题询问调查对象的属相进行检验。若是该调查为针对老年人，尤其是农村地区老年人的调查，老年人特别是高龄老年人的记忆很容易出现偏差，加之人们对年龄的数字偏好（如对以数字"0"或者"5"结尾的年龄的偏好），直接询问老年人的年龄得到的数据很可能存在偏误，此时研究者更要注意设计相关的逻辑检验问题进行验证，如询问被调查老年人是否经历过某些历史事件等。

以上四类问题在实际的问卷调查中经常出现，但是不同类型的问题之间并不是完全互斥的：问卷中的某个问题可能既是客观问题，又是逻辑检验问题；也可能某个问题既是个人基本特征问题，又是客观问题，如户籍性质、受教育程度等。研究者在设计问卷时，可以根据自己的需要和兴趣点，灵活选择合适的问题类型及其在问卷中的权重和分布，并没有固定标准要求一份调查问卷必须包含以上所有类型的问题。但是一般而言，个人基本特征问题是要被包含在内的，因为这类问题是研究者筛选调查对象和进行后期数据分析的重要依据，其他类型的问题则由研究者按需选择使用。

（二）问题的顺序

在问卷调查中，调查问题本身的设计非常重要，关系到研究者能否得到真实、准确的数据信息，但是不同问题在问卷中的排列顺序也是问卷设计的重要方面。问题排列顺序混乱，不仅仅会影响调查者的调查效率，更严重的是会影响调查对象在填答问卷时的逻辑思路，干扰其对问题的回答。因此，研究者在设计问卷时，当设计好各个问题后，还需要考虑问题在问卷中的顺序，并按照一定的逻辑将它们整合在一起，形成一份条理清晰的问卷。

一般而言，问题顺序不当对问卷调查造成的不利影响主要表现在以下三方面：

第一，问题排列混乱、问卷结构不当会对调查者理解和把握问卷造成障碍。

通常情况下，问卷调查者或访问员并不是问卷设计者（即研究者），因此在进行问卷调查之前需要由研究者对调查者进行详细的培训，再由调查者去寻找调查对象、开展问卷调查。如果问卷的逻辑结构混乱，问题顺序不当，不仅仅会加大研究者对调查者的培训难度，更会影响调查者对问卷的理解。尤其是在对调查对象进行访谈的过程中，调查者对问卷不理解或者理解出现歧义，将会直接影响问卷调查的质量。这种情况在较为复杂的问卷调查（如问卷篇幅较长、问题较多且跳答较多）中更容易发生，调查者提问和调查对象回答都可能出现错误，例如，需要跳答时没有跳答，或者出现漏答、错答等，造成问卷结果的偏差。

第二，问题排列混乱、问卷结构逻辑性差会影响调查对象的回答，甚至会出现调查对象拒答或者中途终止回答的情况。

获得调查对象的信任和配合是问卷调查得到真实、准确的数据信息的重要前提。如果调查对象不配合，甚至出现胡乱回答的情况，问卷调查就面临失败的风险。因此，研究者在设计问卷时，一定要从方便调查对象回答的角度出发，尽量使问卷更容易被对方接受。假若一份问卷的问题排列混乱，不同研究主题的问题夹杂在一起、杂乱无章，调查对象在回答问题时思维在不同研究主题问题之间来回跳跃，一是容易导致调查对象的逻辑混乱，二是容易引起调查对象心理上的排斥和厌烦，尤其是在回答一些敏感性问题或非常复杂的问题时，调查对象容易产生紧张和抵触心理，这些都会直接影响调查对象回答问卷的态度，甚至可能出现调查对象拒答、中途终止回答或者直接胡乱回答的情形。

第三，问题的排序可能会对调查对象的回答产生诱导作用。

调查对象对问卷中问题的回答会受到各种因素的影响，一个问卷调查是否有效，在很大程度上取决于研究者能否剔除障碍因素、增强有利因素。在这些因素中，有一类会对调查对象产生诱导性影响，如调查者的语言与态度、问卷中问题的用词等，这些因素在问卷调查过程中必须被予以考虑。问卷中问题的排序有时也会对调查对象的回答产生诱导作用。例如，在某个市场调查中，问卷从一开始就询问调查对象对某一品牌产品的看法，并反复出现针对这一品牌产品性能、优点、与其他品牌产品的对比等问题，这就会对调查对象产生调查者倾向于该品牌的暗示，影响调查对象的回答。

在关于问题设计的顺序效应方面，有一个非常经典的案例。在某次关于美国民众政治态度的问卷调查中，研究者设计了两个问题：（1）您认为一个共产主义国家，比如苏联，是否应该允许美国的记者进入其境内采访，并将新闻发回美国？（2）您认为美国是否应该允许共产主义国家，比如苏联的记者入境采访，并将新闻发回苏联？研究者发现，两个问题在问卷中的前后顺序不同，得到的结论明显不同。按照上文中两个问题的前后顺序询问调查对象，82%被调查的美国民众认为苏联等共产主义国家应该允许美国记者入境采访并发回新闻，75%的调查对象同意美国应该让苏联记者入境采访。但是当研究者改变了这两个问题的前后顺序时，只有55%的调查对象同意美国应该允许苏联记者入境采访，相应的有64%的调查对象认为苏联应该允许美国记者入境采访。与第一种排序相比，第二种排序的调查结果发生了明显的变化。这个案例非常清楚地反映出问题的排列顺序对调查对象回答的潜在诱导性影响，这在心理学上被称为问题的"顺序效应"，尽管调查对象本身并未有意识地做出差别回答，但是调查结果的差异非常显著。

如何设计调查问卷

问卷中问题的排列顺序对问卷调查结果具有明显的影响，因此研究者在设计问卷时，应该有意识地考虑这方面的问题。一般而言，为了方便调查对象回答问卷问题，也为了便于研究者的后期分析，调查问卷中的不同问题多是按照下列几种方式进行编排的：

第一，按照问题的内容或者主题进行排序。

将围绕同一研究主题的问题排列在一起，不同研究主题的问题通常不会混杂在一起。例如，某个针对流动人口在流入地生活状况的调查，涉及调查对象的个人基本特征、身体健康情况、家庭状况、个人就业与社会保障、居住方式、社会融入等方面。在设计问卷时，研究者多是将主题相同的问题放在问卷中的同一部分，然后按照问题设计的不同主题，将问卷划分成几大模块，使得问卷整体上看起来逻辑清晰、条理明确，不仅便于调查对象在接受问卷调查时阅读和理解问题，也便于问卷调查结束后研究者快速寻找到自己感兴趣的研究问题，并进行后期数据分析与处理。相反，将研究主题不同的问题混杂在一起，很容易造成调查对象思维混乱。例如，例 5-8 中显示的 6 个问题，主题各不相同，但是被杂乱交错地放在了一起。研究者首先询问调查对象的受教育程度，然后跳跃询问调查对象配偶的职业，接着再次改变主题询问调查对象的住房状况及租房费用，中间还穿插了关于调查对象工作合同签订状况的问题，这种排序使问卷整体的逻辑非常混乱，很容易干扰调查对象的答题思路，造成错答，甚至让调查对象产生排斥心理，拒绝继续回答。比如 Q2 问题，调查对象在没有仔细看的情况下很容易填答本人从事的职业，实际上需要填答的是其配偶从事的职业。

例 5-8：问卷问题排序混乱示例

Q1. 请问您的受教育程度是：

(1) 未上过学

(2) 小学

(3) 初中

(4) 高中

(5) 中专/技校

第五章 调查问卷的结构与布局

（6）大专及以上

Q2. 请问您配偶目前主要的职业是：

（1）非技术工人

（2）技术工人

（3）办公室一般工作人员

（4）服务行业人员

（5）管理人员

（6）农民、渔民

（7）没有工作

（8）其他，请说明_____

Q3. 请问您目前居住的房子的建筑结构类型为：

（1）钢筋混凝土结构

（2）混合结构

（3）砖木结构

（4）其他，请说明_____

Q4. 请问您的住房来源是：

（1）自建住房

（2）购买商品房

（3）购买经济适用房

（4）购买原公有住房

（5）租赁公有住房 →跳答 Q6

（6）租赁商品房 →跳答 Q6

（7）其他，请说明_____

Q5. 请问您工作合同的签订状况是：

（1）已签有固定期合同，期限：_____个月

（2）已签有无固定期（长期）合同

（3）未签订劳动合同

Q6. 请问您上个月的租房费用为：_____元

第二，按照问题的类型进行排序，一般将开放式问题放在问卷的最后

位置。

个人基本特征问题一般被编排在问卷的开始部分,主要是考虑到调查对象对这类问题比较熟悉,方便作答。但是,如果个人基本特征问题中涉及某些敏感的个人信息,如调查对象的联系电话、姓名、家庭住址等,则一般将这类问题放置在问卷的最后。因为一部分调查对象在看到调查需要收集这些隐私信息后很可能产生防备心理,从而拒访,影响问卷的回答率。而把这类问题放在问卷最后,即使调查对象拒绝就这些问题进行回答,研究者仍能够收集很多有用的信息。

客观问题一般放置在前,主观问题一般放置在后,特别是询问调查对象对一些较为敏感的社会现象或事件的看法和态度之类的问题,在编排时位置要偏后,否则调查对象在回答之初就遇见这些问题,容易产生警惕和排斥心理,拒绝回答或者随便乱答,造成问卷数据偏差。

逻辑检验问题则一般要与被检验问题分开,但同时也要注意不能使调查对象的逻辑混乱。比如,在前文列举过的关于调查对象年龄信息的逻辑检验问题,研究者可以通过询问调查对象的属相或者是否经历过某些历史事件进行验证,这些逻辑检验问题要与询问调查对象年龄的问题分开编排,但是同时也要注意,这些问题的位置不能随便安排——比如安插在完全不相关的几个问题之间,使调查对象逻辑混乱。

第三,按照问题的难易程度进行排序。

一般而言,在编排不同的问题时,研究者应该遵循先易后难、由浅入深、循序渐进的顺序,将比较容易回答、调查对象比较熟悉或者感兴趣的问题放置在前,将比较难回答的问题放置在后,引导调查对象逐步深入。这个原则在社会科学研究的问卷调查中多有体现。例如针对流动人口的调查,问卷一开始主要询问流动人口的个人基本特征,这些问题非常简单、易答,随后逐渐深入,询问流动人口流动的时间、流动的经历、在流入地的工作生活状况、未来的居留意愿、对目前遇到的问题或困难希望国家/政府做怎样的努力等,这样逐步引导调查对象进行回答。在关于某个产品的市场调查中,研究者最好也不要一开始就询问消费者对该产品质量改善的建议或者以后是否会继续购买该产品,而应该从消费者对该产品的购买历史或者获悉渠道等简单问题入手。

第四，按照时间顺序进行排序。

在某些调查中，研究者对调查对象某些方面的历史信息很感兴趣。比如在针对女性生育行为与意愿的调查中，研究者希望获得被调查女性以往的生育史信息；再如在关于流动人口的调查中，研究者对调查对象自第一次发生流动行为以来历次流动的时间、地点、原因等信息很感兴趣。在涉及调查对象在不同时间点的行为时，研究者要考虑到时间差异对调查对象记忆和回答的影响。一般的原则是，不同时间的问题应该按照时间顺序进行连续性排列，由远及近或由近及远都可以，依具体情况而定。

另外，有一些问题彼此之间不仅仅存在时间先后的关系，还存在内在逻辑联系。针对这部分问题，研究者不仅仅要注意时间上的排序，更重要的是不能违背不同问题之间的逻辑关系。比如，在某次关于我国居民家庭结构的调查中，研究者关心的是被调查家庭的子女状况，则需要先询问调查对象是否生育过孩子、生育孩子的数量等问题，再逐一询问不同孩子的年龄、性别、上学状况等信息。否则，对于尚未生育子女的夫妻，询问孩子信息的这些问题是不适用的。再如，在一项有关消费者满意度的市场调查中，研究者想要了解消费者对某一品牌智能手机售后服务的满意情况，那么需要先询问调查对象是否购买或使用过该品牌的智能手机、是否使用过售后服务，然后再询问其对该品牌智能手机售后服务的满意度。对于从未购买或使用过该品牌智能手机的消费者，或使用过该品牌智能手机但从未使用过售后服务的消费者，询问其对该品牌智能手机售后服务的态度是不符合逻辑的。

三、编码部分

编码部分是调查问卷中除问卷主体外最重要的一部分内容，因为编码的好坏直接关系到问卷调查数据的后期处理工作。从字面意思看，编码就是将问卷中的问题和调查对象的回答转化成字母或者数字等代码，方便问卷调查结束后数据处理人员进行录入工作和研究者进行统计分析。

在传统的问卷调查中，编码工作和问卷调查通常并不同时进行。编码工作多是在问卷调查结束后，由研究者单独处理。在进行编码之前，研究者需要对不同问题及其答案选项的编码标准进行统一，比如关于职业类型的编码，多统一采用国家职业分类标准规范中的编码，地区编码则使用我国行政区域规划提供的各省区市编码。在编码工作正式开始前，对于不同问题编码规范的确定和统一是非常重要的。这些关于问卷编码标准的规定文件不仅有利于研究者迅速、准确地在统一标准下对问卷进行编码，同时也是研究者在后续数据分析工作中的重要参考资料。

对样本量较大、问卷内容较多的调查而言，编码尤为重要。直接对大型调查数据的相关资料进行手工汇总是非常困难和烦琐的。例如我国第一次全国人口普查，历时数年才完成数据资料的汇总工作。利用计算机对调查数据进行处理和分析，则会节省很多时间和人力，而问卷编码工作就是将纸面数据转化为计算机电子数据的关键步骤。

近年来，随着电子调查技术的发展和普及，越来越多的智能设备和智能终端被引入问卷调查过程中，纸质版调查问卷逐渐退出历史舞台。在这种情况下，问卷编码的一部分工作逐渐和数据收集工作重合，这样既可以减少问卷的印刷成本，也能在一定程度上降低后续问卷编码的工作量和难度。但是，这并不表示问卷调查不再需要编码工作，或是问卷编码不再重要。在电子调查或互联网调查中，编码依然是问卷调查必不可少的一部分内容。在问卷设计过程中，研究者仍然需要对各个调查问题的口径、问题答案选项、特殊类回答（如不知道/拒绝回答/不适用）、开放式回答等制定统一的编码规范，帮助调查者在访问过程中更迅速准确地填答问卷并完成数据收集工作。在数据清理和后续开发使用过程中，独立的编码文件也是帮助数据使用者明确研究变量测量口径与含义的重要参考依据。与传统问卷调查（即纸质版问卷调查）相比，电子问卷调查在很大程度上减少了数据收集后的额外编码工作，并将这部分内容整合到问卷设计和数据收集过程中，压缩了从数据收集到数据使用的中间环节（如数据录入），直接将调查对象的回答以电子数据信息的形式录入和上传至后台系统，并汇总得到原始数据库。但是，无论是传统问卷调查还是电子问卷调查，编码工作都是非常重要的。

第五章　调查问卷的结构与布局

(一) 问卷编码的内容

从对象上来看，问卷编码主要分为两部分：一部分是针对问卷中的问题进行编码，另一部分则是针对问题的答案选项进行编码。

在通常情况下，问卷中的各个问题并不需要研究者在问卷调查结束后再专门编码，一般以 Q（或其他英文字母）加上问题的序号作为其编码，由数据处理人员直接录入计算机中。例如，某份调查问卷的第 15 道题，可以直接编码为 Q15。如果一份调查问卷按照研究主题被划分成不同的部分，如 A 部分是调查对象基本信息、B 部分是婚姻观念、C 部分是就业与社会保障等，则 A 部分的问题可以直接编码为 A 加上问题的序号，如 A1、A2、A3……B 部分的问题可以直接编码为 B 加上问题的序号，如 B1、B2、B3……以此类推。在这种情形下，不同部分的问题编号均从 1 开始，加上前面的字母，即可唯一确定该问题在调查问卷中的位置。如果是电子问卷调查，则在问卷设计和电子版问卷生成的过程中直接设定问题编码，后续数据自动进入调查数据库。通常情况下，问题编码就是研究者在使用调查数据进行统计分析时的变量名称。当然，为了更加准确地反映调查问题的信息内容，很多情况下研究者在使用调查数据进行深度分析时会按照个人研究习惯重新定义问题编码。例如，在某份调查问卷中，问题 Q3 是询问调查对象的性别的，在问卷编码时通常以 Q3 指代，但在调查结束后进行数据分析时，研究者更倾向于将其重新命名为 sex，以更清楚明了地反映该问题收集的信息内容。这种变量的重新命名工作和前文提到的问题编码工作并不重复，也不等同。前者是问卷调查结束后数据处理与开发过程中的工作内容，后者是问卷设计与数据收集过程中的必要环节。

与问题编码相比，对调查对象的回答进行编码更为重要。换言之，问卷编码的核心和重点就在于对调查问题的回答进行编码。这类编码依问题类型和回答方式的不同而略有差异。对于选择题而言，不同答案选项的编码通常就是答案选项对应的数字序号。例如，例 5-9 中，问题 D10 为一道多项选择题，调查对象在回答时选择了哪个（些）选项，则以其对应的数字序号为编码。如果是填空题，即需要调查对象填答的问题，则依据不同的问题类型遵循不同的编码原则。如果是封闭式问题，则需要研究者在问卷调查开始前穷尽列举调查对象所有可能的回答，并设定统一的编码规范，然后在数据收集完成后根据统一的编码规范对调查对象的各类回答进行编码，再录入计算机数据库中。但是，由于社会现象的复杂性和个体的差异性，有些情况下研究者很难在调查前将所有可能的回答考虑在内。如果是开放式问题，一般有两种处理方式：第一种是不进行编码，直接将调查对象的回答录入数据库中；第二种则是在调查结束后，由研究者对调查对象的回答进行粗略汇总和分类，然后再进行编码。相比而言，第二种方式更为常用、有效，也更便于调查数据的录入与分析，但工作量较大，尤其是在大型的问卷调查中。针对与研究内容密切相关的问题或者研究者很感兴趣的问题，建议研究者采用开放式问题的第二种编码方式。

例 5-9：中国教育追踪调查

D10. 孩子现在是否有下列障碍？（多选）

（0）无任何障碍　　　　　　（1）视力障碍（不包括近视）

（2）听力障碍　　　　　　　（3）肢体残疾

（4）语言障碍　　　　　　　（5）自闭或其他精神障碍

（6）多动症　　　　　　　　（7）癫痫

（8）其他，请说明_____

（二）问卷编码的主要原则

问卷编码是问卷调查的重要工作之一，编码是否准确、统一、有效直接关系到调查数据的质量，影响到研究者对数据的分析和使用。在对调查问卷的问题及回答进行编码的过程中，研究者应该遵循以下四个基本原则。

第一，问题回答的编码通常是阿拉伯数字。

对于问题的编码，可以用英文字母或阿拉伯数字，但是很少用汉字，因为汉字输入相对较慢，而且在数据录入结束后导入专门的统计分析软件进行后期分析时，汉字往往不能被识别，这会给研究者的工作增添烦恼。例如，研究者在某项问卷调查中询问调查对象的性别时，可能的答案有男性或者女性，研究者可以提前设定选项 1 为男性，选项 2 为女性，在回答结束后进行编码时，男性编码为 1，女性编码为 2，即将选项序号作为编码，这样就完成了纸面文字数据与电子数字数据的转换，方便调查数据的录入与后续使用。在实际操作中，这类问题并不需要研究者进行额外的编码，因为编码与调查对象回答的选项序号是一致的，可以直接用选项序号代替编码。在这种情况下，就可以省去编码的步骤，数据录入人员在录入时可以直接录入调查对象答案的选项序号。如果是电子问卷调查，那么效率将会更高，在调查对象回答后即可实现对应数据的实时编码和上传，不需要额外的数据录入环节。

第二，注意对某些特殊回答的编码。

在社会科学研究的问卷调查中，很多问题是主观性的，或者即使是客观性问题，调查对象也由于各种原因并不确定问题的答案或者不想回答。在这些情况下，对问题回答的编码需要一些特殊的数字，以便在数据整理与分析时能够清晰识别。例如，可以将"不知道/不清楚/不适用"编码为数字"9999"，将"不愿意回答"编码为数字"8888"，等等。在具体编码过程中，这些含义特殊的数字可以由研究者自行确定，但是一定要在编码工作开展前就统一确定，并留存记录，方便以后使用数据的人员能够获知这些数字的准确含义。在这种情况下，针对特殊的答案选项，不建议研究者按照前文提及的以问题的答案选项序号代替编码，而应该对这些特殊选项单独设立比较特殊的数字编码，方便与其他选项相区别。

例 5-10：某次社会调查中询问调查对象的未来职业发展预期

Q10. 依您判断，未来几年内您在单位里得到提拔或升迁的机会有多大？

（1）几乎肯定会

（2）很有可能

（3）不太可能

（4）几乎不可能

（5）不适用

（6）不知道/不好说

在例 5-10 中，答案选项"不适用"和"不知道/不好说"在编码时需要特别注意，应该将之与其他四个选项区分开来，以防止研究者在进行数据分析时将 6 个选项同等处理，而使结论出现偏差。在这种情况下，考虑到问题的答案选项总共只有 6 项（不足两位数），可以将"不适用"编码为 8，将"不知道/不好说"编码为 9。

第三，编码的位数一般根据答案选项的数量确定。

在进行问卷编码时，编码的位数需要视具体情况而定，并不是固定的。对于封闭式问题而言，问题答案选项的数目是研究者事先就确定好的，编码的位数与答案选项的数目相关。如例 5-10，调查对象的回答最多只有 6 类，位数是 1，那么编码的位数也是 1。但是对于开放式问题而言，问题的答案往往是不确定的，需要研究者在问卷调查结束、对回答进行粗略分析后确定编码的位数，或者根据以往的研究经验来确定编码的位数。例如，在询问调查对象的月收入时，研究者在调查前很难确定调查对象的回答是几位数的，但是有经验的研究者会根据以往研究设定编码的位数，如 7 位，因为月收入在 999 万元以上的人极少，如果调查对象的月收入高于 999 万元，可规定统一用编码"100000001"代替，"不适用"可以编码为"888888888"，"不知道/不好说"可以编码为"999999999"。另外，如果问题是多选题，且要求调查对象按照选项的重要性进行排序，那么编码的位数由选项的数目和允许选择的答案数目共同确定，即：编码的位数＝答案选项数目的位数×允许选择的答案数目。例如，在例 5-11 中，问题 Q9 是一道多选题，且调查对象需要按重要性给出 3 个回答，问题本身的答案选项数目是 14 项（位数为 2），那么编码的位数应该是 2×3＝6。针对这类情况，还有一种更常用的编码方式，即在编码和数据录入时将该调查问题拆解成三个子问题，分别表示调查对象网络消费的最大支出项目、第二大支出项目和第三大支出项目，每个子问题的回答编码位数由原调查问题的答案选项数确定。

例 5-11：某项关于家庭金融的调查

Q9. 去年，您家在网上主要购买了哪些类别的产品？（限选三项，并按支出数额从大到小排序）

(1) 日化用品（洗发水、沐浴露、牙膏、洗衣粉、卫生纸等）
(2) 食品饮料烟酒　　　　　　　(3) 蔬菜水果
(4) 母婴用品、保健用品　　　　(5) 衣物鞋帽
(6) 手机、电脑、相机等电子产品　(7) 家用电器
(8) 家具、厨具等家居产品　　　(9) 图书音像产品
(10) 交通工具及配件
(11) 家用纺织品（床上用品、窗帘门帘等）
(12) 缴纳水、电、气费　　　　　(13) 缴纳手机、电话、网络费
(14) 其他，请说明＿＿＿＿

第四，从数据录入人员角度出发，编码以方便其录入为原则。

在传统的问卷调查中，编码是为了将纸面调查数据快速转变为可进行分析的电子数据，而这一过程主要由数据录入人员负责完成。因此，编码工作需要遵循方便数据录入人员快速、准确地完成录入工作这一基本原则。

为方便数据录入，有时候研究者会在问卷每一个问题旁边绘制记录编码的方格，方格的数目等于编码的位数，每个方格中填写一个数字，这样录入人员在录入的时候非常清晰，一目了然，不易出错。在例5-11中，研究者可以在题目旁边（一般为右侧）绘制6个小方格（"□"，见例5-12），用来填写编码，这样数据录入人员就可以非常清晰地看到编码数字，省去寻找、分辨编码的时间。

例5-12：例5-11中的问题的编码格式

Q9. 去年，您家在网上主要购买了哪些类别的产品？（限选三项，并按支出数额从大到小排序）　　□□　□□　□□

(01) 日化用品（洗发水、沐浴露、牙膏、洗衣粉、卫生纸等）
(02) 食品饮料烟酒　　　　　　　(03) 蔬菜水果
(04) 母婴用品、保健用品　　　　(05) 衣物鞋帽
(06) 手机、电脑、相机等电子产品　(07) 家用电器
(08) 家具、厨具等家居产品　　　(09) 图书音像产品

(10) 交通工具及配件

(11) 家用纺织品（床上用品、窗帘门帘等）

(12) 缴纳水、电、气费　　　　　(13) 缴纳手机、电话、网络费

(14) 其他，请说明_____

在纸质版问卷调查中，研究者在进行编码时最好选用与问卷字体颜色不同的笔书写。在通常情况下，问卷一般采用黑色字体打印，那么在编码时研究者可以使用红色的笔，通过不同颜色的字迹突出编码的位置，同时应该注意书写的规范和清晰度，以方便数据录入人员辨别，防止因为编码不清晰而给数据录入人员带来困难，造成数据录入的偏误。

四、结束语部分

结束语是问卷的最后一部分，用于提醒调查对象问卷调查已经结束，并感谢调查对象的配合与支持。除了在问卷设计时，研究者需要在问卷的末尾处标注"本次调查到此结束，非常感谢您的配合与支持"等类似的感谢语向调查对象表示感谢，调查者在问卷调查结束后，还应该在口头上向调查对象表示衷心感谢。在有些情况下，问卷调查组织人员还会为调查对象准备一些小礼品或者一定数额的现金，赠送给调查对象以示谢意。

问卷结束语除了向调查对象表示感谢外，还可征询调查对象对本次问卷调查的建议和看法（见例5-13）。

例5-13：某份市场调查问卷的结束语

您填答完这份问卷后有何感受？

(1) 很有意义　　　　　　　　　　(2) 可能有些用处

(3) 没有意义　　　　　　　　　　(4) 不知道/没有回答

您还愿意参加我们后续研究的问卷调查吗？

(1) 不愿意　　　　　　　　　　　(2) 愿意

如果研究者采用的是访问问卷调查，在问卷结束语部分还可以设计相关问题，用来记录问卷调查过程开始及结束的时间、调查过程中遇到的问题、调查对象在问卷调查过程中的态度、调查对象对问卷的理解程度等。

这些情况一般由调查者根据自己的判断自行记录在问卷上,不需要再询问调查对象(见例 5-14)。

例 5-14:某次访问问卷调查的结束语

本次问卷调查到此结束,非常感谢您的配合与支持!

【以下问题由调查者填写】

调查开始的时间:____时____分

调查结束的时间:____时____分

调查对象的态度如何?

(1)合作　　　　(2)敷衍　　　　(3)反感

调查对象对问卷中问题的理解程度如何?

(1)全部理解　　(2)大多数理解　　(3)理解一半

(4)大多数不理解　(5)全部不理解

第二节 不同类型问题的编排格式

问题题干的设计、答案选项的设置、用词的风格、提问的方式等都是调查问题设计的重要方面,但除此之外,问题在问卷中的顺序、不同类型问题的编排格式等也是影响问题回答质量的因素。接下来本节将主要阐述不同类型的调查问题在编排格式上需要注意的地方。

一、封闭式问题的编排格式

封闭式问题有很多具体的类型,不同类型的封闭式问题编排格式略有不同。本节主要针对最为常见的选择题、量表式问题和矩阵式问题以及条件式问题(跳答式问题)的编排格式进行介绍。

(一)选择题

选择题包括单选题和多选题,编排格式受答案选项的长短与数量影响。

对于单选题而言，如果问题的答案选项较少（一般指不超过四项），同时选项较短，那么可以将问题编排在一行，然后另起一行编排回答，不同选项之间以空格隔开。如在例 5-15 中，两道单选题的答案都只有两个选项，同时选项较短，就可以编排成如下展示的格式。

例 5-15：单选题举例

Q1. 请问您的性别是：

（1）男　　　　（2）女

Q2. 请问您的户口性质是：

（1）农业户口　　（2）非农业户口

如果问题的答案选项较多，研究者则需要在版面大小和布局美观上进行权衡。在有些情况下，研究者为了节省问卷的版面和印刷成本，习惯将某个问题的多个选项堆积在一起，这样视觉效果很差，容易使调查对象忽略一些选项，导致回答失真。如例 5-16 中，研究者想要获得关于调查对象职业的信息，但是职业的种类很多，导致该问题的答案选项非常多，同时研究者又希望尽可能地节省问卷空间，因此将很多选项堆积排列，杂乱无序，让调查对象眼花缭乱，这种编排格式并不建议在问卷中使用。

例 5-16：您的主要职业是什么？

10 国家机关、党群组织、企事业单位负责人

20 专业技术人员　　　　30 办事人员和有关人员

40 商业、服务业人员　　41 经商

42 商贩　　　　　　　　43 餐饮

44 家政　　　　　　　　45 保洁

46 保安　　　　　　　　47 装修

50 农、林、牧、渔、水利业生产人员

60 生产、运输设备操作人员及有关人员

61 生产　　　　　　　　62 运输

63 建筑　　　　　　　　70 无固定职业

80 其他不便分类的从业人员

第五章　调查问卷的结构与布局

如果是多选题，研究者除遵循以上原则外，还要注意问题的填答格式，尤其是当遇到排序类的多选题时。在排序类的多选题中，研究者应该在题目中指明问题的填答要求，并在题目后方编排与要求选择的答案选项数量相同的横线，以顿号或者分号相隔，要求调查对象按照重要性将选项分别填写在指定的横线上（见例5-17）。

例5-17：您选择××牌计算机的主要原因是什么？（限选三项，并按重要性进行排序）

_____、_____、_____

(1) 电池蓄电能力强　　　　(2) 计算机外壳抗压性强
(3) 显示屏质量好，画面清楚　(4) 内存速度快
(5) 外观漂亮　　　　　　　(6) 品牌大，有保证
(7) 价格比较实惠，性价比高　(8) 其他，请说明_____

（二）量表式问题和矩阵式问题

量表是社会科学研究最常用的测量工具之一。如果问卷引用他人开发的量表，那么研究者在问卷中需要保留量表初始的版式。如果问卷使用研究者自行设计的量表，也有一些编排原则需要遵守：第一，在问卷中量表要尽量编排在一页，不要跨页显示；第二，量表中问题的答案选项应该按照等级或程度的递减或递增顺序进行排列（见例5-18）。

例5-18：在工作中，您与下列各类人员打交道的频繁程度是？（每行单选）

	经常	有时	很少	从不	不适用
(1) 顾客/服务对象	1	2	3	4	9
(2) 客户/供应商	1	2	3	4	9
(3) 各种来客	1	2	3	4	9
(4) 上级领导	1	2	3	4	9
(5) 下级同事	1	2	3	4	9
(6) 平级同事	1	2	3	4	9
(7) 上级部门/单位	1	2	3	4	9
(8) 下级部门/单位	1	2	3	4	9
(9) 其他单位	1	2	3	4	9

此外，如果问卷中涉及一系列主题类似的问题，可以将它们放在一起，以量表的形式编排。如在某次社会调查中，研究者关心调查对象的社会保障参加情况，因此需要询问调查对象各项社会保障的具体参与信息，但社会保障包含很多项目，每个项目单独成题会占据较大的版面，因此研究者将其总结成量表的形式进行询问，不仅节省问卷空间，而且布局美观（见例5-19）。

例5-19：您是否享有下列保险或补贴？（每行单选）

	是	否	[不清楚]
(1) 公费医疗	1	2	8
(2) 基本医疗保险	1	2	8
(3) 补充医疗保险	1	2	8
(4) 基本养老保险	1	2	8
(5) 补充养老保险	1	2	8
(6) 失业保险	1	2	8
(7) 住房或租房补贴	1	2	8

在设计量表式问题时，研究者应注意横标题与纵标题的安排。研究者想要询问和了解的内容应作为纵标题，问题的答案类别应放在表的上方，作为横标题。这种安排方式与人们的阅读习惯比较一致（见例5-20）。

例5-20：在您上学期间，发生过下面这些事情吗？（请在每一行适当的框内打√）

	从来没有	有时候有	经常有
(1) 老师缺课			
(2) 学校停课			
(3) 学生给老师提意见			
(4) 学生违反校规			
(5) 学生考试时翻书或偷看别人的答案			
(6) 学生抄别人的作业			
(7) 学生在课堂上捣乱			
(8) 学生打架			
(9) 有些学生欺负其他学生			

当问卷涉及类型相同或主题相近的问题时，研究者除了以表格形式编排外，还可以矩阵格式编排，如例 5-19 中的问题可以被改写成例 5-21 中的格式。矩阵式问题就是将相同类型的若干问题集中在一起，构成一个问题的表达方式。在很多情况下，矩阵式问题可以节省问卷版面，方便调查对象阅览。

例 5-21：您是否享有下列保险或补贴？（请在每一行适当的方格内打√）

保险/补贴类别	是否参加		
	是	否	不清楚
（1）公费医疗	□	□	□
（2）基本医疗保险	□	□	□
（3）补充医疗保险	□	□	□
（4）基本养老保险	□	□	□
（5）补充养老保险	□	□	□
（6）失业保险	□	□	□
（7）住房或租房补贴	□	□	□

需要特别注意的是，量表式问题与矩阵式问题容易使人产生单调的感觉，在一份问卷中不宜使用得太多，以防止调查对象产生视觉疲劳。另外，当量表式问题或矩阵式问题包含的一组子问题数量很多的时候，研究者也要谨慎选择是否使用这两种编排格式，因为问题设置行数较多会增加调查对象的阅读难度，容易发生看错行、看漏行的情况。一般情况下，一个量表式问题或矩阵式问题包含的子问题最好不要超过 10 个。

（三）条件式问题

条件式问题，也称为跳答式问题，是指受其他问题的回答影响和限制的问题，即只有满足某种条件的部分调查对象才能回答的问题。例如，当询问女性对其子女受教育状况是否满意时，只有已生育子女且子女接受了教育的女性才能回答这个问题。在实际的问卷调查中，条件式问题通常伴随着前面某个相关问题的跳答。在有计算机或其他智能设备辅助的问卷调查如网络调查中，研究者通过事先编写程序，很容易准确实现问题的跳答。但是在纸质版问卷调查，尤其是自填问卷调查中，研究者在编制跳答式问题时应该注意问题的格式和版式，以方便调查对象理解和作答为核心原则进行设计。跳答指示应该紧随答案选项，可以很明显地提示访问员或者调查对象进行跳答（见例 5-22）。在设计问题的跳答时，研究者有两个易犯的错误：一是将跳答指示放在问题之后、选项之前。在这种情况下，跳答指示很容易被忽略或者遗忘。二是将跳答指示放在某个后续问题之前，而在后续问题与指示问题之间插入了一些别的问题。在这种情况下，调查对象在回答后续问题时需要回到前面去确认指示问题的回答，不仅浪费时间，而且很容易产生错误，因为调查对象很可能因为嫌麻烦而凭记忆进行选择。在跳答指示中，研究者应该避免这种类似的回溯性指示。

例 5-22：2021 年中国综合社会调查中的某个条件式问题
A18. 您目前的户口登记状况是：
农业户口 ······································· 1→跳问 A21
非农业户口 ····································· 2
居民户口（以前是农业户口）············ 3→跳问 A19a
居民户口（以前是非农业户口）·········· 4
军籍 ··· 5
没有户口 ······································· 6→跳问 A25
其他，请注明：＿＿＿＿ ·················· 7→跳问 A21

跳答指示用语应该避免使用否定句，直接用肯定句描述即可。跳答往往是因为调查对象选择了某项回答，而不是因为没有选择某个特定的回答。同时，否定句在理解上不如肯定句明了和直接。

在某些情况下，条件式问题包含不止两个层次，如在针对育龄女性的问卷调查中，调查者先询问调查对象的婚姻状况，然后询问是否生育，再询问孩子数量，这种多层次的问题可以多次采用上述版式编排，故被称为多重嵌套式问题。但是研究者在编制问卷的时候应该注意，这种多重嵌套式问题很容易使人产生版面混乱的印象，因此在问卷中不宜多用，尤其是在自填问卷调查中,当研究者需要调查对象自行填答时,更不推荐使用这种题型。对于多重嵌套式问题,一般不要超过三重,并且一定要指明问题的填答要求和填答方法,防止调查对象对问题理解不清、回答错误。

二、开放式问题的编排格式

开放式问题经常被用来询问调查对象关于某种社会现象或事件的看法、态度,或者针对某个社会问题的解决建议等。这类问题的回答内容往往是不确定的,答案的长短也是不确定的,因此研究者在编排开放式问题时应留下足够的空间供调查对象填答。空间大小取决于研究者对问题的设计,但是一般不会超过三行。开放式问题经常被放在问卷的末尾或者某一子模块的末尾。例如,例 5-23 中的问题就属于开放式问题。这类问题通常被研究者放置在问卷的末尾位置,并画有两条直线方便调查对象作答。由于此类问题常常出现在问卷的末尾,后面还留有一定空白处,若调查对象的回答在两行内不能结束,那么他(她)还可以在空白处适当延伸。

例 5-23:开放式问题的编排举例

如果想提高您家的幸福程度,您认为政府或者社会最需要改进的一个方面或一项内容是什么?

_____

_____

第三节 问卷的排版及布局

问卷的结构是支撑问卷的骨架,问卷的布局则是问卷的外观。建造一栋大厦,稳固的结构必不可少,漂亮的外观亦能增加人们对它的好感。对于问卷调查而言,不仅问卷的结构是影响问卷质量的因素,问卷的布局、编排格式也对问卷质量具有重要的影响。一份编排合适、布局合理的问卷，不仅方便调查者开展调查，有利于调查对象理解和回答问题，同时也有利于数据录入人员快速完成问卷录入工作。相反，如果调查问卷编排混乱、版面拥挤，不仅会给调查者（访问问卷调查）和调查对象（自填问卷调查）增添视觉负担，增加理解和填答障碍，在问卷调查结束后进行编码和录入工作时，也会给研究者造成困难，甚至降低数据录入人员的速度和准确率。由此可见，问卷的排版与布局也是在进行问卷设计时必须考虑的重要方面。

根据调查方式的不同，调查问卷可以被分成不同的种类，如电话调查问卷、邮寄式问卷、计算机辅助调查问卷等。不同类型的问卷的格式排版与布局存在一定的差异。如电话调查问卷，由于调查对象并不直接接触问卷，而是由调查者通过电话对调查对象逐题询问来展开调查，因此这种形式的调查问卷的排版与印制要求较低，只需要方便调查者快速、清晰地看到各个调查问题即可。在计算机辅助调查或其他类型的电子调查中，调查问卷在排版上不需要节省空间，因此可以在不同问题之间留出足够的空白，方便调查者和调查对象阅读。纸质版问卷，因为要求调查者（访问问卷）或调查对象（自填问卷）填写，所以研究者需要审慎编排问卷格式、安排问卷的整体布局，同时还要兼顾问卷印制的成本，因此相对而言对问卷的编排要求最高。接下来本节将主要就纸质版问卷的排版与布局展开叙述。

问卷的版式设计是指将已经设计好的问题按照适当的顺序进行排列，并设计问题在问卷中的位置和格式。同时，问卷的版式设计还应该考虑到问卷的整体布局，包括字体的大小、纸张的颜色、空白位置的设计等。问卷的版式设计是问卷设计的最后一个环节，影响调查者、调查对象和数据录入人员对问卷的理解，影响问卷调查数据的质量，因此值得引起研究者的重视。

问卷的版式设计应遵循一些基本的原则，如简洁、整齐、美观、便于阅读等。同时，研究者在设计问卷版式时，首先应考虑调查对象的需要，然后考虑调查者的需要，最后考虑数据录入人员的需要，最理想的情况是能够同时满足这三个群体的需要。本部分接下来将就字体、空白的设置、

第五章　调查问卷的结构与布局

页面设置、问卷的装订等具体细节展开讨论。

一、字体

在问卷编排中，针对字体的一条简单原则是字体应该足够大，而且印制清晰，容易阅读。有些研究者出于节省问卷空间和印刷成本的考虑，将问卷中的字体设置为很小的字号，以为这样在节省成本的基础上还可以使问卷版面更加紧凑，其实不然。因为过小的字号很容易导致人们视觉疲累，进而引发心理上的排斥感，而且字体排版过于密集，会增加调查者及调查对象阅读和填答问卷的困难，有些时候甚至会使调查对象看错行、看漏行等，出现回答的偏差。当然，问卷中的字体也不宜设置为过大的字号，字体过大会占据较大的版面，增加调查的印刷成本。因此，在问卷字体的选择上，研究者应该综合考虑版面与成本两个因素，选取较为合适的字体。

一般而言，问卷中的问题以五号字体印刷即可，这样既能满足清晰阅读的要求，也不会增加过多的印刷成本。指示性文字可以加粗或倾斜，或适当增大字号，以突出显示，引起调查者、调查对象和数据录入人员的注意。同时，问卷中的字体不应该采用过于华丽的字体类型，如幼圆、隶书等。这些字体类型在艺术创作或者展示中可以起到较好的美化效果，但不适用于问卷调查等学术研究。比较推荐的字体是宋体，该字体清晰易认，符合普通大众的阅读习惯。

字体的颜色视问卷纸张的颜色而定，一般问卷都采用白色 A4 纸张打印，这样字体就应该使用黑色。同时字体的颜色深度要适中，既不能太轻，也不能太重。太轻容易使得字体模糊，不宜阅览；太重可能造成笔画连片、模糊，同时给人造成的视觉冲击太强。研究者在这方面并不需要考虑过多，一般的专业复印店或者打印店都可以很好地满足以上印制要求。

二、空白的设置

如前文所言，一份问卷的版面设置不能过于紧密，当然更不可能在页面上全部排满文字，适当的空白可以使问卷看起来更加简洁、清晰，且便于阅读。尤其是在自填问卷中，空白的恰当安排和使用可以给调查对象带来视觉上的愉悦，方便调查对象作答。在访问问卷调查中，预留一些空白位置还可以方便调查者随时记录在访谈过程中遇到的问题等，方便研究者完善下一次的调查问卷。因此，研究者应该注重问卷中空白的安排和使用，不能过分追求问卷的紧凑和印刷成本的减少，但同时也要注意空白的大小和位置要恰当，避免问卷整体看起来过于散乱。

在开放式问题中，如前文所述，问题的回答是不确定的，因此要为调查对象留有足够的空间作答。在这种情况下，空白是必不可少的。如果问卷被划分成不同的子模块，每个子模块之间应该留有一行的空白，以提示调查对象问卷将进入下一部分。在问题的答案选项之间，空白也是十分必要的，可以隔离不同的选项，避免调查对象遗漏、忽略某些选项，或者因为看错而造成回答信息不准确。

三、页面设置

在通常情况下，调查问卷都采用白色 A4 纸张打印。在编排问卷内容时，不推荐将页面分栏、分成两列甚至更多列，一行一般只安排一个问题。这也符合现代人的阅读习惯，即从左到右、从上到下。将问卷分割成两列，不符合人们的日常阅读习惯，容易造成问题或者答案选项的遗漏。

针对问题在页面上的编排，有以下三点需要特别注意。

第一，同一个问题及其答案选项应该编排在问卷的同一页上，不要跨页。如果问题在问卷某一页的末尾，答案选项在下一页的开头，调查对象需要翻页才能作答，就很容易使调查对象遗漏该问题或者遗漏某些答案选项，特别是当某个问题的一部分答案选项在某页的末尾处，另一部分答案选项在下一页的开头时，这种情况下调查对象很容易遗漏后者。

第二，在综合考虑问卷的排版与成本的前提下，可以将同一个问题下的几个较短的答案选项排成一行，较长的答案选项单独成行，不必因过于追求版面清晰而将每一个答案选项都单独成行。当然，过于注重版面的节省而将所有答案选项全部拥挤地排列在少数几行内的做法也是不可取的。例 5-24 就给出了过于追求节省版面的一种排版方式，调查对象在遇到这

第五章 调查问卷的结构与布局

样的编排格式时，视觉上会非常混乱，很容易漏看问题或答案选项。

例 5-24：问卷排版不当举例

Q1. 您的性别是：男　女

Q2. 您目前的婚姻状况是：未婚　已婚有配偶　离婚　丧偶

Q3. 您的出生年月是：____年____月

Q4. 您的受教育程度是：小学及以下　初中　高中或中专　大专　本科　研究生及以上

Q5. 您的户口性质是：农业　非农业　其他，请说明_____

Q6. 您的户口所在地是：河北省　山西省　辽宁省　吉林省　黑龙江省　江苏省　浙江省　安徽省　福建省　江西省　山东省　河南省　湖北省　湖南省　广东省　海南省　四川省　贵州省　云南省　陕西省　甘肃省　青海省　其他，请说明_____

Q7. 您家拥有下列哪些家庭电器？手机　洗衣机　电冰箱　彩电　照相机　空调　微波炉

Q8. 您家拥有下列哪些交通工具？普通自行车　电动自行车　摩托车　小货车　小轿车　面包车　大卡车

Q9. 您觉得您自己是：老北京人　新北京人　外地人

Q10. 您个人感觉最大的压力主要是：生活开销大　子女教育支出大　家里有老人需要照顾　工作/收入不稳定　没有熟人帮助　害怕生病住院　不知道未来怎么办　住房问题

比较好的编排方式应该是综合考虑节省版面与视觉效果两个因素，因此将例 5-24 中的 Q1~Q6 编排成例 5-25 中的格式则更好一些。问题与答案选项分别被安排在不同行，答案选项较多则适当增加所占行数，不同选项之间留存适当空白。这样，问卷整体看起来更加清晰、明了、舒适。

例 5-25：例 5-24 中 Q1~Q6 修改后的排版格式

Q1. 您的性别是：

（1）男　　　　　（2）女

Q2. 您目前的婚姻状况是：

(1) 未婚　　　(2) 已婚有配偶　　　(3) 离婚　　　(4) 丧偶

Q3. 您的出生年月是：＿＿＿年＿＿＿月

Q4. 您的受教育程度是：

(1) 小学及以下　　(2) 初中　　　　(3) 高中或中专

(4) 大专　　　　　(5) 本科　　　　(6) 研究生及以上

Q5. 您的户口性质是：

(1) 农业　　　　　(2) 非农业　　　(3) 其他，请说明＿＿＿＿＿＿＿

Q6. 您的户口所在地是：

(1) 河北省　　　　(2) 山西省　　　(3) 辽宁省

(4) 吉林省　　　　(5) 黑龙江省　　(6) 江苏省

(7) 浙江省　　　　(8) 安徽省　　　(9) 福建省

(10) 江西省　　　 (11) 山东省　　 (12) 河南省

(13) 湖北省　　　 (14) 湖南省　　 (15) 广东省

(16) 海南省　　　 (17) 四川省　　 (18) 贵州省

(19) 云南省　　　 (20) 陕西省　　 (21) 甘肃省

(22) 青海省　　　 (23) 其他，请说明＿＿＿＿＿＿＿

第三，研究者在问卷每页末尾处，或者在一个较长的问题之后不应该放置一个相对较短的问题，否则调查对象由于视觉上的惯性，很容易忽略这个较短的问题。

四、问卷的装订

在许多情况下，为了节省纸张，减少印刷成本，同时使问卷更加轻薄，问卷可以采用双面印刷的方式，印刷时采用白色的 A4 纸即可。如果问卷页数大于1，还需要装订成册。装订时最好选用小册子的形式,.即在册脊处装订。如果装订时仅将纸页叠合在一起，在左上角或者左侧装订，那么在访谈过程或者问卷的回收过程中，最后一页很可能会脱落，造成数据丢失，使整份问卷作废，这将造成研究数据的损失。

第五章　调查问卷的结构与布局

小结

◇ 调查问卷的整体结构和布局，不仅关乎问卷的卷面美观和印刷成本，而且会影响问卷调查的回答率和数据质量。

◇ 最常见的结构式调查问卷通常分为四部分，即说明词部分、问卷主体部分、编码部分和结束语部分。其中，问卷主体部分最为核心且必不可少，其他三部分可以根据调查形式、调查对象等酌情调整，或保留或删减。

◇ 在对问卷进行排版时，不同类型的调查问题有不同的编排格式，研究者需要考虑问题的类型和篇幅、主题内容、答案选项的数量和长短等。

◇ 问卷的排版与布局需要注意选择合适的字体和字号、适当使用空白留存、对页面进行合理设置等。

第六章

客观性问题的提问策略

在问卷调查中,如何恰当地进行提问以降低调查对象的排斥和警惕心理,帮助调查对象准确把握问题的含义,一直是研究者在设计问卷时需要考虑的重要方面。问题的提问策略具体包括问题的提问方式、语言措辞、问题叙述形式等,提问方式不合理、语言措辞不当、问题叙述形式混乱等都会影响调查对象对问卷的接受程度和理解准确性,影响调查对象的回答。鉴于不同类型的问题特点各异,其提问策略也存在着一定的差异。

客观性问题是指针对已经发生或者正在发生的行为和事件进行询问的问题,具体调查内容涉及行为或事件发生与否,以及发生的时间、地点、内容、相关人物、原因和发生过程等方面,即"when、where、what、who、why、how",可简记为"5W1H"。客观性问题囊括的主题非常广泛,任何涉及询问客观行为或事件、客观知识等的问题都可以被定义为客观性问题。在客观性问题的大类中,根据问题的调查内容是否具有敏感性,客观性问题可以被具体细分为一般性客观问题和敏感性客观问题。

一般性客观问题不涉及与社会整体伦理道德规范、法律法规等主流价值观相悖的行为或事实,也不涉及调查对象过于隐私的个人信息,调查对象在回答时不需要有所顾虑,担心其回答可能带来社会不良评价、个人隐私泄露等问题。例如,询问调查对象对某产品的消费及购买经历、个体的休闲娱乐活动安排等信息,都属于一般性客观问题。敏感性客观问题是指容易引起调查对象心理变化,进而影响其回答真实性的问题,包括:询问调查对象是否做出过某些与社会道德规范相悖或者违反法律法规的行为，如询问调查对象是否有某些犯罪行为；或者询问某些涉及调查对象个人隐私的问题，如询问调查对象的家庭资产；还有一类情况是询问调查对象某些不适宜公开讨论的话题，这类敏感性问题往往还同时与个人隐私有关，比如询问调查对象每周性行为的频率；等等。在有些情况下，这类问题的敏感性会由于地区文化、宗教信仰等方面的差异而有所不同，比如，在我国人们对关于性的话题的敏感性可能比在性观念相对开放的西方国家更强。

一般性客观问题和敏感性客观问题在调查过程中实施的难易程度不同，给调查对象造成的心理影响也不同，所以在提问策略及技术要求方面存在显著差异。因此，下面对这两类问题分别展开论述。

第一节 一般性客观问题的提问策略

一般性客观问题的敏感度不高，又都是针对客观发生的行为、事件的时间、地点、人物等信息以及与客观知识有关的内容等进行提问，一般不会引起调查对象的排斥心理，在调查问卷中属于相对比较容易调查、易获取调查对象真实回答的问题类型。但是，在某些情况下，如涉及记忆回溯性质的问题时，调查对象很可能由于事件发生太久、记忆不清而出现记忆遗漏或偏差，导致回答有误。因此，在对一般性客观问题的提问方法进行阐释之前，需要先明确这类问题在调查过程中所遇到的常见困境。

一、一般性客观问题的常见困境

在实际调查过程中，一般性客观问题容易出现偏差的原因主要有以下三类：（1）时间跨度设定不当，调查对象出现记忆遗漏或偏差，造成回答失真；（2）问题的语言措辞不够明确，概念界定不清；（3）调查内容专业性太强，给调查对象的回答增添难度。

（一）时间跨度设定不当，调查对象出现记忆遗漏或偏差，造成回答失真

出于研究需要，有时候研究者想要了解调查对象的一些历史性信息。在涉及询问已经发生过的行为或事件等回忆性问题时，调查对象很可能由于调查时间与事件发生时间相隔太久，或因调查对象的个体特征（如调查对象为高龄老年人），而对被询问事件记忆不清，产生遗漏。或者，研究者对事件或行为发生的时间跨度设定不当，给调查对象进行准确回忆造成障碍，产生事件类型与时间跨度的不匹配问题，即回忆性偏差，增加问题的调查难度。

例 6-1： 在去年，您与同事间的交往活动有哪些？（请回答相应活动的次数，若没有请填"0"）

A. 电话聊天　　　　　　（　　）次
B. 串门　　　　　　　　（　　）次
C. 在家里一起聚会　　　（　　）次
D. 一起出游　　　　　　（　　）次
E. 相约外出聚餐　　　　（　　）次
F. 其他，请说明_____（　　）次

研究者希望了解调查对象与同事之间的社会交往状况，因而设计了例 6-1 中的问题。但是，在实际调查结束后，研究者会发现该问题在调查过程中很难得到调查对象的支持与配合，而且调查结果与其他权威数据以及研究者的理论假设存在很大差异。出现这种状况的主要原因就是问题中时间跨度的设计不合理。在例 6-1 中，研究者询问调查对象去年与同事的社会交往活动，该问题对时间跨度的设定过长，且调查内容主要是一些日常性活动，导致调查对象在回答时需要在较长的时间范围内去回忆一些本身很容易被遗忘的日常小事。这不仅给调查对象增添了回答难度，而且调查对象很容易出现记忆偏差，导致调查结果失真。有研究表明，在较长的时间跨度下，当事件发生的次数超过 5 次时，调查对象就倾向于估算而不是计数，在这个过程中很可能出现计算误差。

这种情况提醒研究者，在设计回忆性问题时，需要特别注意时间跨度

的界定，时间跨度一般不宜过长，尤其是当询问日常生活琐事等容易被遗忘的行为时，更不宜设定过长的时间跨度。一般而言，在询问调查对象与日常生活有关的行为或事件时，如例 6-1 中询问调查对象与同事电话联系、聚餐、拜访、出游等日常行为，把时间跨度界定为"周"（7 天）或"月"（30 天）比"年"的效果要好。较短的时间跨度有利于调查对象进行回忆和计算，可以明显提高回答的准确性，同时也可以获得与以"年"为跨度同等含量的数据信息，调查效率更高；而以"年"为单位，由于时间跨度更长，极易出现因调查对象记忆不准而产生的偏差。

再如对工作状况的调查。一般而言，对工作状况的调查，时间跨度应该相对较长，比如一季度或者半年、一年，这有利于反映就业状况的平均趋势。然而为了权衡准确性，研究者在实际调查过程中多以周或月为单位，虽然时间跨度变短了，不符合失业率等指标的计算标准，但是提高了准确性。如在我国 2005 年全国 1‰ 人口抽样调查中，对调查对象工作状况的调查即以"周"为单位——询问调查对象在调查前一周是否为取得收入而从事一小时及以上的劳动。以调查前一周为时间跨度，在一定程度上不仅能够规避个体行为的波动性，而且便于调查对象回忆，提高回答的准确性，同样可以反映调查对象的就业现状。

但是，在另外一种情况下，如询问调查对象一些小概率且相对让人印象深刻的事件或行为时，研究者可以适当延长时间跨度，避免因为事件发生概率太小或者波动性太强，导致收集到的信息与实际情况不符，出现遗漏偏差。如研究者希望了解某个地区居民的癌症死亡状况，罹患癌症死亡在通常情况下属于小概率事件，因此研究者在设计问卷时就需要考虑适当延长时间跨度，争取能够真实反映该地区的癌症死亡状况。在这种情况下，以"周"或"日"为单位明显不合适，一般把时间跨度设定为"年"。除死亡外，关于生育、迁移等人口事件的调查，一般也以"年"为单位。如在我国历次人口普查登记中对女性生育信息的问询，调查时间界定为调查前一年内。

有时候，当研究者感兴趣的事件或者行为的发生具有周期性时，其在设计问卷时要尤为注意时间跨度的设定。在这种情形下，研究者应该对问题涉及的事件或行为发生的周期性规律具有一定了解,这种了解可以基于生活经验、文献研究、专家咨询等,在设计问题时需要将这种周期性纳入考虑范围内。如市场调查中对某些季节性产品销量的调查,在设定调查的时间跨度时就需要考虑销量的季节性变化,如在冷饮消费过程中,夏季是消费旺季,对其消费情况进行调查可以采用如下形式(见例6-2):

例6-2:请问您在夏季,平均每天食用(　　)根雪糕。

总之,在设计回忆性问题时,研究者要注意对事件时间跨度的界定,并根据具体调查内容,选择适当的时间单位,减少因时间跨度不合适而造成的偏差。

(二)问题的语言措辞不够明确,概念界定不清

问题的语言准确性直接关系到调查对象对问卷的理解程度,研究者需要特别注意在问题描述中使用精练准确的语言,确保相关概念的界定清晰明确、不含糊,防止产生歧义。关于问卷中语言和措辞的准确性问题,本书在第二章和第三章中已经做了详细说明,这些原则和注意事项对一般性客观问题同样适用,故在此不再赘述。

(三)调查内容专业性太强,给调查对象的回答增添难度

在一般性客观问题中,有一类问题主要针对客观知识,描述和反映调查对象对某个领域知识的了解状况。这种类型的问题尤其需要研究者注意问题设计的语言和措辞,切忌语言过于专业化。当问题的专业性太强,甚至超出其知识范围时,调查对象难以理解,将会导致问卷出现较高的拒答率;或者即使调查对象回答了,也存在较大程度的偏差。

例6-3:某项关于全国范围内家庭生理保健知识的调查

Q1. 下列哪项不是梅毒的传播途径?

(1)血液传播　　　　　(2)性接触传播

(3)垂直传播　　　　　(4)间接接触传染

Q2. 叶酸主要预防下列哪种畸形病发生?

(1)唐氏综合征　　　　(2)神经管缺陷

(3)小耳畸形　　　　　(4)多指

在现实生活中,许多调查对象对例 6-3 问题中过于专业的词汇,比如垂直传播、神经管缺陷等的概念并不了解,难以回答这些问题。研究者在设计问卷时应该尽量避免这种问题的出现,假若研究者的目的就在于了解人们对这方面知识的掌握程度,也应该考虑使用更加通俗易懂的大众化表达方式,或者采用举例加以说明的调查方式。Q1 中的"垂直传播",可以改为更加通俗的说法——母婴传播,对"间接接触传染"选项可以举例说明,如共用毛巾、脸盆。Q2 中所提到的叶酸主要预防神经管缺陷,但因为选项专业性较强,影响回答准确性,可以将"唐氏综合征"的俗称"先天愚型"做以补充,便于理解,对"神经管缺陷"选项可以进行举例说明,如无脑畸形、脑疝、脊柱裂、颅裂等,对"小耳畸形"可举例,如无耳、耳廓发育畸形等。通过更加大众化的词汇、用语等对专业性词汇进行解释说明或替代,可以有效帮助调查对象理解把握问题的准确含义,并进行回答。

二、一般性客观问题的提问方法

一般性客观问题的调查内容主要是针对客观事件或行为的,因此敏感程度较低。但是,在调查过程中,由于理解和个体记忆的问题,调查对象的回答往往也会出现偏差。因此,在对这类问题进行提问时,调查者有必要借助一些技巧和手段,帮助调查对象理解问题或进行回忆,提高他们对问题的回答率和回答的准确率。

(一) 辅助回忆法

辅助回忆法,顾名思义,即向调查对象提供一些辅助线索帮助其进行回忆,减少因记忆不清所造成的遗漏和偏差。问卷调查中常用的辅助回忆法有两种:一是列举法,二是关键线索辅助法。

列举法是指针对某个问题将调查对象所有可能回答的答案选项列出来,让调查对象在所列项目中进行选择。在使用列举法帮助调查对象进行回忆时,研究者需要注意所列项目必须具有穷尽性和互斥性,而且要慎重安排不同项目的排列顺序,防止由于选项顺序造成问题回答差异(关于答案选项的排列形式,本书前面已做过详细介绍,在此不再赘述)。在实际

如何设计调查问卷

调查中，如果需要展示的项目数较多，研究者可以选择通过卡片的形式进行展示，以此节约问卷篇幅。

使用列举法辅助回忆在实际的问卷调查中非常常见。如例6-4中，研究者对前一个月调查对象的业余时间安排非常感兴趣，为了防止调查对象由于时间关系记忆出现遗漏，研究者在设计这个问题时，选择以列表的形式将调查对象可能在业余时间从事的活动一一列举出来，这可以对调查对象起到提醒作用，辅助调查对象更准确、快速地回忆。

例6-4：在上个月的业余时间，您一般会做什么？

	是	否
去文化中心	1	0
去电影院	1	0
去博物馆	1	0
去公园或广场	1	0
去购物	1	0
去剧院	1	0
去教堂	1	0
去朋友家	1	0
去酒吧/夜店	1	0
不去这些地方	1	0
喜欢待在家里	1	0

关键线索辅助法是问卷调查中另一种重要的辅助回忆法。该方法通过把某些重大社会事件、重要节日或调查对象人生经历的重要事件等作为参照和线索，辅助调查对象对过去进行回忆。这种方法发挥作用的机制就在于，人们对于越重要的事情，如高考、结婚、买房、孩子出生等，记忆越准确，因此这些背景信息可作为提问过程中的重要提示，帮助调查对象回忆起以前发生的某些事情，提高调查对象问题回答的准确性。这种方法在对回忆性问题的询问中应用非常广泛，如在市场调查中，询问调查对象在调查前一年购买某种产品的时间，可以用"五一劳动节""十一国庆节"

第六章　客观性问题的提问策略

等重要节日作为参照，来启发调查对象回忆。

列举法和关键线索辅助法适用于不同的情境。在回忆性问题中，与人们记忆有关的误差主要来源于两种原因：一是记忆遗漏，二是记忆偏差。由较短时间引起的记忆偏差不同于纯粹的记忆遗漏，记忆遗漏会随着选择时间段长度的增加而增加，记忆偏差则是在访谈时间和事件发生时间之间较短间隔内因记忆错乱而发生的信息失真。调查中所发生的记忆遗漏问题，可以通过使用列举法，提醒调查对象所经历的事件、发生的各种行为等帮助解决。而因记忆错乱所发生的记忆偏差主要表现为把过去的事件记为当前发生的，或者相反。总之，当事件、行为所属时间对应错误的情况发生时，研究者适合使用关键线索辅助法来弥补和避免。

（二）确定适当的时间跨度

如前文所述，在涉及回忆性问题的设计时，对时间跨度的界定是研究者必须考虑的重要方面。此外，研究者还应该注意事件或行为的发生时间与调查时间的间隔，根据被调查内容，选择合适的时间跨度。在一般情况下，调查时间跨度越长，调查对象记忆出现偏差的可能性越大，回答的准确性越低。所以，如果研究者询问调查对象在很久之前发生的行为或事件，调查对象在很大程度上就可能由于时间太久、记忆不清，而出现记忆遗漏或偏差，从而导致问卷调查所得数据失真。如非必要，研究者应该避免询问调查对象很久之前的信息。因为询问时间跨度过长的信息，一来增加调查困难度，增加回答偏差，二来很久之前的状况并不能很好地反映调查对象的现状。但是如果这类信息为研究者的兴趣所在，甚至是调查的主题，研究者在设计问卷时就不能省略相关问题，而需要慎重考虑，通过一些技巧和手段（比如一些辅助记忆技术等）提高调查对象的回答准确率。

（三）重复访谈法（定界法）

顾名思义，重复访谈法是对相同的调查对象进行多次访谈，并将前次访谈的回答作为参照，在后期调查中提醒调查对象。目前，在问卷调查的实际应用中，研究者很少采用重复访谈法，因为这种方法不仅成本高，而且耗时长，效率较低。

为了改善重复访谈法的缺点，研究者提出了一种可以在实际调查中应用的改进方法——定界法。定界法是指以某个较早时期的问题为着手点，然后逐步询问研究者真正关心的时间点上或时间范围内的状况。如实施于某年2月份的外出就餐状况调查，在问题设置过程中，研究者可以询问调查对象在上个月的外出就餐情况，以此作为日期定界的起点，接着询问调查发生当月的情况。在个案访谈中，这种方法较常被使用，能够明显提高回答信息的准确性。但在结构式问卷调查中，考虑到问卷篇幅、问题顺序效应等问题，这种方法被使用得较少。

（四）问题分解法

问题分解法就是把一个问题分解为几个相关问题，各个问题之间存在一定逻辑顺序，既可以前后联系，发挥提示作用，又可以从多角度调查有关事实及行为，对统计分析起到重要的补充作用。

例 6-5：对运动鞋服品牌的调查

Q1. 提起运动鞋服，请问您首先想到的是哪个品牌？（单选）

Q2. 请问您还会想起哪些品牌？（多选）

Q3. 以下的这些品牌您听说过吗？（多选，只问 Q1、Q2 回答中没有提到的品牌）

运动鞋服品牌	Q1	Q2	Q3
耐克	1	1	1
阿迪达斯	2	2	2
李宁	3	3	3
匹克	4	4	4
安踏	5	5	5
彪马	6	6	6
其他（请注明）_____	7	7	7

在例 6-5 关于运动鞋服品牌的市场调查中，调查对象先是被询问印象最深的品牌，随后进一步被询问其他有印象的品牌，最后由调查者提醒某些未被提及的品牌。这样层层推进，研究者可以描绘出调查对象对不同运

动鞋服品牌的印象深浅图。这种提问方式明显优于仅仅通过一个独立的问题询问调查对象对不同品牌的印象。问题的分解，有助于调查对象不断深入思考，回答更为全面和准确。

甚至，研究者还可以再设计关于运动鞋服品牌的问题，进一步挖掘相关信息。调查对象在被询问相关运动鞋服购买经历时，可以在对购买行为进行回忆的过程中，弥补在前面遗忘的运动鞋服品牌信息。

（五）使用二手资料

减少记忆错位、增加细节信息的另一种方法是使用二手资料帮助调查对象回答问卷。在问卷调查过程中，很多个人或家庭材料，如家庭支出记录、个人工作笔记、日常备忘录等可以作为参考，为问卷调查提供相关信息。如在有关人口的调查中，调查者询问调查对象的具体出生年月日、户籍性质、家庭户规模等问题时，家庭户口本可以作为辅助资料，帮助调查对象回答。但研究者应该意识到，在实际调查中，调查对象往往没有强烈动机去查找相关记录，所以在问卷调查尤其是自填问卷调查中，这种方法极少被使用。在一般情况下，使用二手资料的方法在面对面的访问调查中相对更为常见，访问员在与调查对象建立比较信任的关系后，可以向调查对象寻求这方面的帮助。

第二节 敏感性客观问题的提问策略

敏感性客观问题是调查问卷中的常见题型，这类问题的调查难度往往较大，但又同时是研究者关注的兴趣点，因此，如何对敏感性客观问题进行提问以促进调查对象的配合一直是研究者和调查者努力的方向之一。在现代社会，人们关于人权、自由、隐私保护等的观念和意识日益强烈，对敏感性客观问题的询问更是成为问卷调查面临的"拦路虎"。虽然在实际调查过程中，对敏感性客观问题的询问存在各种困难，但是研究者们充分发挥其智慧，设计出各种辅助技术和手段，不断改进和完善敏感性客观问题的提问方式和策略等。

一、敏感性客观问题的调查难点

在社会调查中，敏感性客观问题属于较为常见且回答难度较大的一类问题。尤其是在现代社会，伴随着人们隐私保护、个人自由等观念的增强，敏感性客观问题变得更加难以调查和处理。敏感性客观问题的回答面临的最大困难就是调查对象拒答或虚假回答，虽然这两个困难在所有类型问题的回答中都可能存在，但在敏感性客观问题的回答中更为严重。敏感性客观问题多涉及个人隐私或某些与社会主流价值观念、国家法律法规等相悖的问题，调查对象因有所担心、忌讳、反感等不愿意回答或直接虚假回答，导致问题的回答往往不能全面、真实地反映调查对象的状况。

根据具体调查内容，敏感性客观问题可以被划分为以下几类：（1）个人隐私类问题，这类问题主要涉及调查对象的个人信息，比如个人收入、年龄、家庭住址、联系方式等，调查对象往往出于不想泄露个人信息的目的拒绝回答；（2）与社会主流道德规范背离类问题，这类问题主要询问调查对象与社会主流价值观念、道德规范等相悖的行为或事实，如在公共场合的不文明行为、对他人的负面评价等；（3）违法乱纪类问题，这类问题的敏感性最强，如对偷税漏税、超速等问题的询问。

以上三类敏感性客观问题，敏感性逐渐增强，但是彼此之间也并非泾渭分明，比如违法行为往往同时也违背了社会主流道德规范。以下几个例子分别涉及了这三类敏感性客观问题。如例 6-6、例 6-7 属于个人隐私类问题；例 6-8、例 6-9 属于与社会主流道德规范背离类问题；例 6-10、例 6-11 属于违法乱纪类问题。在回答这些问题时，尤其当这些问题在问卷中被编排在一起时，调查对象很容易产生排斥和厌恶心理，从而胡乱回答，甚至直接拒答。

例 6-6：请问您的姓名是：_____；您的手机号码是：_____

例 6-7：请问您上个月的收入是：_____元

第六章　客观性问题的提问策略

例 6-8：请问您是否有过酗酒行为？
（1）是　　　　　（2）否

例 6-9：您和您的同事共同完成了一项重要任务，但是事后只有您的同事升职了，您是否会感觉到嫉妒和不舒服？
（1）是　　　　　（2）否

例 6-10：您是否曾经未付钱就带走超市中的商品？
（1）是　　　　　（2）否

例 6-11：您在驾驶过程中是否闯过红灯？
（1）是　　　　　（2）否

二、敏感性客观问题的提问方法

虽然敏感性客观问题调查难度较大，但是在实际操作中，研究者依然可以采取一些方法来弱化问题的敏感性及其对调查对象的心理影响，降低问题拒答率，提高回答准确性[1]。

（一）敏感性客观问题后置

在调查问卷中，对问题进行排序的基本原则是将敏感性客观问题放在后面（详见本书第五章）。如果在问卷的开始部分就询问调查对象敏感性非常高的问题，极易引起调查对象的警觉和排斥心理，大幅降低调查对象的合作意向，使调查出现很高的拒访率。因此，敏感性客观问题一般被放置于问卷的最后部分。在这种情况下，通过问卷前部分的询问，调查对象与调查者基本能建立起相对友善和信任的关系，这可以有效降低调查对象对敏感性客观问题的排斥和疑虑，减小其放弃回答问卷的可能性。即使在最后关于敏感性客观问题的询问过程中，调查对象确实强烈拒绝继续回答，问卷已回答部分也可以为研究者提供很多信息。

（二）转移法

从心理学角度看，相同的敏感性客观问题，人们在被问及自身状况时

---

[1] 黄小敏．问卷调查中敏感性问题的新认识与设计方法研究．西部学刊，2020（20）：61-63．

往往更加警惕，而对于被询问周围人的状况相对更加"迟钝"。转移法就是基于这种逻辑，转变问题的叙述角度，降低问题敏感性及其对调查对象的心理影响。

在某项大学生状况调查中，研究者想要了解在校大学生的诚信状况，并通过询问调查对象是否曾在考试中有过抄袭行为来反映。众所周知，考试抄袭是一种作弊、欺骗行为，不符合学校的要求规范和纪律，也与社会主流道德观念相悖，因此敏感性较高。有过这种行为的调查对象并不乐意向别人说出真实情况。假若研究者按照例 6-12 中的方式进行问题设计和提问，很容易引起调查对象的警惕、排斥心理，并造成虚假回答。

例 6-12：请问您在考试中抄袭过他人答案吗？
（1）有　　　　（2）无

使用转移法可以在较大程度上避免这种困境。研究者可以将问题的叙述形式转变为第三人称，降低调查对象的警惕心理。因此，例 6-12 中的问题可被修改为例 6-13 中的形式。

例 6-13：请问在考试中，同学间是否存在抄袭他人答案的情况？
（1）有　　　　（2）无

此外，例 6-12 中的问题也可以被改编成另外一种形式（见例 6-14）。

例 6-14：在考试过程中可能存在抄袭行为，请您对该现象的发生比例进行估算，并在下列直线的相应位置进行标示。

0　　20%　　40%　　60%　　80%　　100%

（三）"大众化"法

所谓"大众化"法，又称"人人"法，是指将所询问的敏感行为或态度"大众化"，采取人人都可能做出该类行为的叙述形式，降低调查对象可能因个人行为违规而产生的心理不适和警惕，提高真实回答的可能性。也就是说，在问题调查过程中，问题的叙述反映出此种行为是很常见的，不是小群体问题。出于从众心理，调查对象更能够接受违规行为，降低心理抵触性，比较容易回答其真实情况。

以闯红灯为例。闯红灯属于违反国家交通法规的行为，发生这种行为的人并不希望被别人知道。因此，在调查某地区闯红灯行为时，研究者可以采用"大众化"法降低问题的敏感性（见例6-15）。

例6-15：

Q1. 一些人可能因为紧急事情而闯红灯，一些人可能因长时间无其他车辆或行人通过而闯红灯，还有一些人因未看到指示灯而闯红灯，请问您是否闯过红灯？

（1）是　　　　　（2）否

Q2. 请问，在哪种情况下闯红灯是可以被原谅的？

（1）因为紧急事情而闯红灯

（2）因长时间无其他车辆或行人通过而闯红灯

（3）因未看到指示灯而闯红灯

（4）哪种情况下都不能被原谅

（四）"模糊化"技术

"模糊化"技术，是指对问题进行模糊化处理，通过适当牺牲信息的精确性以获得信息的真实性。关于收入的询问是"模糊化"技术使用的典型案例之一。我国民众在调查中被问及收入时，有低报的倾向，为减小由调查对象主观意志而导致的误差，调查者就可以采用"模糊化"技术对问题进行处理——询问调查对象收入的区间而非具体数值，增加调查对象的心理安全感，降低调查对象虚报的可能（见例6-16）。

例6-16：请问您家上个月的人均收入有多少？

（1）没有收入　　　　（2）2 000元以下　　　（3）2 000~2 999元

（4）3 000~4 999元　（5）5 000~7 999元　　（6）8 000~14 999元

（7）15 000~49 999元（8）50 000元及以上

但是，在使用这种技术对敏感性客观问题进行处理时，研究者需要慎重权衡通过问题所获信息的精确性与真实性，不能顾此失彼。

（五）嵌入式技术

问题的敏感性在一定程度上受其所处语境的影响。因此，在一份问卷中，研究者可以通过设置某些问题或选项来改变敏感性客观问题所处的语境，降低调查对象对于关键问题的关注度。最为常见的做法是将研究者关注的某个敏感性客观问题嵌入一系列敏感性问题中，且其中某些问题的敏感性比研究者所关注问题的敏感性更高，此时，前述敏感性更高的问题会使后续询问的焦点问题的敏感性相对降低，这样可以有效改善回答的准确性。

在例 6-17 中，研究者希望获知夫妻关系中吵架发生的频繁程度，该问题很敏感，研究者可通过设置更敏感的问题来相对弱化焦点问题的敏感性。

例 6-17：在夫妻家庭生活中，您是否曾经有过下列行为（即使只做过一次）？

（1）家暴　　　　是□　　　否□

（2）出轨　　　　是□　　　否□

（3）夫妻吵架　　是□　　　否□

嵌入式技术可以弱化焦点问题的敏感性，加强调查对象对调查的配合与支持，增加敏感性客观问题的回答率和回答准确性。但同时由于嵌入式技术设置了一些无关问题，会增加问卷的版面和调查成本，因此在一份问卷中，这种技术不宜过多使用，研究者在使用嵌入式技术时应加以权衡。

（六）指明问题具体时段

在询问某一敏感性问题时，研究者可以通过指明行为或事件发生的具体时段，降低问题敏感性，削弱敏感性行为的低报，提高回答效果。相比敏感性行为经常发生，在人们的印象中，这些行为"偶尔为之"更容易被原谅和接受，因此，在询问敏感性问题时设定具体时段，可以在一定程度上降低人们对真实回答的顾虑（见例 6-18）。但是需要注意的是，这种方法仅适用于询问与社会主流道德观念略有背离或者违反法律法规程度较轻的行为，对于敏感性极强的问题并不适用。

例 6-18：关于汽车安全带使用情况的调查

Q1. 请您回想一下，您最近一次驾驶汽车是否系了安全带？

（1）是　　　　　　（2）否

Q2. 请问您驾驶汽车一般是否系安全带？

（1）是　　　　　　（2）否

在例 6-18 的 Q1 中，调查对象只被问及最近一次驾驶汽车是否系了安全带，相比 Q2 询问一般性情况，调查对象对 Q1 产生的警惕心理相对更低。

（七）随机化回答

随机化回答是问卷调查的一种特殊手法，既可以让研究者收集到公众对敏感问题的态度，同时可以使个别调查对象保留隐私，该方法是进行敏感性问题研究的一种常用折中方法[1][2][3]。采用随机化回答技术可以在很大程度上为调查对象的回答保密，因而可以消除调查对象的疑虑和排斥，提高调查对象的信任度，增加回答的真实性。

随机化回答自 1965 年由沃纳提出后，一直被不断改进和完善。现在常用的随机化回答方法主要是：设计两道互相独立的问题，且问题答案选项共用，由调查对象随机抽取一个问题进行回答，调查者并不知晓调查对象回答的具体问题是什么。在调查结束后，研究者可以通过两个问题被抽中的概率、答案选项的分布比例等计算出其所关心的变量数值（见例 6-19）。

例 6-19：问题 A 为敏感性问题："在过去的 12 个月中，您是否逃过课？"

问题 B 则是一般性问题："您的生日在 8 月份吗？"

问题 A 和问题 B 使用相同的答案选项："是"或"否"。

调查对象要回答哪个问题取决于一种概率机制：某盒卡片一共有 100 张，背面图案相同，其中 64％的卡片正面印有"A"，36％的卡片正面印

---

[1] 统计模型及误差估计等内容介绍请见：陈根龙. 随机化回答技术在敏感性问题调查中的一种新应用. 统计与决策，2007（3）：23-24.

[2] 晓钟. 随机化回答技术：沃纳（Warner）模型. 中国统计，1989（7）：37-38.

[3] 刘寅，田国梁. 敏感性问题的抽样调查中非随机化响应技术的新进展. 应用概率统计，2019，35（2）：200-217.

有"B"。由于A、B卡片随机分布，A卡片被抽中的概率为64%，B卡片被抽中的概率为36%。调查对象抽取卡片，如抽到A卡片，就回答问题A，如抽到B卡片，就回答问题B。而且，当他明白自己回答问题A或问题B后，他必须将卡片重新放回卡片堆中。在整个过程中，由于卡片背面图案是一致的，调查对象也不必向调查者出示卡片，自己抽完看完后直接放回卡片堆中即可，到底抽到的是A卡片（回答问题A）还是B卡片（回答问题B），只有调查对象自己知道。这完全保证了调查对象回答问题的隐匿性，因为调查者是无法知道调查对象到底在回答哪个问题的。但是，当所有人回答了问题之后，研究者又能根据概率机制计算出他所关心的敏感性问题（问题A）被回答"是"的比例有多高。

假设在一个1 000人的有效样本中，其中300个调查对象回答了"是"，另外700个调查对象回答了"否"。按照概率发生机制，1 000个人中应有36%，即360个人回答问题B，假定人们在一年12个月份内出生的时间分布是均匀的，那么对问题B回答"是"的调查对象人数大约是30人（30＝360÷12）。调查样本中回答"是"的调查对象实际为300人，则对问题A（逃课）回答"是"的实际人数是270人（270＝300－30）。通过计算很容易获知，回答问题A的人数大约是640人（640＝1 000×64%），则在回答问题A的调查对象中承认逃过课的比例是42%（42%≈270÷640×100%）。

例6-19是对随机化回答技术的简单举例，这种方法可以有效保证调查对象的回答信息是保密的，可以减少调查对象回答问题时的顾虑，得出关于敏感性客观问题的总体比例情况。但是，随机化回答技术操作较为复杂，对调查者的要求较高，同时利用这种技术会丧失群体内部的个体特征差异数据，如调查对象的性别、年龄特征，从而导致信息的丢失。

第三节 客观性问题的其他注意事项

客观性问题作为问卷调查中最常见的题型，是研究者获得调查信息的

第六章　客观性问题的提问策略

重要通道。除本章前两节提及的一般性客观问题和敏感性客观问题的提问策略以外，还有一些注意事项需要研究者在设计和调查客观性问题时予以重视。

一、甄别调查对象知识水平，合理设定问题

在问卷调查，尤其是大型的全国性调查中，调查对象的文化程度各异，对不同领域的了解和理解程度也不同。如果问卷中的知识性问题所涉范围远超调查对象的知识水平，就会给调查对象造成心理负担，导致其夸大回答、随意回答，影响回答的准确性；或者调查对象不能理解或错误理解问题含义，造成回答失真。

例 6-20： 某部门就老年人口的生活自理情况进行调查
请问您能否生活自理？
（1）能　　　　（2）不能

在例 6-20 中，调查对象对"生活自理"并不具有完全一致的理解，如某些老年人认为能够独自穿衣吃饭、洗澡、上厕所就可以判断为能够生活自理。但有的老年人还会认为能够独自外出购物、办理各项业务才算具有生活自理能力。

因此，研究者在问卷调查中应尽量规避由个人理解不同所带来的结果偏差，对专业性太强的词汇进行解释，或者使用普通大众都能理解的方式进行询问。如例 6-20 中的问题可分解为多个题目，具体形式见例 6-21。

例 6-21： 有关老年人口生活自理能力的调查[①]
B4-1. 您能自己打电话吗？
不需要别人帮助（包括自己查号和拨号） ………………………… 1
需要一些帮助 …………………………………………………………… 2
完全做不了 ……………………………………………………………… 3
B4-2. 您能把自己收拾得干净整齐吗（比如梳头、剃须、化妆等）？
不需要别人帮助 ………………………………………………………… 1

[①] 详见中国老年社会追踪调查（China Longitudinal Aging Social Survey，CLASS）的问卷。

需要一些帮助 ··· 2

完全做不了 ··· 3

B4-3. 您能自己穿衣服吗？

不需要别人帮助 ··· 1

需要一些帮助（至少自己能完成一半）·· 2

完全做不了 ··· 3

B4-4. 您能自己洗澡吗（淋浴或者盆浴）？

不需要别人帮助 ··· 1

需要一些帮助 ··· 2

完全做不了 ··· 3

B4-5. 您能自己吃饭吗？

不需要别人帮助 ··· 1

需要一些帮助（比如切/掰食物等）·· 2

完全做不了 ··· 3

B4-6. 您能自己吃药吗？

不需要别人帮助（能在适当的时间服用适当的剂量）····································· 1

需要一些帮助（如准备药物、提醒服药等）·· 2

完全做不了 ··· 3

二、使用关键汇报人

客观性问题往往展现的是一种事实，由掌握信息比较全面的、对事物发展具有决策能力的人来回答比较好，这类回答者被称为关键汇报人（key reporter）。所谓关键汇报人，是指直接相关负责人或了解全部信息的人。在问卷调查过程中，选择关键汇报人回答问题可在一定程度上提高效率，但同时也应注意到关键汇报人提供的信息可能存在偏差，研究者需要在后续调查中对重点关注信息进行确认。

针对家庭、企事业单位等机构组织的调查往往会使用关键汇报人，以利用较低的成本得到更多的数据信息。比如，在市场调查中调查某公司产品的销量，公司的普通员工对这类问题可能并不非常了解，如果调查者仅选择普通员工进行询问，很可能得到有偏差的结果，但是如果选择对公司的产品销售信息非常熟悉和清楚的销售主管作为关键汇报人进行回答，调查者就可以得到更为真实的信息，且调查一位主管比调查多名普通员工的成本更低，效率更高。再如，在关于家庭状况的调查中，研究者可以设定家庭中的丈夫或者户主作为关键汇报人，对家庭的整体信息进行回答。

需要注意的是，在使用关键汇报人进行调查时，研究者需要在问卷调查的方案设计中进行说明，或者在问卷设计中利用问题对汇报人的身份进行识别，以方便在调查后对问卷信息的可信度做进一步的深入分析（见例6-22）。

例 6-22：对家庭收入状况的调查，应选择户主进行询问，若户主不能回答，可选择对家庭财务信息掌握清晰的关键人员进行调查，并须明确以下信息。

请问，您与户主的关系是：
0．户主　1．配偶　2．子女　3．父母　4．岳父母或公婆
5．（外）祖父母　6．媳婿　7．孙子女　8．兄弟姐妹
9．其他，请说明＿＿＿＿＿＿

三、作为筛选条件识别调查对象

某些有关行为、事件以及知识等的客观性问题，不受人们主观意志的影响，可以在询问问卷调查主体问题之前被作为排除或筛选条件使用，便于研究者剔除不符合条件的调查对象，降低调查成本。这类筛选条件可以被分为两类，一类是排除性问题，另一类是筛选性问题。

排除性问题一般是一些事实性问题，可以帮助研究者剔除不符合调查条件的对象。如在某次市场调查中，当研究者不希望调查在某些特殊行业工作的人群时，就可以利用排除性问题把从事这些行业的群体剔除出去（见例6-23）。之所以需要利用排除性问题将某些特殊人群剔除出调查范围，主要是考虑到如果在调查样本中存在这些相关行业的从业人群，其对调查问题的看法、评价等有别于普通大众，就会影响调查结果的可信度。

例 6-23：请问您自己或者您的家人、亲朋好友中，有人在下列机构工作吗？

（1）超市、商店、百货商场及其他零售场所 ⎫
（2）报社、电台、电视台及其他新闻媒体机构 ⎬ 终止访问
（3）广告公司、市场研究机构 ⎭
（4）以上都没有——————————→ 继续访问

有时候，问卷中并不会出现"终止访问"字样，而是由问卷访问员根据调查对象的回答决定是否剔除，这主要是防止调查对象由于看到"终止访问"等内容而有意隐瞒真实职业，从而达到参与调查得到奖励或拒绝调查以避免麻烦的目的。

在问卷调查过程中，有时候在排除性问题之后，研究者还需利用筛选性问题最终确定有效样本（主要是通过一些行为、事实性问题的询问来实现）。例如，在某一年以本地家庭中40周岁及以上常住人口为调查对象的问卷中，研究者通过以下问题筛选确定最终调查对象（见例6-24）。

例 6-24：

Q1. 本户人口大多数时间是居住在这个房子里，还是居住在其他地方的房子里？

（1）大多数时间居住在其他地方的房子里
（2）大多数时间居住在这个房子里

Q2. 大多数时间居住在其他地方的家庭，主要居住的房子是在本村或本社区吗？

（1）是　　　　（2）否

（选择"否"的不符合调查条件，向回答者表示感谢，并询问下一家户；选择"是"的，继续询问）

Q3. 住在这一户的人口中（包括在外上学或者打工住在集体宿舍的人）是否有年龄在40周岁及以上的人［阳历（公历）1971年7月1日或者阴历（农历）1971年5月9日之前出生的人］？

（1）是　　　　（2）否

第六章 客观性问题的提问策略

（如果没有适龄调查对象，则结束调查；如果有，请随机选择一人作为调查对象）

研究者在设计初始筛选问题时，要注意用时的长短，尽量采用简短、直接的问题提问。

小结

◇ 客观性问题是指针对已经发生或者正在发生的行为和事件进行询问的问题，可分为一般性客观问题和敏感性客观问题。

◇ 一般性客观问题出现偏差的原因主要有记忆遗漏或偏差、概念界定性偏差和理解性偏差。在调查过程中调查者可借助于辅助回忆法、确定适当的时间跨度、重复访谈法（定界法）、问题分解法以及使用二手资料提高问题回答的准确性和问题的回答率。

◇ 敏感性客观问题因调查对象的担心、忌讳或反感而不愿意回答或直接虚假回答。研究者可以采取敏感性客观问题后置、转移法、"大众化"法、"模糊化"技术、嵌入式技术、指明问题具体时段、随机化回答等方法降低问题的敏感性，提高回答率。

◇ 研究者在调查客观性问题时，还需甄别调查对象知识水平，合理设定问题，并由调查者指导填答或由关键汇报人填答。在调查过程中，调查者要注意对调查对象的筛选。

第七章

主观性问题的测量及提问策略

相对于客观性问题，主观性问题的调查难度更大，因为主观性问题针对的客体范围更加广泛，从具体的事物到抽象的概念，都可以作为主观性问题的客体。所谓主观性问题的客体是指调查对象的态度、倾向、意愿、感受、看法等的承载对象，如询问调查对象对我国养老保险制度的看法，"我国养老保险制度"就是调查对象看法的承载对象，即该主观性问题的客体。主观性问题的客体不仅涉及范围广，而且在很多情况下难以被清晰界定。如上例中对于调查对象对我国养老保险制度的看法的询问，养老保险制度在这里的具体含义是什么呢？我国不同区域以及城乡之间养老保险制度存在差异，问题中的养老保险制度是指我国农村地区的新型农村社会养老保险制度还是城镇地区的企业职工基本养老保险制度？问题并没有对"养老保险制度"这一概念界定清楚。如何对主观性问题的客体进行清晰、一致的界定是研究者在设计这类问题时面临的常见困难之一。

主观性问题调查难度大的另一个原因是这类问题本身着力点的特殊性。主观性问题针对调查对象的主观意向、看法、态度等，而个体的主观看法很容易受到个体特征、提问语境等的影响，而使得主观性问题的回答失真、出现偏差。

正是基于主观性问题不同于客观性问题的独特特征，研究者在对主观性问题进行设计、测量和提问时，更需要注重对相关策略的应用。本章将对主观性问题的类型、测量技术及注意事项等进行详细阐述。

第七章　主观性问题的测量及提问策略

第一节　主观性问题的类型

知其然，亦须知其所以然。主观性问题的特殊性，是对这类问题采用特殊测量和提问策略的基础，因此有必要对主观性问题的内涵、类型和特征进行说明，从本质上把握这类问题的特性，从而有针对性地选择适宜的测量技术和提问策略。

一、主观性问题概述

客观性问题主要是对客观事件发生的时间、地点、内容和相关人物等内容进行调查，其问题的选项设置以客观事实为准绳，通过使用一些策略和技巧来帮助或促使调查对象提供真实、准确的信息。而主观性问题是对调查对象态度、意愿及行为预期的调查，是对调查对象心理认知及主观感受的研究，这类问题易受语境、调查对象心理状态以及认知水平等因素的影响。所以，在主观性问题的调查过程中，调查者尤其需要注意使调查对象对问题表述具有一致的理解方式，能够依照相同的标准回答同样的问题。

例7-1：请问您如何评价自身的健康水平？
（1）极佳　（2）很好　（3）好　（4）一般　（5）差

在例7-1问题的实际调查中，不同的调查对象对健康的理解存在差异，比如：有些人关注健康的外在形式，认为不生病就算健康；另外一部分人可能还注重主观感觉，认为除了身体不生病外还需要感觉精力充沛等才算健康。此外，在回答问题时，不同调查对象对相同选项的理解也可能存在差异。如选项"（4）一般"，一部分调查对象所说的"一般"实际是身体健康欠佳，未达到正常水平的意思；而另一部分调查对象则认为"一般"表述的是一种中间状态——个体身体健康处于好与差的中间水平。在设计主观性问题时，针对例 7-1 中出现的问题，研究者可以考虑提供一些背景描述或者进行比较的标准，方便调查对象按照相同的理解方式提供信息，如例 7-1 可被修改为例 7-2 的形式。

例 7-2：相对于生活可以自理这个标准来说，请问您如何评价自身的健康水平？

（1）极佳　（2）很好　（3）好　（4）一般　（5）差

在主观性问题答案选项的设计中，研究者需要遵循逻辑一致性原则，即确保每个选项按照一定的逻辑顺序被排列和组织，切忌逻辑混乱。否则，不仅不利于调查对象进行回答，而且会给调查完成后的数据分析造成障碍。

例 7-3：整体来看，您对×××商场服务水平的评价如何？

（1）很满意　（2）有些满意　（3）满意　（4）不满意

在例 7-3 问题的选项设置中，选项"（2）有些满意"表达的含义是比选项"（3）满意"稍差一些的否定意思，与问题其他选项的排列逻辑相反，按照上述形式排列选项，会对问题的信度产生明显影响。

二、主观性问题的分类

主观性问题测量的内在逻辑主要是基于社会认知心理学中的态度—意愿—行为的认知模式而得到的——态度与意愿相关联，意愿则直接影响行为。基于此，主观性问题按照其调查主题可以被划分成三类：认知类、评价类和行为意愿类。其中，认知类问题主要被用于衡量调查对象对事物的认知程度、态度等，评价类问题主要被用于测量调查对象对事物的喜好及满意程度等，行为意愿类问题主要被用于询问与调查对象自身行为可能性有关的情况。

（一）认知类问题

认知类问题主要被用于调查对某类事物、事件等的了解和认识程度，如某项针对环境污染问题的调查，可以询问调查对象是否听说过这些污染、是否关心环境污染、对环境污染严重性的看法、环境污染对调查对象自身造成的危害等（见例 7-4）。

第七章 主观性问题的测量及提问策略

例 7-4：请您根据提问，逐项回答表中所列各项有关环境问题的题目：

	1. 您是否听说过该类污染？	2. 您是否关心该类污染问题？	3. 您是否认为该问题目前已经很严重？	4. 该类污染是否对您造成实际危害？
A. 空气污染	(1)是　(0)否	(1)是　(0)否	(1)是　(0)否	(1)是　(0)否
B. 地表水污染	(1)是　(0)否	(1)是　(0)否	(1)是　(0)否	(1)是　(0)否
C. 地下水污染	(1)是　(0)否	(1)是　(0)否	(1)是　(0)否	(1)是　(0)否
D. 土壤污染	(1)是　(0)否	(1)是　(0)否	(1)是　(0)否	(1)是　(0)否

(二) 评价类问题

评价类问题主要被用于询问调查对象的喜好、满意程度或赞成、认同情况，这类问题的调查客体可以是具体的物品，如手机、计算机等商品，也可以是某个社会事件或某种现象（见例 7-5）。

例 7-5：在针对某商品的满意度调查中，研究者可以设置如下问题

Q1. 以下哪一项最能描述您对××商品的总体看法？

非常糟糕　　　　　　　　　　　　　　　　　非常好
　1　2　3　4　5　6　7　8　9

Q2. 与其他同类商品比较，您对××商品的总体看法如何？
(1) 非常差　　(2) 较差　　(3) 较好　　(4) 非常好

评价类问题也可被用于品牌形象测试，如例 7-6 所示。在品牌形象测试中，研究者针对每个品牌从多方面进行测试，考察该品牌在消费者心目中的定位、形象等，有助于确定问题所在，改善产品品质。

例 7-6：请您根据下面的描述，谈谈您对××品牌手机的看法，并在认同或不认同的相应选项上标示。

	非常不认同	不认同	中间状态	基本认同	非常认同
外观时尚	□	□	□	□	□
功能全面	□	□	□	□	□
经久耐用	□	□	□	□	□

（三）行为意愿类问题

行为意愿反映调查对象对未来某种行为的预期和倾向，因此，行为意愿类问题可以被用来测量调查对象实施某项行为的可能性。如在商品满意度调查中，研究者可通过对个体某些相关行为发生的可能性、频率等的调查，开展对消费者行为的研究，见例7-7和例7-8。

例7-7： 在未来一个月内，您的家庭会外出旅游吗？
（1）会　　　　　（2）不会

例7-8： 如果条件允许，您有多大可能性去购买一部新手机？

完全不可能									非常有可能
0	1	2	3	4	5	6	7	8	9

第二节　主观性问题的测量技术

主观性问题的特殊性要求使用特殊的技术和手段去测量和询问这类问题，方能获得准确而真实的信息。在实际问卷调查过程中，研究者对主观性问题的测量主要依靠量表进行。

一、量表的构成及测量尺度

量表是对抽象概念或主观现象进行定量化测量的一种有效工具，主要是利用文字、数字符号等反映测量对象的特征。如在居民消费心理的相关调查中，研究者如果想测量品牌对消费者购买行为的影响，可设置如下问题对品牌的作用进行调查（见例7-9）。

例7-9： 有关消费者品牌意识的调查
Q1."品牌对消费者是否购买该产品会产生很大影响"，请问您是否认同这个表述？
（1）非常认同　（2）认同　（3）中立
（4）不认同　　（5）非常不认同

Q2. "我喜欢尝试新品牌",请问您是否认同这个表述?
(1) 非常认同　　(2) 认同　　(3) 中立
(4) 不认同　　(5) 非常不认同

Q3. 对于 NW 这一新品牌的产品,请问您在未来一个月中,有多大的可能性去购买?

完全不可能　　　　　　　　　　　　　　　　非常有可能
　1　　2　　3　　4　　5　　6　　7　　8　　9

(一)量表的构成要素

量表主要由三个基本要素构成,分别是测量客体、数字或符号,以及分配数字或符号的法则(即测量尺度)。

测量客体,指测量的对象,也就是研究者在调查过程中想要了解的内容、主题等。研究者对客体的测量可以从多方面展开,在具体问题设置中可以对测量主题进行分解、细化,全方位、多角度地对主题进行测量。例 7-9 中的测量客体就是"品牌对消费者的影响",主要是从对品牌的认知、评价、购买意愿等方面进行调查。

数字或符号,主要被用于表征测量客体的属性存在与否、态度及行为意愿强弱和频繁程度等内容。在量表设置过程中,研究者一般采用列举的方式把各种可能的回答显示出来,便于回答者根据自己的情况选择相应选项。

分配数字或符号的法则,即测量尺度问题,通常包括定序尺度、定距尺度和定比尺度三种形式。在实际操作中,研究者应根据具体调查内容和主题选择相应的测量尺度。

(二)量表的测量尺度

1. 定序尺度

在定序尺度的测度中,研究者仅仅对不同选项或等级按照程度强弱进行排序,不涉及比较各个等级之间的具体差异,这种测量尺度为研究者提供的信息比较有限。如例 7-10 询问消费者对某种口味酸奶的喜爱程度,就是定序尺度在实际调查中的应用。

例 7-10：请问您对××口味酸奶的喜爱程度是：

（1）非常喜欢　（2）比较喜欢　（3）一般

（4）不太喜欢　（5）非常不喜欢

2. 定距尺度

定距尺度借助数字，给每一个评级选项分配一个数字，并利用数字大小表明不同等级之间的差异程度，但这种差异仅体现出数字的绝对差异。例 7-11 的某项商业调查，针对消费者对不同口味饮料的喜爱程度进行测量，用 1 到 10 分表示调查对象的喜爱程度，每个取分之间相差 1，其中 1 表示非常不喜欢，10 表示非常喜欢。若某个调查对象给樱桃口味的饮料打分为 8，给草莓口味的饮料打分为 4，则表明该调查对象对樱桃口味饮料的喜爱程度明显高于草莓口味饮料，但是这只能说明调查对象对两种口味饮料的喜爱程度相差 4 分，并不能说明调查对象对前者的喜爱程度是后者的两倍。

例 7-11：请根据您的喜爱程度，对各种口味的饮料进行打分，10 分最高，1 分最低：

口味	喜爱程度（打分）
樱桃口味	
黄桃口味	
草莓口味	
葡萄口味	
原味	

3. 定比尺度

相比定序尺度和定距尺度，定比尺度测量中的数值既能表明差异的绝对程度大小，又能体现差异的相对程度大小。例 7-12 测量消费者购买汽车的意愿，利用数字表明调查对象在未来一年中的购买意愿，不同选项不仅可以进行大小比较，而且可以分析相对差异，如选择80%的调查对象的购买意愿是选择40%的调查对象的两倍。

例 7-12：在未来12个月中，您有多大的可能性去购买一部新车？

完全不可能　　　　　　　　　　　　　　　　　　　非常有可能
0　10%　20%　30%　40%　50%　60%　70%　80%　90%　100%

二、量表的分类

量表可以对调查对象的主观特征，如态度、观点、评价、接受程度以及感受等进行有效测量。在实际应用中，研究者一般是把测量结果量化在由两极和（或）中间点所构成的测量体中。根据具体组织形式的不同，量表可被划分为比较量表和非比较量表。

（一）比较量表

比较量表主要涉及对事物的直接比较，一般使用定序或定距的测量尺度，侧重调查相对关系。例如，询问消费者喜欢可口可乐还是百事可乐，就是一种关于喜爱程度的简单排序问题，也是最简单的一种比较量表。常见的比较量表有配对比较量表、等级顺序量表、"常量和"量表等。

1. 配对比较量表

配对比较量表是一种常用的态度测量工具，在实际应用中，该测量方法要求调查对象根据一定的标准，对一系列对象进行两两比较，并从中做出选择。在例7-13的市场调查中，研究者想要获得消费者对不同品牌牙膏喜爱程度的信息，并希望消费者对不同品牌进行两两比较，在这种情形下使用配对比较量表非常适宜。

例 7-13：请对下列每一对牙膏品牌进行比较，并请指出您更喜欢其中哪一个品牌，在选中品牌后的方格中打钩。

（1）佳洁士　　□　　　　　竹盐　　　□
（2）高露洁　　□　　　　　佳洁士　　□

(3) 佳洁士　　　☐　　　　云南白药　☐

(4) 竹盐　　　　☐　　　　高露洁　　☐

(5) 云南白药　　☐　　　　竹盐　　　☐

(6) 竹盐　　　　☐　　　　中华　　　☐

(7) 高露洁　　　☐　　　　云南白药　☐

(8) 中华　　　　☐　　　　高露洁　　☐

(9) 云南白药　　☐　　　　中华　　　☐

(10) 中华　　　☐　　　　佳洁士　　☐

调查结束后，研究者可将调查结果整理成表格的形式（见表7-1），表中每一个单元格的数值表示该行对应的品牌与该列对应的品牌进行比较的结果，其中"1"表示调查对象更喜欢这一列的品牌，"0"表示调查对象更喜欢这一行的品牌，"—"表示调查对象未进行对比。将各个单元格中的数值进行行列加总得到的合计栏的数值，表明对应行列的品牌比其他品牌更受调查对象喜爱的次数，如第一列的加总为3，表示与其他品牌相比，高露洁牌牙膏被偏爱的次数为3。

表7-1　调查对象对品牌配对比较的结果

	高露洁	佳洁士	云南白药	中华	竹盐	合计
高露洁	—	1	0	0	0	1
佳洁士	0	—	1	1	1	3
云南白药	1	0	—	1	0	2
中华	1	0	0	—	1	2
竹盐	1	0	1	0	—	2
合计	3	1	2	2	2	10

在实际调查过程中，研究者可以选择一定规模的调查对象进行调查，并将每个调查对象的回答进行汇总，得到次数矩阵和比例矩阵（用合计频数除以样本量），来对品牌进行深入的比较分析。

在利用配对比较量表时应注意，该量表仅是一个顺序量表，只能比较各品牌的相对位置，不能被用于直接判断二者之间的绝对差异。同时，这种评价方法对比较对象的数量有一定的限制，对象越多，比较的结果越不准确。一般而言，比较对象不应超过 10 个。

2. 等级顺序量表

等级顺序量表是将比较对象按某一标准进行排序，一般是将等级 1 设定为最喜爱的事物，将等级 2 设定为第二喜爱的事物，以此类推，将最后一个等级设定为最不喜爱的事物。如在例 7-14 中，消费者需要对对于不同品牌笔记本电脑的喜爱程度进行打分衡量。

例 7-14：以下是一些笔记本电脑的品牌名称，请将它们按您所喜爱的程度排序（其中 1 表示您最喜欢，5 表示您最不喜欢）。

联想（　）　　苹果（　　）　　华为（　　）
戴尔（　）　　ThinkPad（　　）

等级顺序量表易于设计和使用，回答者比较容易掌握回答方法。但研究者在选项的设计中需要特别注意，如果选项没有包含调查对象的选择项，或者某些选项超出了调查对象的选择范围，就会对调查结果产生影响。在例 7-14 中，如果某一调查对象从不使用笔记本电脑或者不了解选项中的某几个品牌，那么他/她可能为了完成调查而随意地进行排序，提供一些对实际研究无意义的信息。同时，研究者在使用等级顺序量表时还应该注意其局限性，这种量表是一种相对粗略的定序比较量表，它既无相应单位又无绝对零点，只是把事物按某标准进行简单排序，不具有等距性，对考察事物间的差异作用有限。

3. "常量和"量表

"常量和"量表是指根据某一标准在各测量客体上分配一个具体数值，并且分配数值之和等于一个常数，该常数一般为 100。在"常量和"量表中，研究者通过相应分配数值，可以得到不同客体之间的差异程度，某客体得分越高，说明该客体在调查对象心中越重要，反之，则越不重要。在"常量和"量表中，所分配的数值是依据定比尺度计算得到的，所以得分"0"是有意义的，表明该属性不具有任何重要性；10 分和 12 分之间的差值与 48 分和 50 分之间的差值的意义是相同的；某属性的分值是另一属性分值的两倍，则说明该属性的重要性是另一属性的两倍。例 7-15 是一项针对某品牌洗面奶属性的调查，研究者想要知道消费者更加看重该产品的哪些属性和特征，因此采用"常量和"量表，把 100 分分配给 6 种属性，以反映每种属性在消费者心目中的相对重要性。

例 7-15：请您对××品牌洗面奶的不同属性进行打分，总分为 100 分，分数越高，重要性越强。

属性	分数
控油	
保湿	
价格	
香味	
去污	
滋养	

在对"常量和"量表的结果进行分析时，研究者可以对所有调查对象赋予各属性的分值求平均数，来反映各属性在调查对象心中的平均受重视程度。

（二）非比较量表

非比较量表是采用一定的评分标准对某一问题进行评价。这种评价不涉及对象之间的互相比较，所以操作简单，容易理解，在调查问卷中使用广泛。非比较量表可被划分为连续评分量表和分项评分量表。

1. 连续评分量表

连续评分量表也称图示评分量表，研究者将评价分值标示在由两极及中间点所构成的一个图示中，让调查对象进行选择。连续评分量表有三种常见形式，下面以例 7-16 对某超市的评价测量为例，进行说明。

例 7-16：请您对××超市进行整体评价，并将相应分值标示在图示中。

【形式 1】

最差————————Ⅰ————————最好

第七章 主观性问题的测量及提问策略

【形式2】

最差 ——————————I—————————— 最好
0　10　20　30　40　50　60　70　80　90　100

【形式3】

最差　　很差　　不好不坏　　很好　　最好
————————————I————————————
0　10　20　30　40　50　60　70　80　90　100

形式1只有两个极端和一个中间状态，所提供的信息很少，并且不确切，研究者难以对数据进行进一步统计分析。形式2和形式3在两个极端中间设置了多项分界点，有利于调查对象根据自身情况做出具体的选择，并且能够体现出细致的差异，提供更翔实的信息。

连续评分量表在问卷调查中因易于构建而得到广泛应用，尤其是在计算机辅助调查过程中应用得越来越普遍。

2. 分项评分量表

分项评分量表有多种类型，主要包括李克特量表、语义差别量表和斯塔波量表等。

（1）李克特量表（Likert scale）。

李克特量表也叫累加量表（summative scale），是最常用的定距量表，常被用于测量观念、态度或意见等。在使用李克特量表前，研究者需要构造大量的陈述或说法（statement），并采用5级记分制测量调查对象对这些说法同意的程度。例7-17是某项针对儿童的调查中使用的量表，该量表意在测量儿童的现代化观念，研究者设计了多个语句，并要求被调查儿童对对于这些说法的同意程度进行打分，以此来反映儿童的现代化观念。

例7-17：请你对下表中的说法进行打分，1分表示"非常不同意"，2分表示"不同意"，3分表示"说不准"，4分表示"同意"，5分表示"非常同意"。

如何设计调查问卷

你同意下列说法吗？（请在相应的数字位置打钩）					
	非常不同意	不同意	说不准	同意	非常同意
1. 因为爸爸妈妈爱我，所以我要听他们的话	1	2	3	4	5
2. 我长大后一定要离开家乡去闯天下	1	2	3	4	5
3. 制订计划是我生活中的一件很重要的事	1	2	3	4	5
4. 我们有钱应该存进银行，因为银行是可以被相信的	1	2	3	4	5
5. 学校的事情应该听老师的，我最好不提出意见	1	2	3	4	5
6. 有电视机的最大好处是可以看到动画片	1	2	3	4	5
7. 孩子的尊严不如父母的尊严重要	1	2	3	4	5

李克特量表的构造主要有以下四个步骤：

第一，收集相关资料，并编写围绕研究问题的陈述或说法；

第二，选取部分正向表述、部分负向表述，以避免大部分调查对象只选中间点；

第三，随机抽取一个小样本进行预调查，根据预调查结果对量表进行信度和效度分析；

第四，根据分析结果，去除显著影响量表信度和效度的陈述或说法，对量表进行修改，并最终定稿使用。

（2）语义差别量表（semantic differential scale）。

语义差别量表也是一种定距量表，主要被用于测量某种事物、概念或实体在人们心目中的形象。例 7-18 中针对某新媒体的评价调查就使用了语义差别量表，调查对象被要求对该新媒体在不同方面的表现进行打分。以第一行为例，分数越低，表明该新媒体的报道越客观；相反，分数越高，表明该新媒体的报道越主观。调查对象可以根据自身情况在每一属性行的相应分值上进行标示。

第七章 主观性问题的测量及提问策略

例 7-18：请您对××新媒体的各项特征进行打分，7分最高，1分最低。

请根据您对××新媒体的整体印象，在以下每一个标尺上勾选出一个适当的数字。									
客观	1	2	3	4	5	6	7	主观
公正	1	2	3	4	5	6	7	偏袒
诚实	1	2	3	4	5	6	7	欺骗
及时	1	2	3	4	5	6	7	过时
有价值	1	2	3	4	5	6	7	无价值
可信任	1	2	3	4	5	6	7	不可信任

在构建语义差别量表时，表示属性极端取值的形容词被分布在评分量表的两端。但是，为了避免调查对象由于阅读和填答惯性造成的回答偏误，在一般情况下，负面的形容词或短语会时而出现在量表左端，时而出现在量表右端，这样可以有效降低调查对象在回答过程中因未仔细阅读标示内容直接评分而造成偏差的可能性。

在某些情况下，语义差别量表还可以同时对多项内容进行测量，如在对社区管理及其实施效果进行评价测量时，研究者就可以采用这种量表形式，从居委会的工作职能、工作范围、工作效果以及与小区居民的关系等方面设计量表题目（见例7-19）。

例 7-19：请您对社区居委会的工作进行评价（请在适当的数字上画○）：
(1) 干部的文化素质_____ 高 7—6—5—4—3—2—1 低
(2) 居委会对居民的态度_____ 友好 7—6—5—4—3—2—1 不友好
(3) 居委会成员的工作能力_____ 强 7—6—5—4—3—2—1 弱
(4) 小区生活环境的改善_____ 有效 7—6—5—4—3—2—1 无效
(5) 在小区组织的活动_____ 很多 7—6—5—4—3—2—1 很少
(6) 与居民之间的关系_____ 疏远 7—6—5—4—3—2—1 接近

构造语义差别量表主要有两步：

第一，确定描述或评价测量对象时使用的重要属性，如例7-18中对新媒体的评价可以包括客观、公正、诚实、及时等，要尽量确保既不遗漏测量对象的重要属性，又不包括与测量对象无关的属性。在确定好属性用词后，研究者需要确定与之语意相反的形容词，如例 7-18 中的主观、偏袒、欺骗、过时等。

第二，将每对属性形容词分别置于一系列有 7 个刻度的标尺两端，将正反形容词之间的差距分成 7 个等级，中间一级表示态度中立，并要求调查对象根据对测量对象的第一印象，在每一个标尺上圈选相应的答案。

语义差别量表的编制和使用都相对比较简单，并且它可以清楚有效地描绘和比较调查对象对测量对象主观评价的差异，因此被广泛应用于对品牌、产品形象、广告效果等方面的市场调查中。但这种量表存在一个明显的缺点，限制了其使用范围，即在该量表的设计中，对属性形容词及其反义词的确定往往非常困难，需要研究者有丰富的实际经验。

（3）斯塔波量表（Stapel scale）。

斯塔波量表也是一种定距量表，这类量表要求调查对象对某一描述选择一个适当的数字，用于指出该说法对事物属性描述的准确程度，数字越大，表明描述越准确，反之，描述越不准确。例 7-20 即为利用斯塔波量表测量消费者对某商场的评价的实例。在该量表中，研究者设置了"商品高品质"和"糟糕的服务"两个属性短语，调查对象如果认为短语能够准确描述该商场，则被要求给这一短语赋予较大的正值，否则，就选择一个负值。短语对该商场描述越不准确，负值的绝对值越大。在例 7-20 中，调查对象若认为该商场的商品品质非常高，可以选"＋5"；若认为该商场的商品品质非常低，则可以选"－5"。

例 7-20：请您对××商场进行描述。如果该短语能够准确描述该商场，则选择正值，正值越大意味着描述越准确。如果该短语不能够准确描述该商场，则选择负值，负值越小意味着描述越不准确：

商品高品质	糟糕的服务
＋5	＋5
＋4	＋4
＋3	＋3
＋2	＋2
＋1	＋1

续前表

商品高品质	糟糕的服务
—1	—1
—2	—2
—3	—3
—4	—4
—5	—5

斯塔波量表的优点在于不需要对形容词或短语进行预测试，就可以确保评价的差异化，并且可以被用于电话调查中。

在实际应用中，研究者可以对斯塔波量表进行适当变形，构建同时测量多属性的量表形式，如例7-21中对工作感受的测量。

例 7-21：对于下表中的每一个词，请您从量表中选择一个适当的数字来描述您的工作性质，并将该数字写在对应词前面的横线上。

完全不是1	2	3	4	5	6	7完全是
＿＿＿容易的			＿＿＿技术性的			＿＿＿烦人的
＿＿＿有意义的			＿＿＿低报酬的			＿＿＿紧张的
＿＿＿重要的			＿＿＿风险性的			＿＿＿令人满意的

构造斯塔波量表的主要步骤与构造语义差别量表类似，包括如下两步：

第一，确定测量对象的重要属性。

第二，调查对象对每一个属性词进行打分，数字越大，表明该属性词的描述与测量对象符合程度越高。

斯塔波量表与语义差别量表相比，其优点是不需要对正反两种属性描述进行比较，但其编制比较复杂。

第三节　量表的其他注意事项

本章第二节主要针对主观性问题的常用测量技术——量表技术的构

成、测量尺度以及量表的类型等进行了详细介绍。但除此之外，在利用量表技术对主观性问题进行测量时，还有一些注意事项需要引起研究者的重视。

一、确定评价问题的数目

在量表设置过程中，如果评价内容过多，或者陈述项目太多，就会超出调查对象的承受能力，迫使其随意回答，使测量效果下降。所以，在问卷设计过程中，对评价项目应该尽可能精减，研究者要选择重要的项目进行测量，并且要保证每一个与测量客体有关的问题都有足够的题目进行测量。有的研究者根据经验认为，测量题目最好不要超过 30 个，数量再多就会增加调查难度，影响实施效果。

二、均衡选项数目

量表问题中所提供的不同表述方向的选项数目应该是均衡的，即肯定选项和否定选项数量应是对等的，这有利于解决统计分析过程中可能出现的有偏分布问题。但有时候在特殊情况下，研究者也可以设置不均衡的选项，如在测试用户对售后服务的满意程度时，调查目的是了解用户对哪方面服务项目有更迫切的需求，获得进一步改善的方向，因此研究者在编写选项时，可适当减少代表不重要方面的选项，而把代表重要方面的选项设置得更详细一些。

研究者在应用不均衡选项时，一定要慎重，在调查目的不明确、未做预调查检验的情况下，最好不要使用这种不均衡测量方式，因为这种测量方式会给调查对象带来不必要的提示信息，降低调查的准确性。

三、适当设置选项分值的数量

在量表测量中，为了清晰显示选项间的差异，研究者一般使用 5 分制，有时候为了做得更细致一些，也可采用 7 分制，或者更多级选项。

在设置分级选项时，研究者需要考虑调查对象的辨析能力以及各等级之间的差异程度：选项设置过多，会使得各选项之间的差异降低，不利于回答者加以区别、选择；选项设置过少，各选项之间的差异太大，会牺牲测量精度。一般而言，5分制或7分制是最常用的分制设置形式。

在设置分级选项时，研究者还应该考虑调查方式的限制，不同的调查方式适用不同的分制设置形式，如电话调查最好不要超过5分制。

在量表问题中，为杜绝模棱两可的回答，有研究者提出使用偶数分制，取消中间选项，如采用6分制，迫使回答者在两种状态之间做出选择，避免出现中间状态的选项，如例7-22所示。

例7-22：请您对××品牌产品的外观设计进行评价，根据您的评价在相应的选项上标示。

（1）极好　（2）很好　（3）好　（4）差　（5）很差　（6）极差

上述例子仅设计了6级选项，未设计中间态度，如一般或中立态度。这样的设计，在实际操作中将有助于研究者区分回答者的态度差异，避免出现因不善于表达意见、态度等情况，而造成选项过于集中于中间状态的问题。

四、选择合适的数字或形容词来界定量表

利用某个确切的形容词来描述量表的测量内容，可以帮助调查对象以相同的方式理解各个选项，但在很多情况下，寻找这些形容词来界定量表是非常困难的。此时研究者可以使用数字和两个不同方向的极端形容词进行替代，尤其是在电话访谈调查中，使用数字标示的量表有助于回答者准确记忆并选择相应选项，提高回答的可能性。

小结

◇ 主观性问题是围绕调查对象的态度、倾向、意愿、感受、看法等所设计的调查题目。该类问题易受调查对象个体特征、提问语境等因素影响，在设计与调查过程中研究者需要对主观性问题的客体进行清晰、一致的界定。

◇ 主观性问题根据调查主题的不同可被划分为认知类、评价类和行为意愿类三类问题。

◇ 量表主要由测量客体、数字或符号，以及分配数字或符号的法则三个基本要素构成。具体有配对比较量表、等级顺序量表、"常量和"量表、连续评分量表和分项评分量表等类型。在量表设置过程中，研究者需要确定合理的评价问题的数目和评价选项的数目，适当设置选项分值的数量，选择合适的数字或形容词来界定量表。

第八章

网 络 调 查

第一节　什么是网络调查

一、网络调查的概念与发展

社会调查的形式与时俱进，随着信息技术的发展，传统的纸质问卷调查不再是社会调查唯一的形式，网络调查应运而生。网络调查指的是通过互联网收集资料的调查方法[1]，通常也被称为网络问卷调查、互联网调查。与传统调查相比，网络调查带来的是调查手段上的革新，比如利用网络问卷、电子邮件等互联网工具代替传统的面访、电话访问、邮寄调查等，网络调查实现了样本选取、数据收集、处理分析等环节的在线化、智能化[2]，实现了社会调查研究在信息化时代的突破。在调查内容上，网络调查与传统的自填问卷调查没有太大差异。

网络调查伴随信息技术进步，经历了三个主要阶段的发展。20世纪20年代至60年代，此时的问卷调查还以纸质形式为主，这一阶段被视为开创阶段。60年代至90年代，随着电话和计算机技术的发展，调查手段

---

[1]　董海军，风笑天. 试析网上调查. 社会，2003（8）：32-35.
[2]　钱思汐. 网络问卷调查数据质量控制研究. 中国统计，2022（1）：73-76.

开始拓展，电话调查和电子邮件调查等新方法逐渐兴起，电子邮件调查成为网络调查的初代形式。90年代至今，互联网的迅猛发展推动网络调查进入黄金期，网络问卷、电子邮件问卷等基于互联网的调查方式逐步取代传统方法，成为数据收集的主要手段。中国的网络调查起步于20世纪90年代，1994年中国教育和科研计算机网的建成标志着网络调查的开始，随后大型网站如搜狐、新浪等相继推出在线调查功能。进入21世纪，网络调查在中国迅速普及。近年来，随着云计算、无线网络终端技术的发展，智能手机等移动设备的普及使网络调查更加便捷高效，同时也带来了新的发展机遇与挑战。目前以腾讯问卷、问卷星等为代表的网络调查平台发展成熟，问卷设计功能丰富，被研究者广泛采用，体现了社会调查研究在网络时代的发展新形态和发展新方向。

二、网络调查的必要性和可行性

随着时代的发展，问卷调查方法必须与时俱进。在信息化和大数据时代，社会变化迅速，及时准确地把握社会运行状况变得尤为重要，而传统的调查方法，如依靠访问员当面访问和电话访问，已经无法跟上社会迅速变化的步伐。企业需要通过调研了解市场动向和消费者需求，政府和学界则需要掌握社情民意，以更好地把握社会现实。中共中央办公厅印发的《关于在全党大兴调查研究的工作方案》明确提出："要坚持因地制宜，综合运用座谈访谈、随机走访、问卷调查、专家调查、抽样调查、统计分析等方式，充分运用互联网、大数据等现代信息技术开展调查研究，提高科学性和实效性。"互联网不仅能够快速收集信息、及时处理数据，还能提高信息传输的效率。在大数据时代，世界时刻发生着深刻的变化，为了紧跟时代发展、及时捕捉变化趋势，使用网络作为调查工具已成为一种必然选择。

与此同时，我国互联网的快速普及为网络调查的开展提供了坚实的基础。根据中国互联网络信息中心发布的第53次《中国互联网络发展状况统计报告》，截至2023年12月，我国网民规模已达10.92亿人，互联网普及率高达77.5%，其中手机网民规模达10.91亿人，手机上网比例达 99.9%（见图 8-1）。此外，台式电脑、笔记本电脑和平板电脑的上网比例分别为 33.9%、30.3% 和 26.6%（见图 8-2）。在上网时长方面，我国网民人均每周上网时长为 26.1 小时，平均每天上网 3.73 小时。这些数据表明，我国互联网普及率高，手机上网几乎实现全覆盖，绝大多数人每天都能花一定时间上网。这些都为网络调查的实施提供了有利的环境。

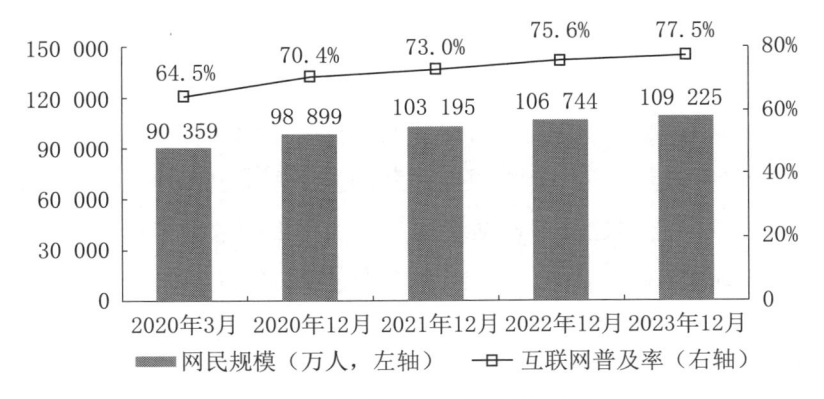

图 8-1 网民规模和互联网普及率

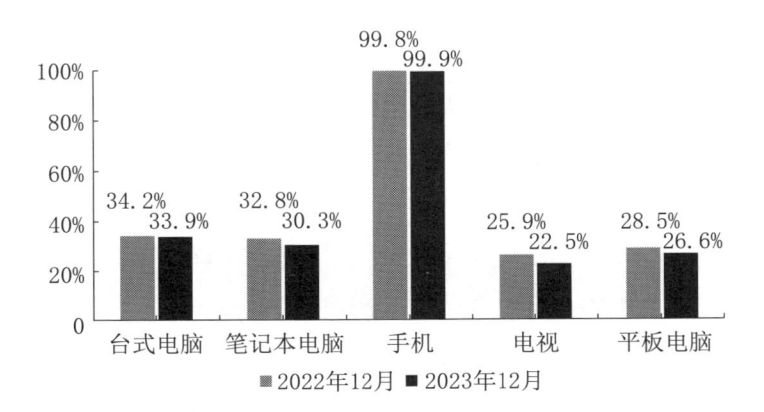

图 8-2 互联网接入设备使用情况

如何设计调查问卷

第二节　网络调查的利与弊

一、网络调查的优点

（一）网络调查表现形式多样，具有趣味性与灵活性

多媒体功能是网络问卷区别于传统纸质问卷的显著特征之一。多媒体既可以丰富网络问卷的内容，例如在问卷中添加图片、视频，又可以丰富网络问卷的外观（见图 8-3），调查者可以自由定制新颖的问卷界面，这有助于增强问卷的趣味性，吸引调查对象的注意力，进而提高问卷回答率。在发放和收集问卷的过程中，网络调查软件自带的数据分析功能可以实时显示生动的统计结果[1]，进一步丰富数据的表现形式。网络调查中友好的交互界面增强了人机互动性，使得网络调查更具有灵活性。从调查对象的视角来看，一个设计得当、说明清晰的界面能够提供必要的调查信息，帮助他们正确填答，提高数据的准确性；进度计数器、无应答催复程序等工具也能够及时提醒他们填答问卷，从而提高问卷的回收率与回答率。从研究者的视角来看，网络调查具有较强的可控性和操作性，如果在调查过程中发现纰漏，设计人员可以及时地在问卷界面进行修改，更正错误后继续开展调查，而在传统纸质问卷调查中想要中途修改问卷需要付出极大的成本。此外，研究者可以通过信息技术观察到调查对象回答某一问题的时间、修改次数等额外信息[2]（见图 8-4）。通过这些信息，研究者可以掌握调查对象对相关问题的态度，或者发现问题设置的不足，进而加以改进。

（二）网络调查不受时空限制，具有较高的调查效率

网络调查的进行不受时间与空间限制，这不仅加快了调查的速度，还增加了在极端情况下开展问卷调查的可能。在问卷设计阶段，网络问卷平

---

[1] 马思宇. 网络时代的调查革命. 统计与决策，2000（11）：20-21.
[2] 曾五一，林飞. 网络时代话网络调查. 中国统计，2002（5）：18-19.

第八章　网络调查

图 8-3　腾讯问卷中的问卷外观设计

图 8-4　通过腾讯问卷可以获得丰富的后台数据

台可以支持团队协作编辑问卷，帮助调查团队节省线下开会的时间和成本（见图 8-5）。传统的纸质问卷依靠访问员入户或邮寄方式来发送和收集，这些方式都需耗费大量时间和人力物力。而网络上发布的调查问卷让研究者与调查对象足不出户就能完成调查。问卷一旦在网络上创建，便可立即发布而无须印刷，问卷的传播也更加高效，如短时间内就可以将问卷批量发送到调查对象邮箱，或者将问卷的链接上传到特定网站供访客浏览，调查对象收到问卷后可以即时填写，极大地缩短了整个调查周期。在相同的

如何设计调查问卷

时间期限内，网络调查在问卷发布和收集阶段节约出的时间，可以用于后期关键的数据分析、结果探究等环节，调查研究的效率和质量都得以提高。网络问卷不依赖客观实体就能进行大规模传播，能够克服某些特殊情况下无法进行线下访问的限制[①]。

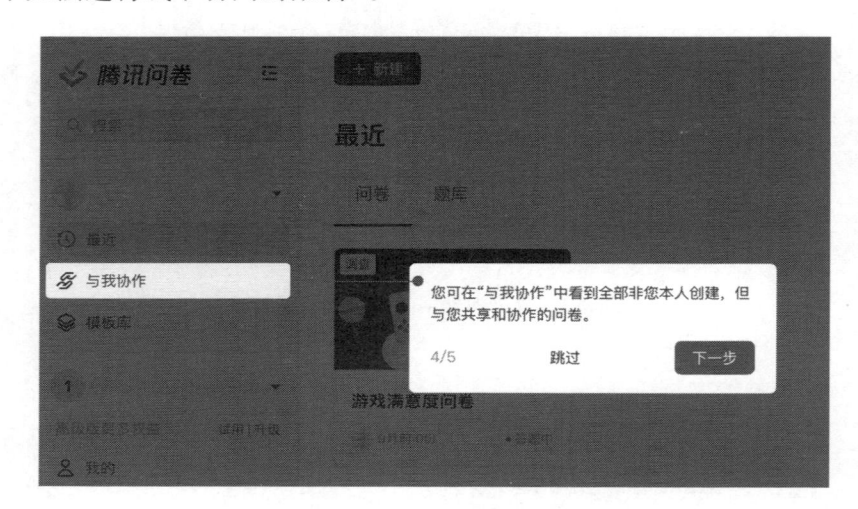

图 8-5　腾讯问卷允许调查团队协作编辑问卷

（三）网络调查没有访问员在场，调查结果更客观真实

网络调查可以使调查对象摆脱调查情境的限制。在传统的调查中，当调查对象发现调查者了解自己的地址、姓名等真实信息时，可能会在作答上有所隐瞒。在入户问卷调查中，更有访问员在旁指导填写与实时记录，可以直接得知调查对象的答案，在这种情形下，调查对象的作答可能存在社会期待效应[②]，即在回答某些敏感性问题时，会倾向于提供一个更符合社会期望、能更好地表现其个人形象的答案，而非填答真实情况。在这种心理效应的影响下，如何对敏感性问题进行"脱敏"处理、确保收集到的信息的有效性一直是问卷调查中的难题。网络调查在一定程度上解决了这一难题。网络调查过程中没有访问员在场，能保证调查对象的匿名性，调查对象只需要面对电脑或者手机屏幕填答答案，因此更能做出反映其真实

---

① 钱思汐．网络问卷调查数据质量控制研究．中国统计，2022（1）：73-76．
② 赵国栋，黄永中．网络调查研究方法概论．北京：北京大学出版社，2008．

第八章　网络调查

态度的选择，减少社会期待效应，提高调查数据的准确性。

（四）网络调查程序简洁规范，可减少人工错误

得益于信息技术，网络调查从问卷创建、发布到数据收集与分析的整个过程都得到了极大简化。早期网络调查尚需精通调查研究方法与计算机编程技术的人员共同合作，创建调查网页需耗费许多时间与精力，如今，各种成熟的调查软件使这一过程得以简化，研究者只需掌握基础的计算机操作技能，即可流畅地使用这些调查软件。在问卷设计过程中，可通过相关程序对所采集信息的质量进行控制与检验。例如，采取身份验证技术可以确保调查对象的身份符合条件，防止信息采集过程中的舞弊行为。还可在问题旁附加全面规范的指标解释，通过标准化的说明消除因理解不清而造成的调查偏差[1]。传统调查中虽然由访问员负责对相关问题进行解释，但难免出现因访问员个人理解有误而导致解释偏差的情况，网络调查可以保证解释的统一和精确，提高结果的准确性。同时，调查对象填答完毕后，问卷答案可自动录入数据库，无须再由工作人员手动转录，这一过程既减少了人力消耗，又避免了数据录入过程中可能出现的人工错误。数据录入后，也可以通过设定检验条件等方式对调查结果进行有效复核，迅速筛选出有问题的问卷或个别数据。目前，一些成熟的网络调查平台已经开发了检测问卷有效性方面的功能，以腾讯问卷为例，在统计功能中，研究者可以在"样本审核"下查看到每一份已回收问卷的提交时间、答题时长、位置等信息，平台会自动计算回收量、回收率、浏览量、平均完成时间等（见图8-6）。使用者可以借助AI统计分析，筛查出无效填答的问卷，保留有效问卷，从而提高问卷结果的数据质量。

（五）网络调查样本数量巨大，调查对象来源丰富

在样本数量方面，传统问卷受到资金、环境等限制，只能发放给有限的群体，而互联网能在短时间内对问卷链接进行多次复制与转发，同时还可以通过自动弹出等形式呈现在网民浏览的网页上，能够接触到更多的调查对象，极大地扩大了调查的样本数量。在样本构成的丰富性方面，网民

---

[1] 张一春. 新闻传播中的网络调查技术研究. 新闻知识，2004（2）：47-49.

如何设计调查问卷

图 8-6　腾讯问卷的样本审核功能

群体构成复杂，可以保证样本类型多样。同时，问卷通过网络的扩散得以触及传统调查难以接触到的特殊人群，网络为这类人群的交往活动与思想情感表达提供了广阔的空间，因此网络调查给某些特殊主题的研究提供了宝贵的调查机会。

（六）网络调查经济成本低廉，可变成本几乎不计

网络调查程序简单、扩散方便、调查周期短，过程涉及的各种成本，比如访问员工资、印刷费用、邮寄费用、电话费用、礼品费和交通费等，也得到了极大压缩[1]。以下案例很好地说明了网络调查与传统调查相比的成本优势[2]。

例 8-1：不同调查方式的成本对比

珀尔修斯发展公司（2000）曾对电话调查、邮寄调查和网络调查三种数据收集过程的成本进行比较，对 100 名在不同地理位置的人进行 5 分钟简单调查的成本如下。

电话调查：电话费 50 美元＋支付给访问员的费用 250 美元＋数据输入费 250 美元＝550 美元。

---

[1] 马思宇. 网络时代的调查革命. 统计与决策, 2000（11）：20-21.
[2] 安德森, 卡努卡. 网络调研：方法、策略与问题. 袁邦株, 蒋晨晖, 译. 北京：中国劳动社会保障出版社, 2007.

第八章　网络调查

邮寄调查：打印/邮寄费 100 美元＋打开信封/数据输入费 500 美元＝600 美元。

网络调查：创建/传输表格费 50 美元＋转换数据费 5 美元＝55 美元。

可以看出，网络调查的成本显著低于其他调查方式。虽然上述例子中所说的网络调查成本并不包含开发网络调查程序所需要的成本，但正如前文所言，随着信息技术的发展，研究者可以直接采用已经开发成熟的调查软件或平台，这些调查软件或平台通常直接提供问卷模板（见图 8-7），因此开发程序的成本不再处于研究者的考虑范畴之内。研究者仅需花费一定的时间选择合适的调查软件或平台，并付一定的会员费即可使用功能齐备的网络调查工具。尤其对于大样本调查，网络问卷创建成功后，只需要通过网络发布或转发问卷，几乎不再需要任何成本；与之相反的是，在电话和邮寄调查中，每多发送一份问卷就需要消耗一份费用。因此调查需要的样本数量越多，网络调查的成本优势就越明显。

图 8-7　腾讯问卷提供成熟的问卷模板

二、网络调查的不足

（一）网络调查难以实现概率抽样，样本代表性往往不足

社会调查的出发点和落脚点在于用样本来推断总体，而抽样是获取

代表性样本必不可少的环节。通过科学的抽样方法获得的样本可以更好地反映总体的特征和趋势，从而使研究结果具有普遍适用性。抽样方法可以分为概率抽样和非概率抽样，传统调查通常可以采取概率抽样的抽样方法，例如，国家统计局在两次人口普查之间开展的一次较大规模的 1‰ 人口抽样调查（又称为"小普查"），就是一种概率抽样。网络调查由于依靠网络平台发布、网民自发填写调查问卷，难以满足概率抽样的要求，往往采取非概率抽样，这就使得网络调查样本通常存在代表性不足的问题。

要理解网络调查非概率抽样造成的样本代表性不足问题，首先需要了解什么是概率抽样和非概率抽样。概率抽样（见例 8-2）指的是，样本中的每一个个体都有已知且非零的机会被抽中。这意味着每个个体被抽中的概率是明确且可以计算的。这就允许研究者使用统计方法从样本推断总体的特征，从而使得研究结果具有较高的代表性和可推广性。概率抽样包括简单随机抽样、系统抽样、分层抽样等。而非概率抽样则恰好与之相反，每一个个体被抽中的概率未知且不可计算，样本选择不是随机的，比如在商场中随意拦截顾客进行调查，就使得样本可能不具有很好的总体代表性，也难以利用统计学原理和工具对总体进行推断。

例 8-2：全国 1‰ 人口抽样调查

国务院颁布的《全国人口普查条例》规定，在两次人口普查之间开展一次全国 1‰ 人口抽样调查。以 2015 年全国 1‰ 人口抽样调查为例，这项调查采用了分层、二阶段、概率比例、整群抽样方法，首先将全国 31 个省、自治区、直辖市（不含港、澳、台）各自所辖的社区/村级单位按经济社会发展指标及地理地形标识进行分层，划分为不同的地区或层次，如东部、中部、西部和东北地区，再按城市和农村等分类，这样可以确保每个地区和群体都能在样本中有适当的代表性。调查过程分为两个阶段。第一阶段抽取社区/村级单位；第二阶段抽取提前已划分好的调查小区。在每个阶段的抽样中，抽取样本的概率与该地区或社区的人口规模成比例。也就是说，人口较多的地区抽取样本的数量相对较多，人口较少的地区抽取样本的数量较少。通过严格的随机抽样过程，调查结果能够较为准确地

第八章　网络调查

反映全国人口的整体情况，并且将误差控制在一个较小的范围内，保证调查数据的可靠性和可推广性。

网络调查中的非概率抽样之所以会造成样本代表性不足的误差，可能有以下两方面原因。第一，网民很难代表总体。即使是在互联网高度普及、网民规模巨大的当下，网民构成依然与全体人口结构存在很大不同。截至 2023 年 12 月，我国互联网普及率在城镇地区为 83.3%，在农村地区为 66.5%，城镇网络普及程度领先于农村。分年龄来看，60 岁及以上老年群体是主要的非网民群体，占非网民总体的比例为 39.8%[1]，高于全国老年人口所占比例。总体来说，如今互联网普及率依然存在城乡和年龄上的差异，现代网民群体主要由城市的青壮年人口构成。若是简单地将网民群体视为目标总体，将会有大量农村人口、老年人口的信息被忽略，这样调查抽取的样本对于总体而言也不具有良好的代表性。

第二，即使网络调查选定的抽样框与目标总体一致，调查结果仍可能产生偏差。网络问卷需要网民自发进行填答，难以保证抽样框中的每个个体都有相同的概率回答问题，比如某些对调查话题感兴趣的网民就有更大的概率填答问卷，这部分人被抽中的概率就会更大，这样产生的样本就不具有对总体的代表性。这种偏差也被生动地称为"志愿偏差效应"，即"志愿者"更愿意参与调查，而另一些个体不愿意参与，从而影响研究结果的准确性[2]。除了志愿者偏差以外，由于难以确定网民的真实身份，网络调查中也可能出现重复填答的现象。比如，在一个关于品牌偏好的网络调查中，一个品牌的粉丝群体可能组织多人重复提交相同的答案，以提升该品牌的受欢迎度，这就会导致数据失真。一些网民可能拥有多个邮箱、多个手机号，可以多次填答问卷，这都可能导致个体被抽中的概率增加，影响调查结果的可靠性。

---

[1] 以上相关数据来自中国互联网络信息中心第 53 次《中国互联网络发展状况统计报告》。
[2] 休森，沃格尔，劳伦特. 如何进行网络调查：第 2 版. 董海军，译. 北京：中国人民大学出版社，2021.

例 8-3：美国大选民意调查谬误

图 8-8 《文学摘要》与美国大选民意调查

在 1936 年美国总统大选前夕，《文学摘要》杂志信心满满地展开了一场声势浩大的民意调查，号称要精准预测谁将成为美国的下一任总统（见图 8-8）。为了这次调查，他们发放了数百万份问卷，收集了 240 万张回执，仿佛笃定这一庞大的数据能够准确揭示民众的心声。根据这次调查，他们大胆预测，时任总统富兰克林·罗斯福将惨败，而共和党候选人阿尔夫·兰登将以压倒性优势赢得大选。但《文学摘要》的这场豪赌最终以惨败告终。选举结果揭晓，罗斯福不仅没有输，反而以绝对优势赢得连任，阿尔夫·兰登只在全美两个州中获胜。这一结果震惊了所有人，而《文学摘要》的预测成为一个历史性笑柄。

那么，究竟是什么导致了这场预测灾难呢？问题出在他们的样本上。《文学摘要》选择了根据电话簿、汽车登记表和杂志订阅者名单发放问卷，但在 1936 年，拥有电话和汽车的多是富裕的中产阶级，而这群人恰恰是对罗斯福的经济政策不满的群体。因此，调查样本严重偏向富裕阶层，完全忽视了那些因为大萧条而支持罗斯福的普通民众。虽然这次调查并不是通过网络进行的，但《文学摘要》杂志将其订阅者作为抽样框，与网络调查将网民或某一网站的用户作为抽样框实际上异曲同工，都存在样本选择偏误的问题。

不仅如此，愿意回复问卷的大多是那些对现状不满或政治立场强烈的读者，他们的意见更倾向于反对罗斯福，而那些支持罗斯福的普通民众则很少参与。这种"志愿者偏差"进一步扭曲了调查结果。

实际上，网络调查也可以进行概率抽样。在一些大型的正规调查或组织内部的调查中，调查者能获得总体调查对象的清单（比如电子邮箱地址

第八章 网络调查

的清单),这既可以确保抽样框与总体一致,也可以保证每个个体被抽到的概率是相同的。以电子邮箱地址的清单概率抽样法为例,调查者收集调查对象的电子邮箱地址作为抽样框,进行概率抽样,然后将问卷发送到被抽中的电子邮箱。然而,这种概率抽样往往需要耗费大量的成本,使用情境也非常受限,在一般的网络调查中并不常见。

(二) 网络调查过程不可控,回收率真实性难以保障

网络调查在互联网上开展,调查者并不在现场,这就导致调查者无法监督和控制问卷填答过程,调查对象拒绝填答、随意填答等情形就有可能出现,影响问卷的回收率和结果的真实性。首先,网络调查难以保证调查对象接受调查并进行填答。调查对象可能因为缺乏有效激励、担心隐私泄露、对垃圾邮件反感等原因,直接忽视问卷填答的邀请链接,拒绝作答。相比拒绝传统调查,拒绝网络调查更为简单,直接置之不理即可,也不用承担拒绝他人的心理负担。因此,即使网络可以将问卷散播到更多人群中,但是问卷的回答率并不一定比传统调查更高。其次,网络调查不能确定问卷填答者的真实身份。由于网络匿名性的存在,调查者无法确定问卷填答者是否是调查对象本人,或者是否符合作答条件[1],即使有一定的身份核验技术,也不能排除调查对象填入虚假信息的可能。最后,网络调查不能保证调查对象有效作答,调查对象可能随意作答了事。在网络平台上,问卷填答者自知自身可以匿名,且问卷填答过程无人干涉。一方面,填答者在不被注视的情况下,可能会填答真实情况。但是另一方面,在缺乏约束的情况下,人们在网络上的行为也更易发生偏差,比如夸大或极端化自身的态度、情绪更激动易怒、责任压力降低、自我控制减弱等,在宽松的条件下,问卷填答者可能违反调查规范,随意作答[2]。以上种种个人行为都将导致问题答案不真实、不完善,网络调查的真实性因此大打折扣。

除了调查对象的个人行为,网络调查依靠的网站或平台等也可能对结果的真实性产生威胁。在数据收集过程中,一些网站存在作假行为,比如

---

[1] 鲁务顺. 关于网络调查的思考. 江苏商论, 2005 (4): 53-54.
[2] 韩振华. 基于互联网络的调查方法. 青年研究, 2002 (11): 34-37.

用软件自动答卷①。更为普遍的是网络调查平台存在的"刷单"现象,即问卷服务代理批量填答问卷,以提高问卷的回收率,从而获利。这些无意义的填答行为会产生大量问题问卷,导致严重的虚假数据、涵盖误差等问题,影响数据质量和调查结果的可信度②。在欠缺专业指导和行业规范的情况下,网络调查只能依靠调查对象自身的道德修养,以及开发计算机甄别核验技术,尽量提高调查的质量。目前,成熟的网络调查平台开发了许多甄别填答者身份、限制问卷填答的功能,以提高问卷的有效率和回收率。以腾讯问卷为例,调查者可以在后台查看每一份回收问卷的填答时间,那些填答时间过短的问卷就可能被认定为无效问卷。腾讯问卷可以限制问卷是否可以分享、问卷的填答频次以及设置填答过程中的人机验证,在一定程度上避免"拉票"和"刷单"的行为。

(三)网络调查信息安全受挑战,隐私保护有待加强

在大数据时代,信息泄露的风险无处不在。在网络调查过程中,难免要与调查平台合作,调查者对调查对象信息的控制能力有限,调查对象的隐私权极有可能受到侵犯(见例8-4)。一方面,网络调查平台的规范性难以保证。这些平台可能缺乏严格的信息保护措施,在收集和处理用户数据时存在信息泄露风险,比如问卷调查平台或网站隐藏的广告、插件、木马病毒等都有可能威胁到调查对象的个人信息安全。在某些情况下,相关平台甚至可能在利益驱使下恶意泄露数据信息。另一方面,调查者也可能缺乏信息安全方面的敏感性。在开展网络调查时,有些调查者难以完全识别出网络调查中特有的信息安全挑战,有时也可能为了减少麻烦,规避保护调查对象信息安全的程序或义务,比如不告知、不提醒调查对象存在信息泄露风险,调查对象也因此降低警惕性,增大信息泄露的可能性。如今,信息泄露的风险与日俱增,一些调查对象可能因为担心信息泄露或被诈骗,拒绝点开问卷链接,或是在填答时填报虚假信息,这也给网络问卷的回收率造成了负面的影响。

---

① 庞东,王革. 对我国网络调查热的冷思考. 统计与决策,2004(2):47-48.
② 邵国松,谢珺. 我国网络问卷调查发展现状与问题. 湖南大学学报(社会科学版),2021,35(4):149-155.

第八章 网络调查

例 8-4： 付费在线调查平台泄露超百万用户信息

2024 年 2 月，付费在线调查平台 SurveyLama（见图 8-9）发生了一起大规模数据泄露事件，导致超过 400 万用户的敏感信息遭到曝光。此次泄露的用户数据包括姓名、出生日期、电子邮件地址和 IP 地址等，甚至还涉及部分用户的调查回答内容。由于这些信息可能被不法分子利用进行身份盗窃、钓鱼攻击或其他网络犯罪活动，事件迅速引发了广泛的关注和担忧。调查显示，这次泄露主要是由于 SurveyLama 平台的安全漏洞，平台未能及时修补系统缺陷，从而导致大量用户数据被不法分子获取。这一事件不仅暴露了在线调查平台在信息安全管理上的薄弱环节，也引发了公众对个人数据隐私保护的进一步担忧。专家建议用户在参与在线调查时谨慎提供个人信息，并定期更改各账号密码，以降低信息泄露的风险。

图 8-9 付费在线调查平台 SurveyLama 界面

第三节 网络调查的注意事项

一、如何减少调查误差？

误差问题是社会调查不可避免的部分。社会调查中的误差可以分为抽样误差和非抽样误差两类。抽样误差是随机的，通常可以通过增加样本量来减小，这种误差通常出现在使用概率抽样的调查中。非抽样误差是在数据收集、处理和分析过程中，由于调查对象虚假作答、重复回答等各种非随机因素引起的误差，这种误差通常无法通过扩大样本量得到有效解决。前文提到，与传统调查相比，网络调查存在一些不足，如难以进行概率抽样、缺乏调查者现场监督等，这些问题可能会对网络调查的准确性造成影响，使其产生样本缺乏代表性、问卷重复填写或多次提交、调查对象伪造身份、调查对象不诚实回答等各种误差，这些误差都属于非抽样误差的范畴。

以杜蕾斯主导的一项全球性调查（见例 8-5）为例，该调查旨在了解人们的性态度和性行为，其过程大费周章，结果却令人啼笑皆非。这个例子可以帮助理解网络调查中可能出现的各种误差。

例 8-5：杜蕾斯调查发现"中国人均 19.3 个性伴侣"

杜蕾斯是世界最知名的避孕套品牌之一，始终与世界卫生组织、联合国艾滋病规划署及联合国人口基金保持合作，同时还为发展中国家提供一系列教育项目，宣传性健康，资助艾滋病研究专家进行学术研究。杜蕾斯曾连续 8 年在全球对年轻人进行性调查，了解他们对性的认识和态度，以加深人们对性健康与性教育的认识程度。2004 年，杜蕾斯斥巨资雇用英国专业调查公司在全球进行性调查，这是全世界有史以来规模最大的一次关于对待性的态度和性行为的调查。此次调查是通过互联网进行的，有来自 41 个国家超过 35 万人参加，超过 10 万（108 720）中国人参与了这项调查。在参与调查的中国人当中，男性为 87 304 人，女性为 21 416 人。在年龄分布上，以 25~34 岁年龄段的人为主。之后不久调查报告向社会发布，报告中显示中国人的平均性伴侣数居全世界首位，为 19.3 人，远远高于全球的平均数 10.5 人。一时间舆论一片哗然，大多数人认为这样的结果太荒唐，令人震惊，难以置信，其中最多的质疑就是："我的那 18.3 个在哪里？"紧接着在 2005 年，杜蕾斯全球性调查报告再次发布，报告显示，中国大陆地区人口平均性伴侣数为 3.1 人，远低于 2004 年报告的 19.3 人，舆论再次哗然。

为什么会有这样的突变？平均性伴侣数从 19.3 人到 3.1 人，仅仅用了一年的时间。是大家的道德观念突然发生了天翻地覆的变化，还是所发布的数字有统计误差？是权威调查公司不负责任，还是网络调查这样的调查手段太不严密？从调查组织者来看，杜蕾斯是一个有着 90 多年历史的知名品牌，有一定商誉；从调查执行者来看，受委托的也是权威调查机构；从样本量来看，在中国调查的是超过 10 万人的大样本；从调查投入来看，花费也不少。是什么原因导致了投入和产出的严重不对等？

第八章 网络调查

　　细细分析杜蕾斯展开的这次调查，可以发现调查设计确实漏洞百出。首先，调查的抽样框"网民"和总体并不一致。第一次调查是在2004年展开的，此时中国的互联网尚未达到全民普及，使用互联网还是一种比较小众的行为，这一时期的网民可以被称为"时代弄潮儿"，这就使得2004年网民的结构和特点与杜蕾斯想要了解的中国全民的结构和特点有很大偏差，这就是杜蕾斯调查中的抽样误差。其次，这次调查可能存在很多非抽样误差。"19.3个性伴侣"的调查结果一问世就遭到质疑，得出这一结论是不是由于有人胡乱填写问卷，和调查者开玩笑？在性教育比较落后的中国社会中，"性伴侣"这一话题过于敏感，中国网民很难对此敞开心扉，诚实作答，很可能出现夸大、虚假回答。除此以外，由于缺乏对填写问卷网民的身份核查，比如年龄核查，也有人怀疑一些会上网的青少年或是儿童会故意填写离奇的答案捉弄网络另一端的调查者。

　　为了弥补网络调查中常见的各种误差，通常可以采取以下做法，调查者可以根据具体的情况灵活运用，以获得更理想的网络调查结论。调查者首先需要明确目标总体与抽样框之间的区别，清楚网络调查是在"网民"群体中进行抽样，而不是在"全民"中进行抽样，同时要了解网民群体具有怎样的总体特征，并根据网民与目标总体之间特征上的差异，将基于网民抽样调查得到的结果，合理地外推到总体的情形下。这种方法的重点与难点在于如何对网民与真实目标群体的差异进行准确把握以及合理推断。当然，为全民提供更便捷的"触网"条件[1]，自然也可以解决网络调查样本缺乏代表性的问题，但是这一方法成本较高，非大型、长期的调查难以实现。对于因问卷反馈率低、调查对象中途放弃作答产生的误差，可以通过发送提醒、提供激励（如红包、优惠券、线上抽奖机会等）以及简化调查过程（如精简问卷题目或字数）等方法来避免。对于因调查对象误解产生的误差，可以通过设计清晰、无歧义的调查问卷，避免使用模糊或容易引起误解的名词，在容易引起误解的地方添加注释，使用标准化的问题格式和响应选项等方法来减少，或在问卷正式发布前进行预调查以验证问题的准确性。对于因调查对象不诚实作答产生的误差，如"社会期望误差"，

---

[1] 王菲，曾五一．网络调查中的非抽样误差及其预防措施．统计教育，2003（3）：7-9.

如何设计调查问卷

调查者可以在网络问卷的欢迎页或填答过程中，明确告知、保证问卷填答的匿名性，使调查对象在填答问卷时不会感到被注视或有信息泄露的风险。同时，也应尽量避免询问过于敏感的问题或以太过直白的方式进行询问，如果这类问题不可避免，例如杜蕾斯希望对"性伴侣"这一敏感话题展开调查，则可以采取科学的"脱敏"方法对敏感问题进行处理，比如使用第三方视角提问，如"在你所在的社区中，大家对这个问题的看法是什么"，而不是直接询问个人意见。也可以设计多样化的回答选项，包括"不愿回答"或"选择不回答"选项，让调查对象感到他们有选择权，以减轻他们的压力。在描述敏感话题时，应使用中立、无偏见的语言，避免使用可能引起负面情绪的措辞，确保问题陈述不带有评判性或引导性。在问卷排序上，可以将敏感问题安排在问卷的后面部分，先让调查对象回答一些较为简单的问题，以建立信任感和舒适感。

例 8-6：调查对象更愿意回答问题 a 还是问题 b？

情形一：关于精神出轨的调查

a：您有过精神出轨的经历吗？

b：在您周围，是否出现过精神出轨的现象？

情形二：涉及经济困难的调查

a：您是否有过经济困难？

b：您是否在生活中经历过经济压力或挑战？

情形三：关于家庭关系的调查

a：您认为您的家庭关系和睦吗？

□和睦　　□不和睦

b：请拖动以下进度条，为您的家庭关系打分。

不和睦　　　　　　　　　非常和睦
0　　　　　　　　　　　10

二、如何提高问卷反馈率？

问卷反馈率是指回收的填答问卷数占发出问卷总数的比例[1]。要想提

---

[1] 赵国栋，黄永中. 网络调查研究方法概论. 北京：北京大学出版社，2008.

第八章　网络调查

高网络问卷的反馈率，首先要获得调查对象的信任。调查对象可能会由于担心个人信息通过网络途径泄露，或不清楚调查目的与调查数据用途，而拒绝参与调查，因此，在调查者与调查对象之间建立信任，对提高问卷反馈率尤为重要。具体的方法包括清楚地告知调查对象此次调查将严格遵守法律法规保护调查对象的隐私权，详细说明调查数据的具体用途。在取得信任的同时，给予调查对象合适的回报也是增强调查对象参与意愿、提高问卷反馈率的重要手段。常见的回报可以分为物质回报和精神回报。物质回报包括在调查结束时给予调查对象红包、优惠券等（见图 8-10）；精神回报既包括强调调查对象的参与将会给研究带来巨大的帮助，肯定调查对象的价值，也包括在介绍信中通过亲切的称呼、友好的措辞、幽默的表述等提供积极的情绪价值，提高调查的吸引力。除此以外，提高问卷的可读性也是降低调查对象中途退出的有效方法，例如对问卷问题进行详细的解释说明，做好问卷设计工作。

图 8-10　腾讯问卷奖励设置功能

三、如何保障信息安全？

在网络调查中，隐私保护应贯穿于调查的各个环节。在问卷设计阶段，应避免收集不必要的调查对象个人信息，并在答案选项中为调查对象提供"选择不回答"的选项，以尊重其隐私权。此外，问卷应包含明确的隐私保护声明，并对调查对象填写的所有敏感信息进行加密处理。在抽样阶段，应选择公开的电子邮箱地址列表进行抽样。在问卷发布阶段，调查问卷应放置在公众信赖的网站上，并向调查对象明确说明调查的目的、内

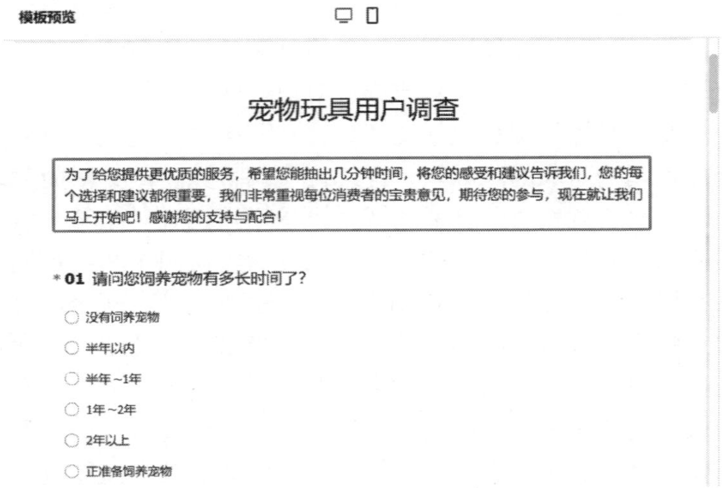

如何设计调查问卷

图 8-11　肯定调查对象的价值

容和意义，以提升信息透明度，减轻调查对象的顾虑，同时避免使用不当手段诱导调查对象参与调查①。在数据整理与分析阶段，应始终注重对隐私信息的保密，并与合作平台达成保密协议，确保信息安全。

　　保障网络调查中的信息安全需要多方协作，共同努力。首先，立法是保障信息安全的根本举措。《中华人民共和国网络安全法》和《中华人民共和国数据安全法》等法律为信息安全提供了基本的法律依据，通过确立相关法规，规范并约束了各责任方的行为。应进一步加强立法与普法力度，严厉打击网络调查中的违法犯罪行为。其次，除了国家层面的法律保障，还应建立行业规范。例如，通过相关调查行业协会（如中国市场信息调查业协会）的力量，在国家法律政策框架内，制定行业内的信息安全保护规范和执行标准，约束相关责任方的行为。此外，行业应与网络调查企业达成共识，在维护合法商业利益的同时，加强对调查对象信息的保护②。再次，技术改进是信息安全的关键支撑。应推动防火墙、网络病毒防护、信息加密通信与存储、身份认证和授权制度等方面的技术建设③。

---

　　① 休森，沃格尔，劳伦特. 如何进行网络调查：第 2 版. 董海军，译. 北京：中国人民大学出版社，2021.

　　② 邵国松，谢珺. 我国网络问卷调查发展现状与问题. 湖南大学学报（社会科学版），2021，35（4）：149-155.

　　③ 郭强，宋文怡，胡金滨. 调查实战指南·网络调查手册. 北京：中国时代经济出版社，2004.

第八章　网络调查

最后，加强道德建设是保障信息安全的内在要求。应注重提高调查者的道德素养，加强网络调查伦理教育，提升其专业能力和对信息安全的敏感性。

第四节　网络调查的实施

网络调查不仅被广泛用于社会科学研究，还是政府部门、市场调研公司及个人收集数据的有效工具。正如前文所说，网络调查具有成本低廉、流程简单、操作便利等优点，但同时也存在各种缺陷和不足。在实施网络调查时，我们应该如何降低这些不足对调查结果的影响，取其精华、去其糟粕？对此，本节将针对实际操作网络调查提出可行的建议。在此之前，我们首先需要明确的是，何时选择进行网络调查是合适的。

一、何时使用网络调查？

网络调查经常会遇到以下情形：问卷没有发送到目标群体手中、多数人在浏览问卷首页后放弃填答、某些题目调查对象的答案集中于"其他"类答案等。此时，调查者不仅应该改善问卷设计，还应该反思该调查项目是否适合进行网络调查。一个调查项目是否适合进行网络调查，可能受到来自调查者、问卷本身以及调查对象三个方面因素的影响。从调查者的角度来看，需要考虑对样本、调查精度的需求和调查者自身掌握的资源、技术等；从问卷本身的层面来看，需要考虑问卷的长度、问题复杂程度、问题敏感程度以及问题是否要求互动等；从调查对象的角度来看，需要考虑通过网络是否可触及目标群体，以及调查对象的参与意愿、个人特征、空间分布等[1]。

在以下情形中，网络调查比传统调查具有更多优势，应当考虑优先使用网络调查：

（1）调查需要覆盖广泛的地域范围，比如需要了解来自天南海北的调查对象关于某一问题的看法。

---

[1] 方佳明，邵培基. 一种评估网络调查适用度的方法. 清华大学学报（自然科学版），2006 (S1)：1160-1164.

(2) 调查需要获得海量的样本，在这种情况下，采用网络调查相比采用传统调查能够节省更多成本。

(3) 调查者能够获取调查对象的有效电子邮件地址并且有权发送电子邮件（未获许可的调查邮件可能会被视为垃圾邮件）。

(4) 调查者或其所在的组织、机构经常性地实施调查，投资技术硬件和软件设施是值得的。

(5) 调查者所设计的问题只有一部分需要所有调查对象回答，其他问题只需要部分调查对象回答。网络调查设计能便捷地区分哪些人回答问题，哪些人跳过问题。

(6) 调查者计划在问卷中使用多媒体，如利用视频片段来展示产品、服务或关于调查的背景信息。

(7) 调查者迫切地想要知道调查结果。网络调查可以实时获得填答结果，调查结束后收集、分析数据的效率也会更高。

(8) 调查者计划研究调查对象的调查行为。网络调查能即时记录填答完成的时间和在每个问题上所花费的时间，分析不同人群的填答时间差异有助于改进调查问题。

二、网络调查的操作建议

日新月异的信息技术使得网络调查逐渐普及，研究者、企业、政府部门甚至个人都可以使用各式各样的网络调查软件或平台，方便快捷地设计和发放问卷，收集所需信息。无论出于研究还是其他目的，都需要根据需求和预算选择稳定可靠的网络调查平台。我们以腾讯问卷和问卷星两大成熟的线上问卷平台为例，说明在实际操作中如何提高问卷质量，从而帮助调查者在具体的网络调查过程中提升调查质量。调查者需要在实际的调查设计中，结合研究目的和调查情境灵活运用以下建议。

（一）网络问卷的题目数量不宜过多

合适的题目数量可以减轻调查对象的填答负担，进而有效减少中途放弃填答、随意填答等现象的出现，能够帮助提高问卷的回答率和回答质量。题目数量应当尽量控制在 20 个左右，使调查对象能在 3～5 分钟内完成。有时，调查者仅将网络作为发放问卷的途径，问卷的内容已经事先设计好，此时虽然不需要严格控制问卷题目数量，但也应尽量精简题目，以避免使调查对象在回答时感到疲惫。

第八章 网络调查

（二）善于利用问卷平台的丰富功能

以腾讯问卷为例，这一成熟的问卷平台在问卷设计上具有丰富的功能。例如在问卷的题型选择上，腾讯问卷既包含单选、多选、下拉、图片单选、图片多选等基础题型，还可以设置量表/NPS、评价/打分、排序、图片/文件、多级联动、日期/时间、手写签名、地理位置、MaxDiff（最大差异测量）等高级题型（见图8-12）。腾讯问卷还可以提取问卷大纲，使调查者的逻辑更加清晰。在完成问卷设计后，调查者还可以使用检查功能，对问卷质量进行检查。当问卷需要针对不同的回答情况进行分类时，可以直接对问卷的逻辑进行设置。在问卷编辑页面中，点击菜单栏"逻辑"，通过左侧的逻辑编辑器可以设置所需题目逻辑，在右侧的预览界面可以实时看到逻辑的对应效果。常用的逻辑包括跳转逻辑（见图8-13）、显示/隐藏逻辑，以及多个逻辑并行的设计。当需要更复杂的问卷逻辑时，也可以自定义逻辑设置。腾讯问卷的这种逻辑设置为调查者进行更复杂、更详细的问卷设计提供了便利。

图8-12 腾讯问卷中高级题型示例

（三）网络问卷题目描述应力求精准

除了控制题目数量以外，题干和答案的描述也要准确简洁，尤其是当调查对象使用智能手机等显示屏幕较小的移动终端进行作答时。要确保使用的文字不会产生歧义，同时语言也不应冗杂，题干和答案的文字表述不宜过长。当问题涉及需要说明清楚的概念时，为了避免调查对象的误解，同时又保证问卷的简练，调查者在设计问卷时可以适当地使用注释。调查

如何设计调查问卷

图 8-13　腾讯问卷中跳转逻辑设置示例

者可以利用问卷平台提供的预览或预填答功能，并且结合预调查反馈情况，删减不必要的问题和冗长的文字表述。

（四）善用信息技术识别目标调查对象

公开的网络问卷有时需要从网民中筛选合适的调查对象进行填答。网络信息技术和问卷平台的某些设置可以满足调查者筛查和分类的需要。比如，腾讯问卷有设置填答限制的功能（见图 8-14），可以对填答问卷的时间、人群、频次，以及是否可以分享问卷、问卷回收数量上限等进行规定和限制。以人群限制为例，可以选择允许所有人、联系人或指定名单中的人填

图 8-14　腾讯问卷的填答限制功能

答，还可以设置填答问卷的密码、填答需要的身份认证、填答账号限制等内容，从而筛选出调查者认为合适的调查对象。除了人群限制以外，频次限制、分享限制也可以有效避免同一个人重复填答或是"拉票"行为出现。

问卷平台可以通过 IP 地址等检测填答者是否满足要求或者是否已经填答过问卷，以尽量避免非目标群体随意填答问卷或者调查对象重复填答问卷。此外，调查者也可以在正式问题之前设置几道简单的"筛选"题目，若填答者不满足要求，则自动结束问卷填答过程。

（五）根据情形选择滚动式或翻页式设计

常见的问卷版面设计可以分为滚动式和翻页式，这两种设计各有利弊。在手机上，滚动式设计有助于减少网络问卷的填答中止率，更能显著减少填答时间[①]。从填答者的角度来看，滚动式设计有一个非常明显的优点，即填答者只需滑动到界面底部就能快速、一次性地浏览问卷的所有题目。与之相反，翻页式设计消除了上下文情境，填答者容易忽视问卷的整体安排[②]。翻页式设计更适用于较为简短的问卷调查，同时它可以使得调查者把握调查对象填答问题的顺序，甚至可以记录调查对象在每一个问题上停留的时间，这些都有利于调查者掌握更多关于调查对象填答过程的信息。

实际上，相较于问题设置、选项分布、提问顺序对调查结果可能产生的影响，问卷版面设计是次要的，调查者不必过分拘泥于采用滚动式还是翻页式设计，问卷星、腾讯问卷等网络问卷平台的设计已经很好地考虑到了不同版面设计可能存在的不足。比如，对于翻页式问卷，问卷星通过分页栏显示问卷的页数，很好地弥补了翻页式问卷无法直观了解问卷体量、填答进度等的不足；腾讯问卷在问卷编辑界面的上方设置了"＋"号，这样调查者在录入或设计网络问卷时就可以便捷地加入新的一页。

（六）利用多平台、多媒介传播问卷

现代社会中的个体可能有多个手机号码、电子邮箱地址甚至多个居住地址，伴随着日益频繁的个体迁移流动，调查对象更改联系方式的频率也越来越高。调查对象的联系方式日益多样化，但调查者往往无法全然触及、掌握这类信息，并且联系方式的获取、更新完全依赖于调查对象。

[①] MAVLETOVA A, COUPER M P. Mobile web survey design: scrolling versus paging, SMS versus e-mail invitations. Journal of survey statistics and methodology, 2014, 2 (4): 498-518.

[②] FIELDING N G, BLANK G, LEE R M. The SAGE handbook of online research methods. London: Sage Publications, 2017.

掌握更多联系方式，意味着调查者接触到目标群体的可能性提升，有助于减少潜在的覆盖误差。在网络平台发布问卷也有多种途径，例如通过问卷链接或二维码、社交平台如微信朋友圈等，还可以将问卷嵌入公众号、网页、小程序（见图 8-15）。

图 8-15　腾讯问卷丰富的问卷分享途径

在网络平台完成问卷设计后，调查者需要尽可能在不同的媒介上扩散问卷。这一方面是出于从不同的邀请路径辐射和网罗更多目标群体的考虑。另一方面，网络调查不仅仅要提高单一邀请路径上的信息收集速度和填答份数，更应该考虑到当调查对象中的部分人不使用互联网时，他们和互联网使用群体可能存在人口学和社会经济特征上的显著区别。只使用网

第八章　网络调查

络发放问卷，而不使用其他联系方式，就会完全遗漏这部分样本。因此，调查者需要尽可能获得调查对象的多种联系方式，并通过额外的方式改善调查的覆盖面、提高样本代表性。

（七）善用问卷封面页和欢迎页功能

问卷星和腾讯问卷都提供问卷封面页或欢迎页设计功能（见图 8-16、图 8-17）。尽管封面页和欢迎页能够引起调查对象的兴趣，提升好感程度，但封面页和欢迎页的设计也应简明扼要，避免调查对象一打开问卷就被大量冗余文字消磨完耐心。事实上，多数问卷中止填答就发生在浏览封面页的时候[1]。和纸质问卷类似，网络问卷设置欢迎页的目的在于让调查对象知道自己即将填答什么问卷，并且激励他们填完问卷。因此，欢迎页需要点明调查者身份和调查目的，针对隐私保护和数据保密做出承诺，若有必要，还应说明完成问卷的大概时长。

图 8-16　腾讯问卷的封面页设计功能

（八）提高问卷在移动端上的可读性

2010 年后，中国的智能手机用户数量迅速增长，《中国移动互联网发展报告（2022）》显示，截至 2021 年 12 月底，我国手机网民规模已达 10.29 亿人。智能手机改变了网络社交方式，有越来越多的调查对象会在

---

[1]　FIELDING N G, BLANK G, LEE R M. The SAGE handbook of online research methods. London：Sage Publications，2017.

如何设计调查问卷

图 8-17　问卷星模板中的欢迎页示例

智能手机上打开问卷进行填写，这就要求必须在设计问卷时就考虑到调查对象可能使用的移动端的特点，以确保调查对象填写问卷时的舒适性。以腾讯问卷的一份问卷模板为例，选择不同的移动端模式（平板电脑或手机），问卷欢迎页的内容会不同（见图 8-18）。

图 8-18　腾讯问卷不同移动端问卷模板对比

第八章　网络调查

　　虽然近年来智能手机屏幕尺寸扩大、分辨率有明显提升，但手机屏幕面积仍然有限，这就使得打字回答开放式问题不方便。问卷排版需要确保表格、图片在较小的手机界面上能完整、清楚地展示，问卷的文字需要保持合适的大小，以保证手机界面可以完整地呈现问题和答案，等等。除此之外，还需要注意问卷界面的排版、颜色、字体等各种设计，以确保调查对象在阅读问卷时不会产生不适的感受。问卷的背景颜色应当与文本颜色对比鲜明，通常情况下采取浅背景色，背景不附加其他图案。例如，一般默认背景为白色，文本为黑色，具有较高的区分度；为了区分问题和答案，腾讯问卷一般默认加粗问题（见图 8-19）。为了提高问卷的易读性，如有必要可以添加简要的说明（见图 8-20）。调查者可以充分利用问卷平台的问卷说明功能、文本强调功能，以弥补网络调查无法像线下调查那样展示示卡的不足。

图 8-19　腾讯问卷的手机端问卷示例

图 8-20　腾讯问卷的问卷说明示例

小结

◇ 网络调查指的是通过互联网收集资料的调查方法,是网络时代将信息技术与传统调查结合的产物,在信息技术日新月异的当下,利用网络开展社会调查已成为一种必然的趋势,而逐渐提高的网络普及程度也为网络调查提供了可能。

◇ 网络调查是一把双刃剑,有利也有弊。通过网络调查可以获得海量样本,其开展不受时空限制,具有较高的调查效率和较低的经济成本,往往也可以避免许多人工错误。但同时,网络调查难以避免抽样框与总体不一致导致的误差,问卷的回收率难以保证,调查对象的信息安全也会受到更大挑战。

　　◇ 调查者需要判断什么样的调查适合通过网络开展，在决定开展网络调查后，还需要谨慎规避各种不足、减少各种误差。虽然发展成熟的线上调查软件或平台可以帮助调查者节省许多人力物力，但为了获得更高质量和更准确的调查成果，仍需要对网络调查中可能出现的问题进行了解和防范，对此本章提出了几条建设性建议。

第九章

问 卷 评 估

本书之前的章节介绍了调查问卷设计的原则、方法、特殊问题的提问策略,以及在安排问卷结构和布局时需要注意的问题。但是,即便是由经验丰富的研究者完成的调查问卷初稿,也不能在正式的大规模调查中直接使用。通常,在开展正式调查之前,还有一个重要的步骤,即对调查问卷进行评估。

问卷评估主要围绕三个方面展开:首先,确保问卷中的问题在调查对象能够回答的能力范围和愿意真实回答的范围之内。如果调查对象在填答问卷时看不懂问题或读不懂选项,或者由于问题过于敏感而感到不适或尴尬,在填答问卷时有所保留或不愿意配合调查,那么问卷就达不到收集真实信息的目的。其次,研究者要确定调查问卷的测量结果具有稳定性和一致性,即问卷要具有信度。最后,研究者还要保证调查问卷的问题能够准确测量研究者实际想要测量的对象及内容,即问卷要具有效度。

本章将主要介绍如何在开展正式调查之前围绕这三个方面对问卷进行评估。第一节阐述评估问卷的一些常用的综合性方法,第二节对测量问卷信度和效度的常用方法及提高问卷信度和效度的常用手段进行介绍。

第一节 评估问卷的综合性方法

常用的评估问卷的综合性方法有专题小组讨论、深度访谈和预调查三类。

一、专题小组讨论

研究者可能在某个特定领域内研究经验丰富，但是他们所掌握的知识依然会存在一定局限，在问卷设计时考虑的问题可能有所遗漏。开展专题小组讨论，从他人的经验和观点中收集新的信息、拓宽思路，能够使研究者对其想要了解的现象有更深的理解，也能够使研究者了解到不同个体对问卷问题的不同解读，促使研究者将问题设计得更具体明确、有针对性，以对想要掌握的内容进行更有效的测量。

专题小组讨论是社会调查研究中一种常用的方法。在开始设计问卷之前，甚至是在聚焦研究问题之前，专题小组讨论可以帮助研究者确定研究主题和研究问题；在完成问卷的初步设计后，针对问卷初稿进行的专题小组讨论可以帮助研究者深化对问题的认识，有效地总结问卷的不足，提高问卷的质量。一方面，该方法能够让研究者了解到现实状况的复杂性，并进一步有效地评估问题中有关调查对象的现实的预设是否与事实相符或相近。另一方面，对问卷问题的讨论能评估问题中的词汇或术语的潜在假定，即研究者可以通过专题小组讨论发现问卷问题中是否存在所采用的措辞过于含糊或术语晦涩难懂等情况；即便是常见的词汇，不同背景的人也可能会对其有不同的理解。根据专题小组讨论的结果，研究者可以对问卷的问题进行修改，使得问题的表述更加通俗易懂，保证调查对象对问题的理解具有一致性。

例 9-1：研究者希望对人们的就医状况开展研究并设计了问卷进行调查。问卷中的一个问题是询问人们在过去一年里的看病次数。在专题小组讨论会中，研究者希望能了解人们可能会想到的看病的不同形式，并仔细检查所设计的问题的具体措辞是否会导致歧义。

针对例 9-1，专题小组讨论会可能会对什么是看病进行探讨，小组成员会对什么是看病给出自己的理解并进行讨论。例如：电话咨询医生算不算看病？去打免疫针算不算看病？接受心理医生的医疗服务算不算看病？但是，像人们到医院挂号求诊这一行为属于看病是不会被质疑的。由此可见，专题小组讨论能帮助研究者认识到现实状况的复杂性和调查对象对术语的多种可能理解。最后，研究者可以根据讨论的结果修改问题，尽可能地使调查对象对问题有一致的理解。

利用专题小组讨论对问卷进行评估有以下几点注意事项：

第一，既然专题小组讨论的目的是评估调查问卷，那么研究者在开始讨论之前就必须准备一份调查问卷初稿；另外，研究者还需要制定一份需要讨论的主要问题清单，包括所要调查主题的现实状况、调查目标、要调查的信息以及术语等内容（见例9-2）。对于这些需要探讨的问题及在专题小组讨论过程中提出的新问题，小组成员都要注意相互交流经验和看法。

例9-2： 可以列出以下问题清单，以供小组成员逐个讨论问卷问题时使用：

(1) 句法繁杂。
(2) 含有调查对象可能不熟悉的术语。
(3) 术语或措辞模糊或不准确。
(4) 一题两问（即一个题目中包含了两个可能无法同时回答的问题）。
(5) 问题的假设可能不适用于调查对象。
(6) 答案没有涵盖所有可能的情况。
(7) 答案选项有所重叠（即选项未能互斥）。
(8) 调查对象难以记起回答该问题所需的信息。
(9) 调查对象极有可能不知道答案。
(10) 语句具有误导性、煽动性。

第二，在进行专题小组讨论之前，研究者要确定一名或几名记录员，对具体的讨论内容和过程进行记录。研究者也可以对讨论过程进行录音或者录像，这样可以使得讨论过程不受不参与讨论的记录员影响，从而避免小组讨论被干扰而影响问卷评估效果，同时方便研究者在专题小组讨论结束后对讨论结果进行整理，并且可以回放需要回顾的关键片段。

第三，研究者在选择参与专题小组讨论的成员时，也要注意成员的人数和结构。专题小组的成员人数最好控制在5至8人的范围内。如果小组少于 5 人，小组讨论就会类似于个别访谈，而不是大家一起对问卷进行讨论，可能会使小组讨论失去意见及看法的多样性，或者导致大家都无话可说的尴尬局面；如果小组超过 8 人，讨论过程就很可能会因为人数过多而混乱，主持人将很难控制讨论的进度，并且在讨论过程中难以听到每位组员的意见和看法，小组讨论难以达到最佳效果。从专题小组的成员构成上看，一般来说，应该尽量邀请那些对所讨论的议题有丰富的研究经验或深入看法的人。同时，要注意组成一个异质性较大的小组，即最好邀请有不同背景、不同特征的人参与到专题小组讨论中。因为，专题小组讨论的目的是获得对问题的不同看法和认识，而不是获得一个有代表性的样本。

例 9-3：专题小组讨论想要评估的问卷关注的是一般人群的消费方式，比如对于购买奢侈品的看法。那么全部由高收入者或低收入者构成的小组与混合型的小组相比，其讨论的情况和结果肯定是不同的。高收入者可能比较愿意购买奢侈品，认为奢侈品是一种地位、身份的象征，希望在问卷中增加有关奢侈品偏好等更加详细的问题；低收入者则可能根本就不愿意购买奢侈品，觉得奢侈品的性价比低，并且认为购买奢侈品是一种炫耀的行为，因此问题中并不需要涉及有关奢侈品具体品牌的选项。而针对一般群体的问卷需要兼顾有这两种意见的人群，在问题的设计上取得平衡。

但是，对于某些敏感性问题，如果小组成员之间的背景或经历的差距过大，他们就会因为观念不同、有所顾忌而不愿发言，导致讨论达不到预想的效果。

除此之外，专题小组讨论最好由一位经验丰富的主持人组织，并控制整个讨论过程的节奏，这样能够使专题小组讨论更加有效。在具体的专题小组讨论过程中，主持人一方面要尽量使整个讨论过程让参与者感到轻松，增进小组成员的沟通交流，并且让每个成员都可以自由发言、说出自己真实的看法；另一方面要时刻注意让讨论围绕主题进行，要使小组成员的讨论在各抒己见和紧扣议题之间取得平衡，避免让个别成员主导讨论的过程。

专题小组讨论必须参考问卷题目设计的基本原则，要考虑到以下几个方面的问题：

（1）问题是不是基本涵盖了研究者想要调查的内容？问卷的长度是否合适？目标群体是否有足够的精力与耐心完成问卷？

（2）目标群体是不是具备足够的知识，能够理解并且回答问题？

例 9-4：对于一项针对普通居民的生殖健康知识掌握程度的调查，专题小组的成员由于基本上都不了解与皮下埋植避孕有关的生殖健康知识，因此提出不应该把非常具有专业性的医学问题放在调查中，比如以下问题：

皮下埋植避孕方法的主要副作用是什么？

A. 失败率高

B. 盆腔感染

C. 月经紊乱

D. 白带增多

除了医生、生殖健康咨询师等比较了解生殖健康知识的专业人士，或是因使用过皮下埋植避孕而对该方法有所了解的人，一般调查对象可能根本就不了解这类避孕方法，更无法选择正确的选项。

（3）问题或选项中的名词或术语是不是可能导致多种理解方式，使得调查对象对所提的问题有不同的理解？

例 9-1 所举的有关就医状况的例子中，专题小组讨论可能会涉及以下几个讨论问题：过去一年中的哪些事情可以算作看病？如果询问去年到医院就诊的次数，调查对象能否说出确切的数字？要是直接给予不同的次数类别，如"没有""1～3 次""4～6 次"等，调查对象是不是会觉得更容易回答？

第四，研究者依据专题小组讨论的结果，对调查问卷初稿的问题进行逐题评审、修改。

专题小组讨论对于获取大量有关调查问题设计的信息来说，是投资很小、回报很高的方法。但专题小组讨论只是评估问卷过程的开端，虽然有助于研究者发现某些关于措辞和专业术语使用方面的问题，但研究者仍然

第九章 问卷评估

需要结合其他方法对问卷的设计进行进一步检验。

二、深度访谈

相比于专题小组讨论,深度访谈是更接近实际调查的一种问卷评估方式;但与本节后面将介绍的预调查不同的是,深度访谈更加注重被访者对问题的认识与思考的过程。

主导深度访谈的人员必须非常熟悉研究目标和初步设计好的调查问卷,一般他们不会是普通的访问员,而可以是研究者、访问员的高级督导或者是心理学家,因为这些人能更好地察觉出被访者解读问题、回答问题的方式与研究者期望的方式间可能存在的差距。深度访谈对于被访者也有一定的要求,选择的被访者必须是调查问卷的目标群体(即正式调查中的调查对象),具有一定的代表性,否则深度访谈将达不到有效评估问卷可能存在的问题的效果,甚至会将研究者引导至错误的方向。例如,研究者想要从多方面考察某一项政策对人们产生的影响。能从政策行动中获得利益的群体可能更强调政策带来的正面影响,而因政策利益受损的群体可能会更强调政策带来的负面影响。那么,深度访谈的被访者就应当既包含政策的受益者,也包含政策的受损者。此外,应当选择自愿接受访谈的人作为深度访谈的被访者,因为访谈过程通常会持续好几个小时,这些被访者必须有足够的耐心和心理准备,具备对调查活动的责任感、奉献精神。在一般情况下,研究者会给这些愿意接受访谈的被访者支付报酬。

在深度访谈中,一般有三种方法可以被用于了解被访者的认知过程:

第一种方法是"发声思考"(think-aloud)式访谈,也就是让被访者将自己对某个问题的理解、在记忆中搜寻和整理问题所需要的信息以及把信息转化为答案的过程都说出来。如果访谈能够顺利完成,研究者就能很好地了解被访者思考问题、组织答案的过程,进而了解这一过程是否符合设计该问题的初衷和预期。使用这一方法的不足之处在于,不同的被访者完成这一过程的能力差异很大。一般来说,逻辑比较清晰、表达能力强及受过高等教育的人能够清晰地表达自己的想法及思考过程,而针对一般人进行的问卷调查就很难用这种方法进行问卷评估。此外,要是对每个问题都用"发声思考"式访谈方法要求被访者阐述思考过程的话,往往会耗费过长时间,且被访者所描述的回答可能会因为需要将思考过程表达出来而影响其回答后续问题的方式,除此之外,被访者所描述的对问题的思考可能是因为被要求描述出来而反复考虑、重新组织语言的结果,很可能不是其在正常的填答问卷情况下或是第一次看到问卷问题时的反应。

第二种方法是,在每一个问题或简短的系列问题之后,向被访者询问一些结构性的后续问题,即马上要求被访者回答一系列与问题思考过程相关的问题,而不同于由被访者自由陈述的"发声思考"。例如,在每个问题之后,研究者可以:让被访者自己说明对问题的理解并界定术语;询问被访者对问题的问法有没有什么疑问;如果问题要求提供数字或者是经计算的答案,就要询问被访者是如何得出这一数字或答案的、考虑了哪些方面;如果问题要求完成某个评价任务,例如要求被访者给上司的决策能力评分,就要让被访者谈谈他们所经历的选定答案的过程,说明给出这一分数的例子或依据。

例 9-5:询问被访者有关锻炼身体的情况

问题:在过去的一周中,您有几天锻炼了身体?

追问:您认为怎样的活动属于锻炼身体?您认为散步、做家务算不算锻炼身体的活动?您是怎样计算出锻炼的次数的?您有考虑到持续时间的长短吗?

这种方法的优点在于,被访者在答题后马上回顾其思考过程,回忆起来更容易也更准确,而且结构性的访谈提纲使一般的人都能够阐述自己对问题的思考过程。这一方法的缺点是,这样的做法扰乱了正常的调查流程,使得调查过程变得不太真实,而且用结构性的问题重复提问有可能会使被访者产生厌烦情绪。

第三种方法是,先以普通的调查方式向被访者提问,当问卷完成后,再回到之前的问题,与被访者就回答的思考过程和问题进行讨论。与前一种方法相比,这种方法更好地模拟了实际调查的过程,并且被访者对于问卷后续问题的回答并不会因为在答题过程中被访谈打断而受到影响。但是，让被访者完成整个调查后再回过头来重新回顾问题、完美重现之前答题时的思考过程并不现实，而且花费时间较多。

与专题小组讨论相比，深度访谈花费的时间更多，但是能在被访者理解和实际回答的层面上认识到问卷设计的几乎每一个问题可能存在的具体缺陷，帮助研究者更好地探究如何让人们一致地理解问题并以一致和准确的方式来回答问题。

三、预调查

虽然专题小组讨论和深度访谈能对问卷问题的措辞、理解和作答过程等方面进行有效的评估，但这两种方法依然没有很好地模拟在真实条件下进行问卷调查的过程。在专题小组讨论或深度访谈中进行的对调查对象的访问和调查对象的回答，并不能完全代表实地调查或电话访谈的真实情况，因此，在实施最终调查前，利用预调查（试调查）在实际调查过程中检验问卷的质量是很有必要的。

预调查的样本选取通常不需要经过严格的抽样过程，因为预调查的目的仍是检验调查问卷、避免调查时出现问题，并且研究者不需要依赖预调查收集到的数据得出研究结论。预调查一般以针对目标群体的小规模问卷调查的形式进行，但是对于样本的选择仍然要尽量覆盖各类目标群体，以发现问卷在设计过程中，难以从理论上、讨论中发现的缺漏。在通常情况下，预调查的规模较小，因此研究者可以在每份问卷上花费更多的时间开展更进一步的访谈，以了解目标群体的真实状况和想法，与调查对象的讨论可以帮助研究者更好地修改和补充问卷。此外，预调查的开展也可以用来训练没有调查经验的调查者。让经验丰富的调查者在进行预调查时带领一些对调查并不熟悉的调查者，一方面能够使后者对实际的调查工作有一个初步的了解和熟悉的过程，另一方面也能帮助记录在调查过程中发现的问题。

（一）问答式问卷的预调查

通过对问答式问卷进行预调查来评估问卷的优点在于，每一个问题，特别是问卷中有可能妨碍或影响调查结果的细节性缺陷，如不一致的选项排序、错误的跳答提示、不适当的选项设置等，都会经过实际的检验，因此关注预调查的过程以及了解调查者和调查对象双方的感受尤为重要。

利用预调查对问答式问卷进行评估主要有以下三种方法。

1. 对调查过程进行行为编码

这一方法是对调查的过程进行评估。一个问题得到回答的最理想状态是所有的调查者用同样的方式、逐字地念出问题，然后调查对象给出符合问题要求的答案。在这一过程中，至少可以对四方面进行评估，分别是调查者是否逐字地念问题、调查对象有没有在问题念完前抢答或提问、调查者在调查中有没有对调查对象的答题进行引导、调查对象给出的答案是否符合题意。根据实际情况，也有可能出现调查者需要重复问题、调查对象需要调查者解释或澄清的情况。在调查过程中出现不符合理想状态的状况越多，问题存在缺陷的可能性就越大。

如果是电话调查，一般来说会有录音，那么研究者能够比较方便地完成这种方式的评估；如果是当面调查，对调查过程进行录音一般要征求调查对象的意见，如果没有录音，最好再找一个人同时对调查过程进行行为编码，不过需要注意的是，调查对象可能会受到这名额外编码人员观察调查过程的影响，例如出现分散注意力的现象，导致过多出现需要重复问题等行为，影响问卷评估的效果。表 9-1 是行为编码表的例子。

表 9-1 行为编码表

问题	跳答	题意未改变	念错	被打断	重复问题	追问	被要求解释
Q1							
Q2							
Q3a							
Q3b							

注："跳答"和"题意未改变"列标注"0"（符合要求正确跳答或题意表达正确）或"1"（没有按照要求跳答、不应该跳答的反而跳答或题意发生改变）；"念错""被打断""重复问题""追问""被要求解释"列均填写数字，即表示该事件发生的次数。

资料来源：福勒. 调查问卷的设计与评估. 蒋逸民，译. 重庆：重庆大学出版社，2010：118.

第九章 问卷评估

2. 向调查者提问或开讨论会

这是从调查者那里获取有关调查问题的信息的直接方法——在预调查之后召开会议，请调查者来交流有关调查问题的看法和碰到的情况。这种调查之中的调查，其反映的问题和内容也可能是五花八门的。较有效率的做法是在会议前确定要讨论的内容或在会议前让调查者填一份有关预调查的感受和经历的评估表（见表9-2），内容包括评估逐字念题的困难程度、调查对象是否有理解不一致的情况、是否大部分调查对象给出的答案不符合要求等。可以在讨论会上就评估表中被反映有缺陷的问题进行讨论，若是预调查进行过行为编码，也可以将行为编码的结果在调查者讨论会上拿出来讨论。

表 9-2 调查者对预调查的评估表

问题	题干难念	调查对象难以理解问题	调查对象回答有困难	其他
Q1				
Q2				
Q3a				
Q3b				

注：1＝不符合/没有这一问题；2＝一般/可能存在这一问题；3＝符合/存在这一问题。

资料来源：福勒．调查问卷的设计与评估．蒋逸民，译．重庆：重庆大学出版社，2010：124.

3. 向调查对象提问或开讨论会

这类似于之前介绍的深度访谈中的最后一种形式，就是在预调查结束后向调查对象追问有关问题，以判断他们对于问题的理解是否存在不一致。或者是用类似于与调查者开讨论会的方式，与调查对象开讨论会，让他们谈谈自身对问卷问题的看法以及自身接受调查的经历和感受。

（二）自填问卷的预调查

当调查使用的是自填问卷时，行为编码和开调查者讨论会的评估方法都难以进行。因此，对于自填问卷的预调查评估，有效的方法就是在调查对象填写问卷后，研究者就调查问卷对调查对象进行一次简短的访谈，它类似于深度访谈中的最后一种形式。

另外一种可能的评估方法是在问题的后面让调查对象回答几个有关问题设置或答题时是否感到困难的问题。这样的办法对于没有研究者观察的预调查，如邮寄调查的预调查而言确实是较实用的办法。但是如果自填问卷的调查过程是可以被观察到的，那么研究者可以通过观察调查对象填写时的状况来间接评估问卷。例如，如果调查对象花了很长时间来回答一个问题，那么可能是因为其不能很好地理解问题的题干或选项，也可能是因为问题的措辞过于专业；如果一个需要被跳答的问题出现很多跳答错误，那么可能是因为跳答的逻辑判断有问题，或是因为问题的跳答提示设置得不够明显，也有可能是因为问卷的排版或结构有问题。

当前，许多调查都通过电子问卷的形式开展，在对自填式电子问卷进行预调查时，就可以对问卷填答过程进行电子化记录，达到类似行为编码的效果。例如，是否大多数人在回答某些问题时花费时间过长，是否经常有人在填答一系列问题后又返回之前的问题修改答案。

（三）对预调查数据的利用

尽管预调查的样本并不是通过精心设计的抽样所得，在数量和代表性上都有一定的局限性，但是，如果预调查的样本与研究总体的特征相近，那么分析预调查的数据对于评估问卷就比较有意义，就可以获得众多有用的信息。

（1）在一份编排合理的问卷中，符合问卷编制要求的问题不会出现经常被忽视不答的情况。如果大部分或者相当数量的调查对象没有回答某些问题，那么研究者就应重新评估问题的措辞和设置该问题的必要性。出现大量漏答也有可能是因为问卷的排版设计不合理，使得大部分人忽略了这一问题。

（2）通过计算那些被设置成跳答的问题的回答率来判断是否要对问题的设置进行修改。如果在预调查中，某些设置了跳答选项的问题的后续问题基本都没有被回答，那么研究者就要考虑是否真的有必要设置后续问题。研究者也可以尝试修改前设问题的问法和选项，设法引出更多要回答后续问题的答案。

第九章 问卷评估

（3）通过分析主观量表的答案分布可以判断是否需要修改问题。在预调查的结果中，答案在量表上的分布越广泛，量表提供的信息量就越大；如果所有答案都相同，这个问题就没有提供任何信息。也就是说，通过分析量表的答案是否集中在个别类别上，研究者可以判断是否需要修改问题或答案选项来扩大从问题的结果中获得的信息量；对于没有提供有用信息的问题，研究者可以考虑删除。

例 9-6：针对试讲课程的评估问题
从总体上看，您认为这位老师上的课怎么样？
A. 这是我上过的最差的课
B. 这位老师上的课不好也不差
C. 这是我上过的最好的课

如在例 9-6 中，如果几乎所有的调查对象都选择 B，这个问题就几乎没有提供任何信息，研究者就需要对这一问题进行重新设计。研究者可以将问题改为对于课程吸引力的评价，将选项改为量表的形式，由调查对象在 1（完全没有吸引力）至 5（非常具有吸引力）中选择，如例 9-7 所示。

例 9-7：从总体上看，您认为这位老师上的课对您的吸引力如何？请在以下合适的数字上画圈：

完全没有吸引力　　　　　　　　非常具有吸引力
　　1　　　2　　　3　　　4　　　5

（4）对于开放式问题，预调查的结果还能提供有用的信息。开放式问题提供的是辅助性的信息，难以编码，并且内容五花八门；但如果在预调查的结果中，开放式问题的答案较为集中，少数几个答案就可以覆盖大多数人所表达的意思，那么研究者可以考虑将这类问题转化为选择性问题，方便编码和分析。除此之外，研究开放式问题的答案也有利于研究者了解问题是否得到了想要的答案类型，有利于其进一步考量问题的措辞和设置。

如果研究者通过使用专题小组讨论、深度访谈、预调查这些方式评估了问卷，那么对于修改以后的问卷，最理想的情况是再做一次预调查进行评估，以确保在第一次预调查中发现的缺陷和问题得到了纠正。

如何设计调查问卷

第二节 问卷的信度和效度评估

一、信度与效度之间的关系

调查问卷的信度即可靠性，是指采用同样的问卷调查方法对同一对象进行调查时，其结果的稳定性和一致性，即问题或量表能否稳定地测量所测变量。效度，即测量工具或手段的有效性和正确性，在问卷调查中是指问卷能够准确测出所需测量的事物的程度。

例如，用于测量身高的身高测量仪，A第一次赤脚站上去测量的结果是170厘米，他下来后立马又站上去，测量的结果变成了179厘米，两次的测量结果差异过大，因此测量就不具有信度。又如，研究者想要了解调查对象的具体年龄，在问卷中却用询问对方的身高的问题来询问，通过这一问题不可能得到研究者想要的答案，该问题就不具有效度。

信度和效度的共同点是它们都以相关系数来表示大小，都是运用问卷调查技术开展科研工作的可靠性保证。但是，保证问卷的信度并不一定能够保证效度，调查问卷可以每次都产生相同的结果而具有信度，但是其调查的内容可能完全不符合调查的目的，即没有效度。例如，A准备用一台体重秤来测量自己的体重（实际体重是54公斤），如果A第一次测量的结果为50公斤，走下体重秤再马上站上去，显示的结果还是50公斤，那么这台体重秤具有信度（因为对同一事物的前后两次测量结果完全一致）而不具有效度（A的实际体重为54公斤，而非体重秤测量出来的50公斤），需要校准以后才能用于测量。

图9-1以图解的方式形象地解释了信度与效度的差别。靶心是想要测量的目标，具有良好信度的问卷结果并不能保证它的测量结果刚好打在靶心上，其注重的是结果展现出一种密集的点状形态；具有良好效度但没有良好信度的问卷结果则是想要测量的结果松散地围绕在靶心的周围。信度较低可以被认为是随机误差较大导致的，而效度较低则是系统误差导致

第九章　问卷评估

的，缺乏信度或效度的调查都是难以达到调查目的的。

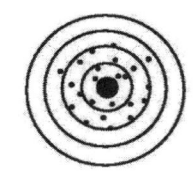

有信度但没有效度　　　　有效度但没有信度　　　　有效度也有信度

图 9-1　信度和效度的比喻

资料来源：巴比．社会研究方法：第 10 版．邱泽奇，译．北京：华夏出版社，2005：141.

信度和效度的提高在某些特殊的情况下也会产生矛盾。有时候当效度提高时，会比较难以确保信度；相反，有些时候当信度提高时，会导致难以掌握效度。这一现象在某个概念过于抽象、缺乏方便观察的对象的情况下容易出现。当测量目标相当明确、便于观察时，信度最容易达到。

比如，"疏离"是一个抽象且高度主观的概念，是一种陌生、冷漠、孤立无援、与人很疏远的感觉，而且这种感觉经常扩散到个人生活的许多层面，例如社会关系、自我感觉等。如果直接向调查对象询问其在生活中是否有疏离感，调查对象就会从各自的理解出发回答问题，而导致问题的信度很低。如果建立量表来测量，由于"疏离"本身高度主观，难以设置具有效度的量表，因此调查问卷的效度很低。通过问卷中的题目可能可以得出具有信度的测量值，但也有捕捉不到该概念的主观本质的风险。

二、对问卷信度的评估

抽象地说，信度评估就是看用测量相同内容的调查问卷重复测量同一名调查对象，得到研究可接受的误差范围内的研究结果的可能性的大小。就如同使用身高测量仪测量一个人的身高，第一天测量了某人的身高，如果不对身高测量仪进行调整，那么在第二天的同一时间，用同一台身高测量仪再次测量这个人的身高，结果应该与第一天是相同的，或者两次结果之间的差异在可接受的范围内，如仅相差 0.2 厘米。如果结果相差三四厘米，在正常测量的情况下，很可能是身高测量仪出现了问题，因此该身高测量仪的测量结果不具有信度。

信度又可被分为稳定性信度、代表性信度和等值信度三种类型。稳定性信度指的是，在不同的时间用同一问卷或指标进行测量，获得相同结果的程度。代表性信度指的是，在用同一问卷或指标测量不同的子群体时，会得到该群体在那个概念上的相同结果的程度。比如当直接问一个人的年龄时，不到20岁的人可能会倾向于提供超过其真实年龄的数字，而40岁以上的人可能会提供低于其真实年龄的数字，这就不具有代表性信度。等值信度指的是，在用多重指标来测量一个相同概念时，这些指标得到相同结果的程度。

例 9-8： 用两个问题来询问调查对象对朋友的态度

Q1. 您对您的朋友好不好？

（1）很好　（2）比较好　（3）一般　（4）不太好　（5）很不好

Q2. 您是否愿意在您的朋友非常需要您帮助的时候提供帮助？

（1）很愿意（2）比较愿意（3）一般（4）不太愿意（5）很不愿意

例 9-8 中，如果调查对象对两个问题的回答差异很大，如第一题选择的是对自己的朋友很好，但是第二题选择的是不太愿意帮助朋友，那么这两道题对于调查对象对朋友态度的测量就不具有等值信度。

（一）测量信度的具体方法

那么如何才能测量问卷的信度呢？下面将介绍四种常用的信度测量方法。

1. 重测信度法

假定在一定时间内，同一批调查对象的某方面的状况没有改变，研究者可以通过对每个调查对象用同一份问卷在不同时间进行两次测量，再对两次测量的结果做相关分析或差异的显著性检验，来评价问卷信度的高低。相关系数越接近1或者差异越小，问卷的信度就越高。

使用这种方法测量问卷的信度需要注意以下问题。首先，测量结果与两次测量的时间间隔有关，间隔时间的长短难以把握。在通常情况下，时间间隔越长，受周围环境的影响越大，两次测量得到的相关系数越小；如果时间间隔过短，那么调查对象可能会受记忆的影响，第二次阅读、思考题干的时候可能不会再像第一次那样进行判断或回忆，而会直接填写第一次调查所填写的答案。其次，第一次调查可能会对调查对象产生影响，使得第二次测量结果的不同不是源于信度过低，而是源于真实情况发生了改变。

例 9-9：关于父母照料儿童的问题
上个月，您是否抽出过专门的时间陪伴您的子女？
（1）是　　　　　　（2）否

例 9-9 中，在第一次调查的时候，调查对象可能之前并没有考虑到要抽出专门的时间来陪伴和关心子女，选择的是第二项"否"。而在接受调查之后，调查对象可能意识到自己对于子女的关心不够、陪伴的时间不够多，因此开始注意抽出专门的时间陪子女出游、跟子女谈心。那么，在第二次接受调查的时候，调查对象由于实际状况已经发生了改变，所以在填答问卷时选择的是第一项"是"。因此，前后两次调查结果的差异并不源于问卷的信度不够，而是源于第一次调查对调查对象的行为、心理产生了影响，从而导致第二次填答的结果不同。

另外，还存在对于这种方法本身假设的质疑，即这种方法假定调查对象的状况没有改变而重复进行测量。这一假定或前提条件过强，调查对象的真实状况即使不受第一次填答问卷的影响，也很有可能在两次填答间隔内发生变化。

2. 复本信度法

复本指的是根据相同的设计说明，分别独立编制的两套平行问卷，也就是具体题目不同但是目标相同、内容相近的两份等价问卷。两套平行问卷可以让同一名调查对象先后填写，其所得分数的相关系数可以被用来评估问卷的信度。复本信度的高低反映了两套互为复本的问卷等价的程度，而不是反映一套问卷本身受随机误差影响的大小。

虽然复本信度法解决了重测信度法中调查对象状况可能发生改变的问题和记忆效应，但是这个方法仍有缺陷。首先，构造两份等价的问卷费时费力，并且很难保证这两份问卷是完全等价的。其次，测量的内容很容易

如何设计调查问卷

受练习的影响，复本信度也很难克服练习效应。

研究者如果能够测量重测复本信度，也就是结合重测信度法和复本信度法，在不同的时间里进行两个等值的复本测验，那么得到的问卷的信度（相关系数）比单一的重测信度或复本信度都更加准确、可信。对于母语非英语的人的英语水平测试［例如雅思（IELTS）、托福（TOEFL）等］，一般都采用重测复本信度比较高的题目，所以测试者在短期英语水平没有大幅度提升的情况下，想要通过多次测试来明显地提高成绩是比较困难的。

3. 折半信度法

这种方法主要适用于评估一些问卷的测量项目的内部一致性。当问卷没有复本而且测量不可避免地会受到时间的影响而只能测量一次时，研究者也可以用这种方法。

使用折半信度法评估问卷的具体操作过程是：在调查阶段使用原有的问卷进行调查，当调查完成后，在进行信度测量阶段，将问卷内的题分开（例如按奇偶数来将题分为两类），各作为题数相等的一套问卷，分别求出两套题的总分，然后再计算两套题总分的相关系数①。

在应用这种方法时，研究者需要注意，用于计算相关系数的两半问卷应该测量的是同一种特质，也就是说，对于那些在结构上多维的问卷，研究者需要分别计算各个维度内部的折半信度来评估该维度上题目的信度。

例如，测量员工工作满意度的量表就是一种多维结构，包括在工作中对能力的发挥、工作成就感、个人提升、公司政策和实践、薪酬满意度、

---

① 对问卷的题目折半会造成对整个问卷信度的低估，为此研究者需要对折半信度进行校正。当两部分调查结果的得分方差相等时，使用的校正公式为斯皮尔曼-布朗（Spearman-Brown）公式：$R = \dfrac{n r_{ab}}{1+(n-1)r_{ab}}$（其中，$R$ 为校正后的折半信度，r_{ab} 为问卷两部分之间的相关系数，n 为原问卷相对于拆分后的问卷的长度的倍数，折半信度的 $n=2$）。

当两部分结果的得分方差不相等时，使用的校正公式为弗拉纳根（Flanagan）公式：$R = \dfrac{4 r_{ab} \sigma_a \sigma_b}{\sigma_a^2 + \sigma_b^2 + 2 r_{ab} \sigma_a \sigma_b}$（其中，$R$ 为校正后的折半信度，σ_a 和 σ_b 分别表示这两部分问卷的测量结果的标准差）。由于问卷两部分之间的协方差 $\sigma_{ab} = r_{ab} \sigma_a \sigma_b$，因此公式也可表达为 $R = \dfrac{4 \sigma_{ab}}{\sigma_a^2 + \sigma_b^2 + 2 \sigma_{ab}}$。

第九章 问卷评估

同事关系、创造性的发挥、公司福利等，研究者需要对每个维度分别进行测量，最后加总得到综合的满意度评价。但是，这些维度考察的是不同的方面，是比较独立的，因此，在包含各个维度的整个量表内部考察一致性是不适宜的，研究者需要分别计算每个维度的折半的相关系数，考察该维度的问题的信度。

4. 同质性信度法

同质性信度法也称内部一致性信度法，是考察问卷中所有具有同样特质的题目间的一致性。折半信度法是求问卷两部分之间的一致性，因此折半信度实际上是同质性信度的一种，可以作为同质性信度的粗略估计指标。

研究者在对问卷的同质性信度进行测量前，需要检查问卷中的每个问题是否都是同方向的，即题目间的相关系数是否是正向的，如果有的题目测量的内容与其他题目的方向是相反的，就应当先将这道题的得分反向，再计算问卷的信度。

例 9-10：用量表来测量婚姻关系时，有以下问题：

		完全不符	比较不符	一般	比较符合	完全符合
Q1	我对婚姻十分满意	1	2	3	4	5
Q2	我和爱人做事默契	1	2	3	4	5
Q3	我和爱人经常吵架	1	2	3	4	5
Q4	我和爱人意见一致	1	2	3	4	5
Q5	我和爱人思想情感沟通顺畅	1	2	3	4	5
Q6	爱人时常因他（她）自己的问题而责怪我	1	2	3	4	5

例 9-10 中，在研究者用通过该量表得到的调查数据结果计算同质性信度前，由于 Q3 和 Q6 题的题干与其他题目是反方向的，所以研究者需要对这两道题的数值进行反向处理，将结果为"1"的改成"5"，结果为"2"的改成"4"，以此类推之后，再评估量表的信度。

同质性信度采用克龙巴赫（Cronbach）alpha 系数来评估，计算方式

为 $\alpha = \dfrac{n}{n-1}\left(1 - \dfrac{\sum_{i=1}^{n} S_i^2}{S_x^2}\right)$（其中，$n$ 为题目数量，S_i^2 为调查对象在第 i 题得分的方差，S_x^2 为所有调查对象总得分的方差）。根据方差和协方差的转换关系，公式也可表达为 $\alpha = \dfrac{n\bar{c}}{\bar{v}+(n-1)\bar{c}}$（其中，$n$ 为题目数量，$\bar{c}$ 为每两题之间协方差的均值，$\bar{v}$ 为各题方差的均值）。

例如，有 10 名调查对象填答了例 9-10 量表中的 6 个问题，将 Q3 和 Q6 反向编码后（即分数越高婚姻质量越好）的回答情况如表 9-3 所示：

表 9-3 婚姻关系量表回答情况

	Q1	Q2	Q3	Q4	Q5	Q6
调查对象 1	3	2	3	4	5	3
调查对象 2	3	4	3	4	3	4
调查对象 3	4	5	4	3	4	2
调查对象 4	3	1	2	3	2	1
调查对象 5	4	1	2	5	3	5
调查对象 6	3	1	2	1	2	2
调查对象 7	2	2	2	3	4	1
调查对象 8	4	3	4	3	3	2
调查对象 9	2	4	3	2	2	1
调查对象 10	4	5	5	3	4	4

根据计算，可得每题得分的方差 $S_1^2 = 0.62$，$S_2^2 = 2.62$，$S_3^2 = 1.11$，$S_4^2 = 1.21$，$S_5^2 = 1.07$，$S_6^2 = 2.06$，以及总得分的方差 $S_x^2 = 22.18$。根据公式可得克龙巴赫 alpha 系数 $\alpha = 0.73$。

克龙巴赫 alpha 系数取值在 0 到 1 之间。一般来说，克龙巴赫 alpha 系数如果不超过 0.6，则同质性信度不高；达到 0.7～0.8 时则表明具有相当的同质性信度；若在 0.8 以上，那么同质性信度非常高，具有极高的使用价值。克龙巴赫 alpha 系数越高，同质性越好，信度越高。

（二）提高信度的常用方法

常见的影响信度的因素有：问卷的长度、题目的难度、答卷的时间、测验的程序步骤等。因此，针对这些影响因素，问卷信度的提高有以下几种常用方法。

1. 用多重指标来测量一个变量

研究者可以通过对某一概念的不同层面进行测量，在各个层面建立其自己的指标，来降低误差的影响。研究者如果担心一个指标不够全面，可以使用多个指标，这样就不太可能出现同样的缺陷，而且会比使用一个指标更加稳定。对于某些经常需要测量的内容，研究者可以借鉴现有的成熟量表，这些量表一般来说已经过多次实践检验，具有较高的信度，并且成熟量表的使用者比较多，也方便今后与其他调查的结果进行比较。

例如，对于员工工作满意度的测量，就已经有较为权威和常用的明尼苏达满意度量表（Minnesota Satisfaction Questionnaire，MSQ）。该量表分为长式量表（共21个分量表，120道题）和短式量表（共3个分量表，20道题），可以被用来测量员工的内在满意度（intrinsic satisfaction）、外在满意度（extrinsic satisfaction）和一般满意度（general satisfaction）。由于长式量表题目过多，如果员工没有足够的耐心和细心填答量表，就会影响测量的结果，因此调查大多采用短式量表（见例9-11）。

例 9-11：明尼苏达满意度短式量表（MSQ 1977 Short Form）

1＝对我工作的这一方面非常不满意；
2＝对我工作的这一方面不满意；
3＝不能确定对我工作的这一方面是满意还是不满意；
4＝对我工作的这一方面满意；
5＝对我工作的这一方面非常满意。

您对工作这一方面的满意度如何？	非常满意	满意	一般	不满意	非常不满意
1. 能够一直保持忙碌的状态	5	4	3	2	1
2. 独立工作的机会	5	4	3	2	1
3. 时不时地做一些不同事情的机会	5	4	3	2	1
4. 在团体中成为重要角色的机会	5	4	3	2	1

续前表

您对工作这一方面的满意度如何?	非常满意	满意	一般	不满意	非常不满意
5. 我的老板对待他/她的下属的方式	5	4	3	2	1
6. 我的上司做决策的能力	5	4	3	2	1
7. 能够做一些不违背我良心的事情	5	4	3	2	1
8. 我的工作的稳定性	5	4	3	2	1
9. 能够为其他人做些事情的机会	5	4	3	2	1
10. 告诉他人该做些什么的机会	5	4	3	2	1
11. 能够充分发挥我能力的机会	5	4	3	2	1
12. 公司政策实施的方式	5	4	3	2	1
13. 我的收入与我的工作量	5	4	3	2	1
14. 职位晋升的机会	5	4	3	2	1
15. 能自己做出判断的自由	5	4	3	2	1
16. 自主决定如何完成工作的机会	5	4	3	2	1
17. 工作条件	5	4	3	2	1
18. 同事之间相处的方式	5	4	3	2	1
19. 工作表现出色时，所获得的奖励	5	4	3	2	1
20. 能够从工作中获得的成就感	5	4	3	2	1

其中，1～4题、7～11题、15～16题和20题构成了内在满意度分量表，5～6题、12～14题和19题构成了外在满意度分量表，两者相结合测量的是一般满意度。经过多次测验，明尼苏达满意度短式量表的内在满意度分量表的克龙巴赫alpha系数为0.82～0.86，外在满意度分量表的克龙巴赫alpha系数为0.70～0.82，完整量表（一般满意度量表）的克龙巴赫alpha系数为0.85～0.91。该量表的克龙巴赫alpha系数很高，一般可以不用再次测验，不过如果要将该量表用到中国的情境中，研究者最好重新对其进行测验。

但是，研究者在使用已有成熟量表的时候，需要具体问题具体分析，注意实际应用的对象差异性、地区差异性和时代变化性等。例如，在应用明尼苏达满意度短式量表测量员工的工作满意度时，如果测量对象是流水线上的普通工人，那么有关"告诉他人该做些什么的机会"的问题可能就不是测量其工作满意度的合适的问题。

2. 适当增加问卷的长度

在其他条件相同的情况下，假定调查对象回答前后题目的感受和心态是相同的，那么用于测验的问卷越长、题目越多，信度越高。其原因在于：问卷越长，其内容取样就越有可能有代表性，而且在一定程度上排除了偶然因素的影响。但是，这一点是建立在调查对象在回答问卷前面的问题和回答后面的问题时所具有的耐心和仔细程度是相同的这一假定的基础上的。在真实情况下，问卷长度的增加与信度的提高并不成正比。因为，问卷长度的增加，会使得调查对象回答问题的时间增加，调查过程被打断的风险加大，由调查对象不耐烦导致的注意力不集中、出现错误的可能性提高，反而增加了调查时可能碰到的偶然因素。因此，当问卷信度较低时，适当延长问卷的长度，问卷信度提高得较明显；当问卷本身的信度较高时，增加问卷长度对信度的提高作用比较小。同样的思路也可以用于缩短问卷的长度，即当问卷的问题较多，减少问题不会明显降低信度时，就可以考虑缩短问卷的长度。例如，中国家庭追踪调查（CFPS）在使用流行病学研究中心抑郁量表（CES-D）来测量调查对象的抑郁水平时，就对该量表的 20 道题的长表和 8 道题的短表进行了测试，发现长、短表的测量效果相近，因而就在调查中使用了短表。

3. 问卷题目的难度要适中，要有区分度

这一点对知识测验、智力测验的问卷而言极为重要。如果问卷题目难度过大，调查对象的得分会集中在低分区；如果题目过于简单，调查对象的得分则集中在高分区。这两种情况都使得分数的差异减小、范围变窄。特别是当题目过难时，调查对象可能会随意、胡乱作答，从而降低问卷的信度和效度。

在针对一般居民的有关食品卫生安全问题的知识测验中，包含不常见的专业名词、化学名词的题目就不应当大量出现，如例 9-12 的错误示范。

例 9-12：有关食品卫生安全问题的知识测验

Q1. 食用没有煮熟的四季豆导致中毒的原因是什么？

（1）含有皂素　　　（2）含有秋水仙碱　　　（3）含有龙葵素

Q2. 下列哪类物质属于必需脂肪酸？

（1）牛磺酸　　　（2）棕榈酸　　　（3）油酸　　　（4）亚油酸

这类测验的目的往往是了解一般居民对食品卫生安全问题的掌握情况，并非专业的食品化学知识测验。因此，题目中不常见专业术语的增加反而会使调查对象在答题时感到困惑或由于看不懂的内容太多而不耐烦。

4. 调查的时间要充分

一份问卷应该保证绝大多数调查对象在规定时间内能完成问题的填答。如果时间过短，调查对象就不能认真、从容地填答所有的题目。在受到催促的情况下填答问卷，调查对象会由于紧张或焦急而不仔细看问题就直接圈选答案，因此问卷的结果不能反映调查对象的真实情况。如果大部分调查对象都不是在认真填答的情况下完成问卷的，那么问卷的信度与效度将同时受到影响，最终数据统计的结果就不能反映真实情况，反而会对研究者了解实际情况产生误导。

5. 问卷调查的程序要统一

在调查过程中，研究者除了要保证每份问卷的题目一样外，还要做到整个调查过程，包括指导语、答题的方式（是问答式的还是自填式的）、发放和回收问卷的方法，以及调查的时间长短都要统一，这是保证问卷信度的重要条件。

例如，一份自填式知识测验类问卷，如果包含 A 卷（选择题）和 B 卷（填空题），分别要求调查对象在 10 分钟和 5 分钟内完成，那么在不同地点进行的调查，问卷的发放和回收方法都应该相同，即在 A 卷发放出去 10 分钟之后回收，然后再发放 B 卷，在 5 分钟之后回收。在不同地方、不同时间进行这一问卷填答时，研究者都应该遵循这一过程，不能为了贪图方便而在有的时候将 A、B 卷同时发放，在 15 分钟之后再一同回收问卷。

6. 测验的时间间隔要适当

这一因素只对重测信度和在不同时间测量的复本信度有影响，其余的信度测量不存在时间间隔问题。两次测量的时间间隔过长，真实状况在间隔期间发生改变，会导致问卷答案的差异，但这种差异不能说明问卷信度低；两次测量的时间间隔过短，调查对象会受到记忆的影响，在第二次作答的时候为了使自己的答案看起来一致而偏向于选择第一次的选项，这种一致也并不能说明问卷具有较高的信度。

但是，问卷光有信度是不够的。就如同一台运作良好的身高测量仪，测量一个穿了5厘米高的鞋子的人的身高，虽然前后两次测量出来的结果相同，测量具有信度，但这并没有反映真实情况，只是重复了错误而已。进行问卷调查的目的就是准确反映调查对象的真实状况，因此问卷还需要具备有效性和正确性，即问卷要有效度。

三、对问卷效度的评估

问卷调查的目的就是获得高效度的测量和结论，效度越高，说明该问卷的调查结果越能达到问卷调查的目的。

对问卷效度的测量要考虑两个方面的问题：问卷测量的目的和问卷对测量目标的精确度和真实性要求。鉴别效度须明确测量的目的与范围，考虑所要测量的内容并分析其性质与特征，检查测量的内容是否与测量的目的相符，进而判断测量结果对所要测量的特质的反映程度。

从性质看，效度是一个具有相对性、连续性和间接性的概念。效度的相对性是指，任何问卷的效度都是对一定的目标来说的，只有将问卷用于与问卷调查的目标一致的调查对象的时候，对其效度的评估才有意义，因此，在评估效度时必须考虑调查的目的。效度的连续性是指，问卷的效度只有程度上的不同，而没有"完全有"或"完全没有"的差异。效度的间接性是指，效度不是可以被直接测量得到的，而是从已有的证据推理而来的。

（一）评估效度的具体方法

常见的效度类型包括表面效度、内容效度、结构效度和效标效度，下面将对这些效度及其对应的检验方法进行介绍。

1. 表面效度

表面效度是最容易达到，也是最基本的效度类型。其考察的问题是：从表面上看，某个指标是否确实能够测量某个概念？一般人会认为对这一问题的测量与对这一问题的定义相符吗？比如，对于大学生的数学能力，很少人会用10以内的加减乘除来测量，因为，人们仅靠常识就能知道，这不是一个对大学阶段的人的数学能力的有效测量工具。再如，针对未婚者的幸福感的考察，就不可能在问卷中添加有关婚姻关系的测量题目，因为未婚者根本就没有经历过婚姻，因此不可能对其在婚姻中的感受给出回答。

对于表面效度的主要考察方法是逻辑分析法，也称专家法，一般是请相关领域的研究者或专家评判问卷的题目是否符合测量的目的和要求，是否很好地代表了想要测量的内容。数学运算能力测试不能只限于加法，还应有减法、乘法、除法，对于学过高等数学的大学生来说还有微积分、线性代数等。对于未婚者幸福感的考察，可以从与父母长辈的关系、与同学或同事间的相处等方面进行。

2. 内容效度

内容效度也称内在效度或逻辑效度，实际上是表面效度的一种特殊类型，指的是调查问卷的问题与调查目标之间是否契合，也就是指调查问卷所选择的问题是否完全符合调查的目的和要求。

比如要测量一个大学生的数学能力，如果目标是测量其初等数学的水平，那么测试应该包括研究空间形式的几何学和研究数学关系的代数学；但是如果目标是测量其高等数学的水平，那么测试应该包括解析几何、线性代数、微积分、概率论与数理统计等方面。这里所要考虑的内容效度就比表面效度更进一步，除了考虑到大学生的数学水平不应该用简单的10以内的加减乘除来测量外，还考虑到调查目标、研究内容的内在需要，即到底是测量大学生的初等数学水平还是测量其对高等数学的掌握程度。

对问卷的内容效度的评价主要依赖研究者的经验判断，研究者一般要考虑三个方面的问题：首先是问卷所测量的方面是否真的需要测量，其次

第九章 问卷评估

是问卷所包含的问题是否覆盖了需要测量的各个方面，最后是问卷题目所涵盖维度的构成比例是否恰当。例如，要对某个人的生活习惯进行调查，研究者在覆盖了有关饮食结构、吸烟、喝酒和锻炼等方面后，还要注意合理地设置各个维度的题目的数量，不能在吸烟习惯方面设置较为详尽的题目（询问了过去是否吸烟、过去平均每日吸烟数，以及现在是否吸烟、现在平均每日吸烟数），而对喝酒的习惯只用"平时是否喝酒"这一题目来进行测量。

3. 结构效度

结构效度也被称为建构效度，是指调查问卷对某一特质或者理论概念进行测量的程度，其关心的问题是问卷在实际上能否证实或解释某一理论的假设、术语或概念。如果研究者能够根据理论的假设设计问卷，并通过该问卷测量得到调查对象的实际分数，同时利用因子分析等方法，得出问卷能够有效地解释调查对象的该项特质的结论，那么问卷就有较好的结构效度。

对于研究者来说，确定问卷的结构效度可以用下面几种方法。

一是在确定问卷的内容效度的同时，评估结构效度。由于有些问卷对所测内容或行为范围的定义和解释类似于对理论概念的解释，因此内容效度高的问卷，其结构效度也较高。

例如，要研究有关夫妻婚姻幸福度的问题，研究者为婚姻幸福度这一主要测量内容构建了量表并且要评估其效度。如果有理论认为，与婚姻幸福度较低的夫妻相比，婚姻幸福度较高的夫妻不太可能欺骗对方，那么研究者就应当将是否欺骗伴侣的问题放入对婚姻幸福度的测量中。如果婚姻幸福度测量正如预期的那样，与是否欺骗伴侣有关，那么这道题目就具有内容效度和结构效度。但是，如果调查的结果显示，夫妻无论其婚姻幸福度高低都存在欺骗伴侣（包括善意的谎言）的情况，那么这道题目的内容效度和结构效度就值得讨论了，或者研究者可以增加问题，以更进一步地对欺骗的频率进行考察。

二是采用趋同效度法，也即相容效度法，就是考察新编制的问卷与某个已知的能有效测量相同特质的调查或问卷之间的相关系数。如果两者相关程度较高，就说明新的问卷有较高的效度。例如，某公司要测量员工的满意度，希望用自己设计的更符合公司特点的员工满意度问卷，但是不知道问卷的效度如何，该公司就可以同时用新设计的问卷和权威的、常用的问卷（如明尼苏达满意度量表）对员工的满意度进行测量，然后对两份问卷测量的结果进行相关分析。如果相关程度高，那么新设计的问卷具有较高的效度。又如，想要知道某人的受教育程度，如果通过直接询问本人得知的最高学历与查阅学校记录得知的并不相同，比如，调查对象声称自己具有高中学历，其自报的毕业学校却没有该调查对象的学习记录，那么这一调查的效度就很低。

三是采用区别效度法，它是指对同一个概念加以测量的多个指标不但会产生一致的结果，而且在测量相反的概念时，会得到相反的结果。研究者如果能同时运用趋同效度法和区别效度法，那么对于问卷的效度将更有把握。例如，研究者想要测量大众对婚前性行为的看法。如果问卷中有10道测量对婚前性行为持保守态度的题目，结果调查对象对这10题的回答结果都相近，那么问卷具有趋同效度；如果在同一份问卷中又加入10道测量对婚前性行为持开放态度的题目，持保守态度的测量题目会得到一致的结果，而且与持开放态度的测量题目都呈负相关，那么持保守态度的测量题目就具有区别效度。

四是利用因子分析来考察问卷的结构效度。因子分析的主要功能是从问卷的全部变量中提取一些公因子，各公因子分别与某一群体的特性高度关联，这些公因子即代表了问卷的基本结构。通过因子分析，研究者可以考察问卷能否测量出研究者设计问卷时假定的某种结构。

考察问卷的结构效度的最大作用是可以用来验证假设，但其也有明显的局限性，特别是当调查结果不能验证原来的概念或假设时，研究者不能确定是理论有错误，还是调查问卷本身缺乏内容效度，不能够有效地测量想要测量的目标，抑或是问卷缺乏结构效度，在问卷设计上存在问题。

4. 效标效度

效标效度又称准则效度，是指通过问卷得到的数据和其他被选择的某种外部参照变量的值的关联程度。这种外部参照变量又被称为效标，是常用的一种公认比较可靠或权威的测验结果，其与所得问卷测量结果的相关系数越高，问卷的效度就越高。效标效度实际上就是用一种已知的有效标准去检验另一个新的测验的有效性。

　　根据时间跨度的不同，效标效度可以被分为同时效度和预测效度。同时效度是指效标结果与问卷结果是可以同时得到的，例如对研究生入学考试卷的效度的考察可以用学生在大学期间的成绩做效标。又如，在雅思、托福等标准化考试中，常常会用一些在多次考试中出现的题目作为效标，来评估考试中新出现的题目的效度。预测效度是指测验分数和相对应的未来某项特质的相关程度。例如，大学的入学英语分级考试的作用就是调查不同学生现有的英语水平，预测学生未来的英语学习能力，以根据学生英语学习能力的不同来确定其能适应的英语教学的难度，因此，如要检验某入学英语分级考试的预测效度，可用参加该次考试的学生的第一学年的平均英语成绩作为效标分数，然后计算这批学生的入学英语成绩与效标分数的相关系数。相关系数越高，则说明入学英语分级考试的预测效度越高。

　　问卷效标效度的评估方法常用的有相关法和区分法两种。相关法，就是求出调查问卷分数与效标之间的相关系数，所得的结果就是效标效度。区分法，就是检验调查问卷的结果能否有效地实现将目标群体从其他群体中区分出来，这一区分结果应当同根据效标将目标群体从其他群体中区分出来的结果相同。比如，研究者可以先用效标区分出两组不同的群体，再依据这一区分来计算调查结果的 t 值，用来检验问卷分数的差异是否显著，若差异显著，说明该问卷能够有效地区分由效标定义的群体，如果差异不显著，那么问卷就不具有效标效度。研究者也可以先依据效标区分出两组不同的群体，再通过计算两组问卷答案分布的共同区的百分比来判断，重叠越多，说明按效标划分的不同群体的分数差异越小，即调查问卷的效标效度越差。

(二) 影响效度的因素

　　所有与测量目的无关而又会带来误差的因素都会影响问卷调查的效度，有些因素的影响较为明显，有些因素的影响却不易察觉。影响调查的效度的因素有调查本身、样本的性质、效标的性质等。

如何设计调查问卷

1. 调查本身

问卷的指导语不明确、问题的编制不符合调查目的或者调查环境太差等，都会影响问卷的效度。比如在调查基层工作人员对于领导布置的任务所付出努力的程度时，如果基层工作人员的领导或其他同事在场，这名工作人员就可能因为担心领导或同事对自己产生比较负面的看法，给出不能反映真实状况的回答。因此，严格地按照问卷编制的原则设计问卷，并且在调查过程中尽量避免外界因素的影响对于提高问卷的效度尤为重要。

例如，要测试大学生的英语听力水平，就需要测试的环境较为安静。嘈杂的环境会让学生听不清听力录音的内容，而被迫随意选择答案选项或回答问题。在这种情况下，测试并不能真实地测量调查对象的英语听力水平，因为无论各个学生实际的英语听力水平差异有多大，在进行测试的时候都遭到了干扰，正确率都很低。即便听力水平较高的学生也会因为听不清听力录音的内容而随意选择答案选项，因此测试不具有效度。

2. 样本的性质

同一份问卷对于不同样本群体的效度有很大的不同，因此在做效度分析时，研究者必须选取具有代表性的被调查群体。例如对于女性曾怀孕次数的调查，女性本人所提供的信息将明显优于其丈夫所提供的信息，即将该问题用于询问女性将更加有效度。

此外，样本群体的异质性对于测验效度而言是非常重要的。如果其他条件相同，样本在需要调查的方面的共同点越多、越同质，问卷填答结果的分布范围就越小，问卷的效度就越低；样本内部异质程度越高，结果的分布范围越大，通过问卷调查能够获得的信息越多，问卷的效度就越高。效度群体的性质包括年龄、性别、受教育程度、智力水平、职业等，研究者根据这些性质可以区分出不同的群体，使问卷对某一性质下的不同群体具有预测能力。例如，一项针对大学生的恋爱行为和恋爱观的调查，就需要样本在大一至大四各个年级都有分布。如果样本都集中在低年级组，那么很有可能大部分填答问卷的学生没有什么恋爱经历，导致调查结果无法反映大学生群体的真实情况。

第九章 问卷评估

3. 效标的性质

在衡量效标效度的时候要注意，效标的可靠性以及效标与问卷的相关性也会影响问卷效度，因此在对问卷的效标效度进行考察的时候，对于效标的选择要格外慎重。在一些情况下，可以将采用趋同效度法时参考的成熟问卷或量表作为效标，以保证效标的可靠性。

（三）提高效度的常用方法

针对影响问卷效度的可能因素，有以下几种方法可以提高问卷的效度。

第一，要明确调查的目的和通过问题所想要得到的信息。问卷内容要符合调查的目的，问题要清楚明了、方便理解，题目的难度和区分度要合适。

例 9-13：一项对老年人健康状况的调查要了解老年人的认知能力，研究者在调查时可以询问以下问题：

Q1-1 我现在说三样东西的名称： 　　　　桌子，苹果，衣服 请您按顺序重复这些东西的名称： 　　　　桌子 　　　　苹果 　　　　衣服 注：若老人第一次回答有错，需向老人重复上述三样东西的名称并请老人重复，直到完全正确为止（最多可重复6次，若重复6次仍不正确填7）。	第一次回答正确的有（对每一样东西的回答单选）： 1. 对　0. 错　8. 无法回答　☐ 1. 对　0. 错　8. 无法回答　☐ 1. 对　0. 错　8. 无法回答　☐
Q1-2 重复次数（第一次完全正确填0）。	＿＿＿＿次　☐

而如果调查是针对普通成年人（青壮年）进行的，就不适合用例 9-13 中的题目。

第二，题目和指导语不要有暗示性，如果是知识测验类的问卷，问题答案的措辞和安排就要合理，不能让调查对象可以容易地猜到标准答案或研究者倾向的答案。在市场调查中，例 9-14 的暗示性就比较明显。

例 9-14：很多顾客说 A 牌微波炉比 B 牌微波炉的质量要好，您是不是也这样认为？

（1）是 　　　　（2）不是 　　　　（3）不清楚

还有一些问题的暗示性不是很明显，但是仍然会诱导调查对象选择某个选项，如例 9-15 所示。

例 9-15：A 厂商的售后服务要在顾客反映问题后的两周才能够答复，您对此事的看法如何？

（1）满意 　　　（2）不满意 　　　（3）无所谓

第三，样本的选择和调查时的情况也会影响问卷的效度。要选择具有代表性的样本，样本异质程度越大，通过调查所能得到的信息越多，问卷的效度就会越高。在调查过程中，除了保证调查的环境适宜调查对象作答外，研究者还要重视调查问卷的回收率和问卷的质量，尽量保证足够的有效样本规模。

第四，对于效标的选择要格外谨慎，认清并排除会混淆或威胁调查结果的无关干扰变量。

第五，适当增加问卷的长度，对于提高问卷的效度也会产生有利影响。因为问卷的题目数量的增加能够使得测量更加接近想要的结果，受到可能导致误差的因素的影响变小。但问卷长度的增加对信度的影响更加明显。

在过去的各种类型的问卷调查中，有不少信度或效度比较低的问题。为了能够追踪变化或将新的调查结果与以往的研究结果进行比较，研究者在后续的调查中保留过去曾用过的某些问题无可厚非。然而，如果研究者在问卷中反复使用这些可能存在低信度或低效度的问题进行测量，无论这些问题的使用历史有多长，都会使研究停滞不前。从长远的角度看，使用一份经过系统的评估并且符合高信度和高效度标准的调查问卷，才能收集到真实、有用的资料，才能促成一项有意义的研究。当然，从实践的观点看，一份好的问卷除了要有足够的信度和效度外，还应该具备实用性，即问卷调查的经济性。如果问卷本身的信度和效度已经很高了，那么再增加问卷的长度只能略微提高问卷的信度和效度，但会耗费大量的财力和调查时间，这时研究者就没有必要再增加问卷的长度了。

小结

◇ 常用的评估问卷的综合性方法有专题小组讨论、深度访谈以及预调查三种。预调查的样本选取通常不需要经过严格的抽样过程，一般采用针对目标群体的小规模问卷调查的形式进行，但是对于样本的选择仍然要尽量覆盖各类目标群体。

◇ 在借用已有的问卷问题或成熟量表的时候，研究者需要具体问题具体分析，注意实际调查的对象差异性、地区差异性和时代变化性等。

◇ 调查问卷的信度即可靠性，是指采用同样的问卷调查方法对同一对象进行调查时，其结果的稳定性和一致性，即问题或量表能否稳定地测量所测变量。效度，即测量工具或手段的有效性和正确性，在问卷调查中是指问卷能够准确测出所需测量的事物的程度。

附录

问卷示例

一、2005年全国1％人口抽样调查问卷（表格）

调查对象：
本调查小区全部人口，包括：
1. 2005年10月31日晚居住在本调查小区的人
2. 户口在本户，2005年10月31日晚未居住在本户的人
本户地址：_____县（市、区）_____乡（镇、街道）_____村（居）委会
_____调查小区

H1.户编号	H2.户别	H3.本户应登记人数	
_____号	1.家庭户 2.集体户	2005年10月31日晚居住在本户的人数：_____人	户口在本户，2005年10月31日晚未居住在本户的人数：_____人
H4.本户2004年11月1日至2005年10月31日出生人口	H5.本户2004年11月1日至2005年10月31日死亡人口	H6.住房用途	H7.建筑层数
男_____人 女_____人	男_____人 女_____人	1.生活住房 2.兼作生产经营用房 3.无住房（结束）	1.平房 2.六层及以下楼房 3.七层及以上楼房
H8.本座住宅建筑结构	H9.本座住宅建成时间	H10.住房间数	H11.住房建筑面积
1.钢筋混凝土结构 2.混合结构 3.砖木结构 4.木、竹、草结构 5.其他结构	_____年	_____间	_____平方米

续前表

H12.本住房中是否有其他合住户	H13.是否饮用自来水	H14.住房内有无厨房	H15.主要炊事燃料	H16.住房内有无厕所
1.是 2.否	1.是 2.否	1.本户独立使用 2.本户与其他户合用 3.无	1.燃气 2.电 3.煤炭 4.柴草 5.其他	1.独立使用抽水式 2.邻居合用抽水式 3.独立使用其他式样 4.邻居合用其他式样 5.无

H17.住房内有无洗澡设施	H18.住房来源	H19.购建住房费用	H20.月租房费用
1.统一供热水 2.家庭自装热水器 3.其他 4.无	1.自建住房 2.购买商品房 3.购买经济适用房 4.购买原公有住房 5.租赁公有住房 } H20 6.租赁商品房 7.其他（结束）	_____万 _____千元 （结束）	_____元

个人项目表：　　　　　　　　每个人都填报

R1.姓名	R2.与户主关系	R3.性别	R4.出生年月	R5.民族
姓_____ 名_____ 0　1	0.户主 1.配偶 2.子女 3.父母 4.岳父母或公婆 5.(外)祖父母 6.媳婿 7.孙子女 8.兄弟姐妹 9.其他	1.男 2.女	（_____周岁） 出生于： _____年 _____月	_____族

R6.户口登记地情况	R7.调查时点居住地	R8.离开户口登记地时间
1.本乡（镇）、街道 2.本县（市、区）其他乡（镇）、街道 3.其他县（市、区）： _____省（市、自治区） _____市（地） _____县（市、区） 4.户口待定→R12	1.本调查小区 2.本乡（镇）、街道其他调查小区 3.本县（市、区）其他乡、街道 4.其他县（市、区）： _____省（市、自治区） _____市（地） _____县（市、区） 5.国外	1.没有离开户口登记地→R11 2.半年以下 3.半年至一年 4.一年至二年 5.二年至三年 6.三年至四年 }(R7圈3~5,结束) 7.四年至五年 8.五年至六年 9.六年以上

R9.离开户口登记地的原因	R10.户口登记地类型	R11.户口性质	R12.有几个兄弟姐妹	R13.身体健康状况
01.务工经商 02.工作调动 03.分配录用 04.学习培训 05.拆迁搬家 06.婚姻嫁娶 07.随迁家属 08.投亲靠友 09.寄挂户口 10.出差 11.其他	1.乡 2.镇的居委会 3.镇的村委会 4.街道	1.农业 2.非农业	（30周岁及以下人填报） 兄弟_____人 姐妹_____人	1.身体健康 2.基本能保证正常的生活工作 3.不能正常工作或生活不能自理 4.说不准

续前表

1周岁及以上人填报	5周岁及以上人填报	6周岁及以上人填报		
R14.一年前常住地	R15.五年前常住地	R16.是否识字	R17.受教育程度	R18.学业完成情况
2004年11月1日常住地： 1.省内 2.省外 _____省	2000年11月1日常住地： 1.省内 2.省外 _____省	1.是 2.否	1.未上过学→R19 2.小学 3.初中 4.高中 5.大学专科 6.大学本科 7.研究生及以上	1.在校 2.毕业 3.肄业 4.辍学 5.其他

15周岁及以上人填报				
R19.上周工作情况	R20.行业	R21.职业	R22.上周工作的单位或工作类型	R23.就业身份
10月25—31日是否为取得收入而从事了一小时以上的劳动： 1.是 上周工作时间： _____小时 2.在职休假、学习、临时停工或季节性歇业未工作 3.未做任何工作→R26	填写单位的完整名称： _____ 填写单位生产的主要产品或从事的主要业务：	填写个人所做工作的具体内容：	1.土地承包者→R25 2.机关团体事业单位 3.国有及国有控股企业 4.集体企业 5.个体工商户 6.私营企业 7.其他类型单位 8.其他	1.雇员 2.雇主 3.自营劳动者 ⎫ 4.家庭帮工 ⎭ R25

R24.签订劳动合同情况	R25.收入情况	R26.上周未工作原因	R27.三个月内是否找过工作	R28.能否工作
1.已签固定期合同 期限_____个月 2.已签无固定期（长期）合同 3.未签订劳动合同	上个月的月收入（或按年收入折算）是： _____元 →R29	1.在校学习→R30 2.丧失劳动能力→R29 3.离退休 4.料理家务 5.毕业后未工作 6.因单位原因失去原工作 7.因本人原因失去原工作 8.承包土地被征用 9.其他	1.在职业介绍机构求职 2.委托亲友找工作 3.参加招聘会 4.应答或刊登广告 5.为自己经营做准备 6.其他工作 7.未找过工作	如有工作机会能否在两周内开始工作 1.能 连续未工作时间： _____个月 2.不能

R29.参加社会保险情况			R30.主要生活来源	R31.婚姻状况	R32.初婚年龄
失业保险 1.参加 2.未参加	基本养老保险 1.参加 2.未参加	基本医疗保险 1.参加 2.未参加	1.劳动收入 2.离退休金、养老金 3.失业保险金 4.最低生活保障金 5.下岗生活费 6.内退生活费 7.财产性收入 8.家庭其他成员供养 9.其他	1.未婚（结束） 2.初婚有配偶 3.再婚有配偶 4.离婚 5.丧偶	（_____周岁） _____年 _____月

续前表

15至64周岁妇女填报		15至50周岁妇女填报	
R33.生育子女数	R34.存活子女数	R35.2004年11月1日至2005年10月31日的生育状况	
生育过： 男_____人 女_____人	现在存活： 男_____人 女_____人	1.未生育（结束） 2.有生育 生育时间是：_____月 婴儿性别：1.男 　　　　　2.女	（生育两个以上孩子的第二个孩子的状况） 生育时间是：_____月 婴儿性别：1.男 　　　　　2.女

二、跳答类问题示例[①]

C1.1　您在怀孕期间是否会提前探知将要出世的孩子的性别？
　　　（1）视难易程度而定
　　　（2）肯定会 ──→ 　62.2 您能从哪里知道？
　　　（3）不会　　　　　（1）本村　（2）邻村　（3）本县其他乡镇
　　　　　　　　　　　　　（4）本省外县　（5）外省

C1.2　在目前男孩多女孩少的情况下，您担心自己的儿子以后找不到媳妇吗？
　　　（1）担心　（2）不担心　（3）没想过　（4）不适用
　　　　　　　　　└──→ 90.2 您为什么不担心儿子以后找不到媳妇？
　　　　　　　　　　　　（1）当地很富有，很少有儿子找不到媳妇的
　　　　　　　　　　　　（2）家庭情况好，不愁儿子找不到媳妇
　　　　　　　　　　　　（3）儿子条件好，不愁找不到媳妇
　　　　　　　　　　　　（4）在当地找不到媳妇，可以到外地找媳妇
　　　　　　　　　　　　（5）其他，请说明_____

C1.3　您是否接受自己的女儿招上门女婿？
　　　（1）不接受　（2）接受　（3）其他，请说明_____
　　　　　　　　　└──→ 92.2 您为什么接受？
　　　　　　　　　　　　（1）这个很正常
　　　　　　　　　　　　（2）没有儿子
　　　　　　　　　　　　（3）只要女儿愿意就好
　　　　　　　　　　　　（4）其他，请说明_____

C1.4　您是否接受自己的儿子去做上门女婿？
　　　（1）不接受　（2）接受　（3）其他，请说明_____
　　　　　　　　　└──→ 93.2 您为什么接受？
　　　　　　　　　　　　（1）这个很正常　（2）儿子很多
　　　　　　　　　　　　（3）家庭条件不好　（4）只要儿子愿意就好
　　　　　　　　　　　　（5）其他，请说明_____

[①] 引自 2009 年中国人民大学人口与发展研究中心流动人口调查。

附录 问卷示例

C1.5　您还打算要孩子吗？

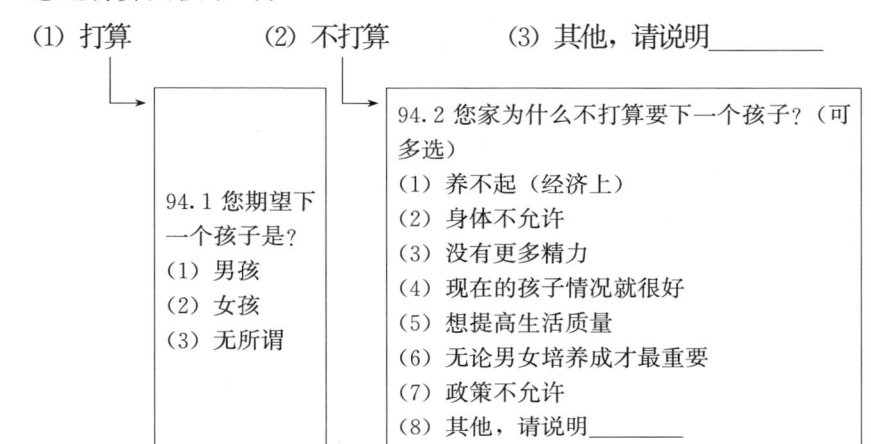

　　　(1) 打算　　　　　(2) 不打算　　　　(3) 其他，请说明_____

```
94.1 您期望下
一个孩子是？
(1) 男孩
(2) 女孩
(3) 无所谓
```

```
94.2 您家为什么不打算要下一个孩子？（可多选）
(1) 养不起（经济上）
(2) 身体不允许
(3) 没有更多精力
(4) 现在的孩子情况就很好
(5) 想提高生活质量
(6) 无论男女培养成才最重要
(7) 政策不允许
(8) 其他，请说明_____
```

C1.6　您是否曾经做过性别鉴定？

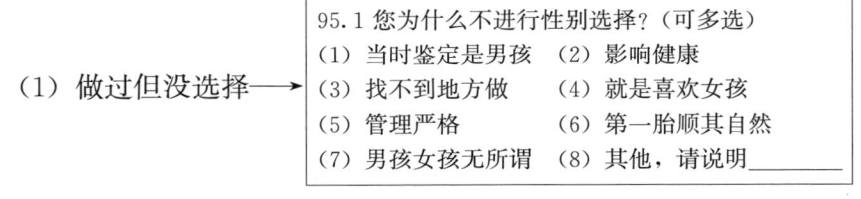

　　　(1) 做过但没选择 →

```
95.1 您为什么不进行性别选择？（可多选）
(1) 当时鉴定是男孩    (2) 影响健康
(3) 找不到地方做      (4) 就是喜欢女孩
(5) 管理严格          (6) 第一胎顺其自然
(7) 男孩女孩无所谓    (8) 其他，请说明_____
```

　　　(2) 做过并且选择

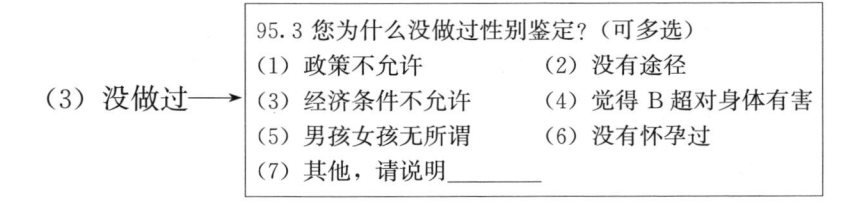

　　　(3) 没做过 →

```
95.3 您为什么没做过性别鉴定？（可多选）
(1) 政策不允许        (2) 没有途径
(3) 经济条件不允许    (4) 觉得 B 超对身体有害
(5) 男孩女孩无所谓    (6) 没有怀孕过
(7) 其他，请说明_____
```

三、2018年中国老年社会追踪调查（CLASS）问卷（居民问卷）

1. 村/居编码：[___|___|___|___|___|___]
2. 个人编码：[___|___|___|___|___]
3. 村/居全称：
   省/自治区/直辖市名称：_____
   地级市/区名称：_____
   县级市/区/县名称：_____
   乡/镇/街道名称：_____
   村/居委会名称：_____

4a. 督导记录：被访者居住的地区类型：	4b. 访问员记录：被访者居住的社区类型：
1. 市/县城的中心城区	1. 未经改造的老城区（街坊型社区）
2. 市/县城的边缘城区	2. 单一或混合的单位社区
3. 市/县城的城乡接合部	3. 保障性住房社区
4. 市/县城区以外的镇	4. 普通商品房小区
5. 农村	5. 别墅区或高级住宅区
6. 其他（请注明：_____）	6. 新近由农村社区转变过来的城市社区（村改居、村居合并或"城中村"）
	7. 农村
	8. 其他（请注明：_____）

5. 老年人是什么类型：

仅2014年接受过访问的跟踪样本 …… 1
仅2016年接受过访问的追踪样本 …… 2
2014&2016年均接受过访问的追踪样本 … 3
2018年新增样本 …………………… 4

被访老年人当前状态：
1. 接受访问 2. 死亡（填答死亡问卷）
3. 搬出本街道/乡镇到本省其他地方
4. 搬迁到本省以外的地方 5. 拒访
6. 无法确认（请注明：_____）

6. 访问员（签名）：_____ 编号：[___|___|___|___|___]
7. 督导审核（签名）：_____ 编号：[___|___|___|___|___]
8. 地方终审（签名）：_____ 编号：[___|___|___|___|___]
9. 现场复核类型：1. 入户复核 2. 电话复核 3. 未复核
10. 复核（签名）：_____ 编号：[___|___|___|___|___]

<u>注：如果2014年的被访者因为死亡、搬迁、拒访等原因无法进行访问，请填写此封面。</u>

附录　问卷示例

尊敬的先生/女士：

中国老年社会追踪调查是一个全国性的社会调查项目，2014年我们开展了首次调查，2016年开展了第二次调查，此次是在前两轮基础上开展的第三轮追踪调查。我们将在调查中向您了解有关您的健康、家庭状况、社会背景以及经济状况等信息，整个过程大约需要四十分钟的时间。调查是为了解老年人的生活状况和存在的问题，为政策制定和改进提供重要的事实依据。

本次调查由中国人民大学人口与发展研究中心和老年学研究所联合设计、执行，对全国各地数百个社区的一万多户家庭进行抽样调查。经过严格的科学抽样，我们选中了您作为调查对象。您提供的信息对于我们了解老年人的有关情况和制定相关政策，具有十分重要的意义。

您对于各个问题的真实回答对于我们的工作十分重要，我们承诺：仅组织调查的研究人员可以接触其中有关个人身份的信息，对于这些信息我们会严格保密，调查结果也将仅用于学术研究，感谢您的支持与配合！

中国人民大学人口与发展研究中心
2018 - 10 - 01

请记录当前时间：[＿＿|＿＿]月 [＿＿|＿＿]日 [＿＿|＿＿]时 [＿＿|＿＿]分

A 部分：个人基本信息

A1. 【访问员记录】性别：

　　男 ··· 1
　　女 ··· 2

A2. 您是哪一年出生的？（记录公历年。如果被访者以农历、生肖或其他方式报告自己的出生年，请换算成公历后再记录）

　　[1 | 9 |＿|＿] 年 [＿|＿] 月（月份高位补零）

A3. 您的文化程度是：

　　不识字 ··· 1
　　私塾/扫盲班 ······································· 2
　　小学 ··· 3
　　初中 ··· 4
　　高中/中专 ··· 5
　　大专 ··· 6
　　本科及以上 ·· 7

A4. 您的民族是：

　　汉 ··· 1
　　蒙 ··· 2
　　满 ··· 3
　　回 ··· 4
　　藏 ··· 5
　　壮 ··· 6
　　维 ··· 7
　　其他（请注明：＿＿＿＿） ······················ 8

A5. 您目前的婚姻状况是：

　　已婚有配偶 ………………………………………… 1

　　丧偶 ………………………………………………… 2

　　离婚 ………………………………………………… 3

　　未婚 ………………………………………………… 4→**跳问 A6**

A5－1 您的配偶是哪年出生的？（记录公历年。如果被访者以农历、生肖或其他方式报告出生年，请换算成公历后再记录；如果配偶已去世或离婚，则填最近一次婚姻的配偶的信息）

［ 1 ｜ 9 ｜＿＿｜＿＿］年［＿＿｜＿＿］月（月份高位补零）

A5－2 您的配偶的文化程度是：

　　不识字 ……………………………………………… 1

　　私塾/扫盲班 ………………………………………… 2

　　小学 ………………………………………………… 3

　　初中 ………………………………………………… 4

　　高中/中专 …………………………………………… 5

　　大专 ………………………………………………… 6

　　本科及以上 ………………………………………… 7

A6. 您是否有宗教信仰？

　　是 …………………………………………………… 1

　　否 …………………………………………………… 2→**跳问 A7**

A6－1. 您主要信什么教？

　　佛教 ………………………………………………… 1

　　道教 ………………………………………………… 2

　　基督教 ……………………………………………… 3

　　天主教 ……………………………………………… 4

　　伊斯兰教 …………………………………………… 5

　　　　其他（请注明：_____） ………………………………… 6

A6-2. 您是从哪一年开始有宗教信仰的？_____年

A7. 您的政治面貌是？
　　　　共产党员 ……………………………………………… 1
　　　　民主党派（含无党派人士） ………………………… 2
　　　　群众 …………………………………………………… 3

A8. 请问您家现在与您常住（同吃同住，包含您本人）在一起的一共几个人？
　　　　[___|___] 人（高位补零）如果被访者独居→**跳问 A10**

A9. 和您同吃同住的都有哪些人？（多选）
　　　　配偶 …………………………………………………… 01
　　　　未婚伴侣 ……………………………………………… 02
　　　　儿子 …………………………………………………… 03
　　　　女儿 …………………………………………………… 04
　　　　父母 …………………………………………………… 05
　　　　配偶的父母 …………………………………………… 06
　　　　兄弟姐妹 ……………………………………………… 07
　　　　女婿 …………………………………………………… 08
　　　　儿媳 …………………………………………………… 09
　　　　孙子女或其配偶 ……………………………………… 10
　　　　外孙子女或其配偶 …………………………………… 11
　　　　曾孙子女或其配偶 …………………………………… 12
　　　　曾外孙子女或其配偶 ………………………………… 13
　　　　保姆 …………………………………………………… 14
　　　　其他（请注明：_____） ………………………… 15

A10. 您的户口属于？

　　　农业户口 ………………………………… 1
　　　非农业户口 ……………………………… 2
　　　由农业户口改为统一居民户口 ………… 3
　　　由非农业户口改为统一居民户口 ……… 4
　　　其他（请注明：_____） …………… 5

B 部分：健康和相关服务

B1. 您觉得您目前的身体健康状况怎么样？（不可代答）

　　　　很健康 …………………………………………… 1
　　　　比较健康 ………………………………………… 2
　　　　一般 ……………………………………………… 3
　　　　比较不健康 ……………………………………… 4
　　　　很不健康 ………………………………………… 5
　　　　无法回答 ………………………………………… 9

B2. 跟同龄人相比，您觉得您的健康状况怎么样？（不可代答）

　　　　要好很多 ………………………………………… 1
　　　　要好一些 ………………………………………… 2
　　　　差不多一样 ……………………………………… 3
　　　　要差一些 ………………………………………… 4
　　　　要差很多 ………………………………………… 5
　　　　无法回答 ………………………………………… 9

B3. 和去年相比，您现在的健康状况有什么变化？（不可代答）

　　　　变好了 …………………………………………… 1
　　　　差不多没变化 …………………………………… 2
　　　　变差了 …………………………………………… 3
　　　　无法回答 ………………………………………… 9

B3 – 1. 您现在的身高是＿＿厘米/公分

B3 – 2. 您现在的体重是＿＿公斤（如被访者回答的是"斤"，请访问员自己换算为"公斤"）

B3-2-1. 您曾经达到过的最高体重是____公斤（如被访者回答的是"斤"，请访问员自己换算为"公斤"，不包括怀孕时期）

基本活动能力评估

B4-1. 您能自己打电话吗？
  不需要别人帮助（包括自己查号和拨号）………… 1
  需要一些帮助 ………………………………………… 2
  完全做不了 …………………………………………… 3

B4-2. 您能把自己收拾得干净整齐吗（比如梳头、剃须、化妆等）？
  不需要别人帮助 ……………………………………… 1
  需要一些帮助 ………………………………………… 2
  完全做不了 …………………………………………… 3

B4-3. 您能自己穿衣服吗？
  不需要别人帮助 ……………………………………… 1
  需要一些帮助（至少自己能完成一半）…………… 2
  完全做不了 …………………………………………… 3

B4-4. 您能自己洗澡吗（淋浴或者盆浴）？
  不需要别人帮助 ……………………………………… 1
  需要一些帮助 ………………………………………… 2
  完全做不了 …………………………………………… 3

B4-5. 您能自己吃饭吗？
  不需要别人帮助 ……………………………………… 1
  需要一些帮助（比如切/掰食物等）……………… 2
  完全做不了 …………………………………………… 3

B4 – 6. 您能自己吃药吗？

　　不需要别人帮助（能在适当的时间服用适当的剂量）……………………………………………… 1

　　需要一些帮助（如准备药物、提醒服药等）…… 2

　　完全做不了 ………………………………………… 3

B4 – 7. 您有小便失禁的现象吗？

　　没有 ………………………………………………… 1

　　偶尔有（少于每天一次）………………………… 2

　　经常有（至少每天一次，或使用导尿管）……… 3

B4 – 8. 您有大便失禁的现象吗？

　　没有 ………………………………………………… 1

　　偶尔有（少于每天一次）………………………… 2

　　经常有（至少每天一次，或使用灌肠器）……… 3

B4 – 9. 您能自己上厕所吗？

　　不需要别人帮助（能自己到厕所、穿/脱衣服、擦拭/清理身体并离开）………………………… 1

　　需要一些帮助（自己能完成诸如擦拭/清理身体等活动）……………………………………………… 2

　　完全做不了 ………………………………………… 3

B4 – 10. 您能自己从床上移到床边的椅子上吗？

　　不需要别人帮助 …………………………………… 1

　　需要一些帮助 ……………………………………… 2

　　完全做不了 ………………………………………… 3

B4 – 11. 您能在室内走动吗？

　　不需要别人帮助（可使用手杖、拐杖等助行用具）……………………………………………………… 1

　　　　自己使用轮椅，不需要帮助……………………… 2
　　　　卧床不起 ………………………………………… 3

B5. 您现在需要别人在<u>生活起居</u>上（如吃饭、洗澡、穿衣、上厕所）提供帮助吗？

　　　　需要 ………………………………………………… 1
　　　　不需要 ……………………………………………… 2→跳问 **B6 - 1**

B5 - 1. 您是从什么时候开始需要别人在<u>生活起居</u>上帮助您的？（记录公历时间）

　　　　[＿｜＿｜＿｜＿] 年 [＿｜＿] 月（月份高位补零）

B5 - 2. <u>过去 12 个月</u>，有没有人照料您的<u>生活起居</u>？

　　　　有 …………………………………………………… 1
　　　　没有 ………………………………………………… 2→跳问 **B6 - 1**

B5 - 3. <u>过去 12 个月</u>，主要是谁照料您的<u>生活起居</u>？（按照主次列出前三位）

　　　　01. 配偶　02. 儿子　03. 儿媳　04. 女儿　05. 女婿
　　　　06. （外）孙子女或其配偶　07. 其他亲属
　　　　08. 朋友、邻里　09. 保姆、小时工
　　　　10. 志愿者或非营利机构人员
　　　　11. 居委会/街道工作人员　12. 其他人（请注明：＿＿＿＿）

人选	A. 与您的关系	B. 多久提供一次帮助？ 1. 几乎天天 2. 每周至少一次 3. 每月至少一次 4. 一年几次 5. 几乎没有	C. 您对帮助满意吗？（不可代答） 1. 很不满意 2. 比较不满意 3. 一般 4. 比较满意 5. 很满意　　9. 无法回答
1. 第一位	[＿｜＿]	[＿]	[＿]
2. 第二位	[＿｜＿]	[＿]	[＿]
3. 第三位	[＿｜＿]	[＿]	[＿]

日常活动能力评估

B6-1. 您能上下楼梯（台阶）吗？

  不需要别人帮助（可使用拐杖等助行用具）………… 1

  需要一些帮助……………………………………………… 2

  完全做不了………………………………………………… 3

B6-2. <u>过去 12 个月</u>，您有没有摔倒过？

  没有………………………………………………………… 1

  有一次……………………………………………………… 2

  至少有两次………………………………………………… 3

B6-3. 您能不能在外面行走？

  不需要别人帮助（可使用拐杖等助行用具）………… 1

  需要一些帮助……………………………………………… 2

  完全做不了………………………………………………… 3

B6-4. 您能自己乘坐公共交通工具（如公交车、地铁）吗？

  不需要别人帮助…………………………………………… 1

  需要一些帮助……………………………………………… 2

  完全做不了………………………………………………… 3

B6-5. 您能自己外出购物吗？

  不需要别人帮助…………………………………………… 1

  需要一些帮助（如需要别人陪同）…………………… 2

  完全做不了………………………………………………… 3

B6-6. 您能管理自己的钱财吗？

  能…………………………………………………………… 1

  不能………………………………………………………… 2

B6－7. 您能提起 10 斤（5 公斤）重的东西吗？

　　　　能 ·· 1

　　　　不能 ·· 2

B6－8. 您能自己做饭吗？

　　　　不需要别人帮助 ·· 1

　　　　需要一些帮助（自己仅能完成部分劳动）···················· 2

　　　　完全做不了 ··· 3

B6－9. 您能自己做家务吗？

　　　　不需要别人帮助 ··· 1→**跳问 B8**

　　　　需要一些帮助（自己能完成较轻的劳动）···················· 2

　　　　完全做不了 ··· 3

B7. 您是从什么时候开始需要别人帮助您做家务（如打扫卫生、洗衣服、洗碗）的？（记录公历时间）

　　　　[＿＿|＿＿|＿＿|＿＿] 年 [＿＿|＿＿] 月（月份高位补零）

B7－1. 过去 12 个月，有没有人帮您做家务？

　　　　有 ·· 1

　　　　没有 ··· 2→**跳问B8**

B7－2. 过去 12 个月，主要是谁在帮您做家务？（按照主次列出前三位）

　　　　01. 配偶　02. 儿子　03. 儿媳　04. 女儿　05. 女婿

　　　　06.（外）孙子女或其配偶　07. 其他亲属

　　　　08. 朋友、邻里　09. 保姆、小时工

　　　　10. 志愿者或非营利机构人员

　　　　11. 居委会/街道工作人员　12. 其他人（请注明：＿＿＿＿＿＿）

人选	A. 与您的关系	B. 多久提供一次帮助？ 1. 几乎天天 2. 每周至少一次 3. 每月至少一次 4. 一年几次 5. 几乎没有	C. 您对帮助满意吗？（不可代答） 1. 很不满意 2. 比较不满意 3. 一般 4. 比较满意 5. 很满意　　9. 无法回答
1. 第一位	[___|___]	[___]	[___]
2. 第二位	[___|___]	[___]	[___]
3. 第三位	[___|___]	[___]	[___]

B8. <u>上个月</u>，您是否感觉过身体疼痛？（不可代答）

　　是 …………………………………………………………… 1

　　否 …………………………………………………………… 2

　　无法回答 …………………………………………………… 9

B9. 您患有哪些慢性疾病？

慢性疾病种类	有无此疾病： 1. 有 2. 无→跳问下一项	是否经过医生确诊： 1. 是 2. 否
1. 高血压	[___]	[___]
2. 心脏病（如冠心病/充血性心力衰竭等）	[___]	[___]
3. 糖尿病或血糖升高（包括糖耐量异常和空腹血糖升高）	[___]	[___]
4. 脑血管病（含中风）	[___]	[___]
5. 肾脏疾病（不包括肿瘤或癌）	[___]	[___]
6. 肝脏疾病（不包括脂肪肝、肿瘤或癌）	[___]	[___]
7. 结核病	[___]	[___]
8. 颈/腰椎病	[___]	[___]
9. 关节炎（包括类风湿）或风湿病	[___]	[___]
10. 乳腺疾病	[___]	[___]
11. 生殖系统疾病	[___]	[___]

续前表

慢性疾病种类	有无此疾病： 1. 有 2. 无→跳问下一项	是否经过医生确诊： 1. 是 2. 否
12. 前列腺疾病	[____]	[____]
13. 泌尿系统疾病	[____]	[____]
14. 青光眼/白内障	[____]	[____]
15. 癌症/恶性肿瘤（不包括轻度皮肤癌）	[____]	[____]
16. 老年痴呆症	[____]	[____]
17. 骨质疏松	[____]	[____]
18. 慢性肺部疾病如慢性支气管炎/肺气肿、肺心病等其他呼吸道疾病（不包括肿瘤或癌）	[____]	[____]
19. 神经系统疾病	[____]	[____]
20. 胃肠炎或其他消化系统疾病	[____]	[____]
21. 帕金森氏症	[____]	[____]
22. 耳聋	[____]	[____]
23. 其他慢性疾病	[____]	[____]

B10-1. 您是否吸过烟？（吸烟指的是一生吸烟 100 支以上，包括香烟、旱烟、用烟管吸烟或咀嚼烟草）

是 ·· 1

否 ·· 2→跳问 **B11**

B10-2. 您是____岁开始经常吸烟的。

B10-3. 您现在戒烟了吗？

仍然吸烟 ·· 1→跳问 **B10-5**

戒烟了 ··· 2

B10-4. 您这次成功戒烟是在____岁。

B10－5. 您现在吸烟或是戒烟前，平均一天吸＿＿＿＿支香烟。

B11. 您生小病一般如何处理？

　　　　去专科/综合医院就诊 ················ 1 ⎫
　　　　去村卫生室/社区医院就诊 ············ 2 ⎬ 跳问 B12－1
　　　　药店买药 ·························· 3 ⎭
　　　　使用自己常备药品治疗 ················ 4
　　　　未就诊，等病慢慢好 ·················· 5

B11－1. 您未就诊的主要原因是？

　　　　病症不严重 ························ 1
　　　　有治疗经验 ························ 2
　　　　身体好，能自愈 ···················· 3
　　　　缺钱 ······························ 4
　　　　嫌麻烦 ···························· 5
　　　　报销程序烦琐 ······················ 6
　　　　其他（请注明：＿＿＿＿） ·········· 7

B12－1. 您最近两年内住院多少次？

　　　　[＿|＿] 次（未住过院填"0"，不超过10次请高位补零）

B12－2. 您最近一次住院住了多长时间？

　　　　[＿|＿|＿] 天（换算成天，高位补零）
　　　　996. 住院天数超过百位数

B13. 下面询问您有关使用社区医疗机构（卫生服务中心、卫生室等）服务的情况。

服务	A. 您是否需要社区医疗机构提供此类服务？ 1. 是　2. 否 3. 不知道	B. 过去 12 个月，您是否使用过这些服务？ 1. 是 2. 否→跳问下一项	C. 您是否满意？（不可代答） 1. 满意　2. 一般 3. 不满意 9. 无法回答
1. 上门护理	[＿＿]	[＿＿]	[＿＿]
2. 上门看病	[＿＿]	[＿＿]	[＿＿]
3. 康复训练	[＿＿]	[＿＿]	[＿＿]
4. 康复辅具租用	[＿＿]	[＿＿]	[＿＿]
5. 免费体检	[＿＿]	[＿＿]	[＿＿]
6. 建立健康档案	[＿＿]	[＿＿]	[＿＿]
7. 健康讲座	[＿＿]	[＿＿]	[＿＿]

B14. 当您还是一个孩子时，是否经常饿着肚子睡觉？

　　　　是 ……………………………………………… 1

　　　　否 ……………………………………………… 2

B15. 您在童年时期生病时是否能够获得充足的医疗服务？

　　　　是 ……………………………………………… 1

　　　　否 ……………………………………………… 2

B16. 您十岁的时候父母是否都健在？

　　　　父母亲都健在 …………………………………… 1

　　　　父亲健在，母亲不在了 ………………………… 2

　　　　母亲健在，父亲不在了 ………………………… 3

　　　　父母亲都不在了 ………………………………… 4

B17. 总的来说，您对您目前的生活感到满意吗？（不可代答）

　　　　很满意 …………………………………………… 1

　　　　比较满意 ………………………………………… 2

　　　　一般 ……………………………………………… 3

比较不满意 ·················· 4

很不满意 ·················· 5

无法回答 ·················· 9

B18. 在您目前的生活中，最让您感到不满意的方面是什么？（不可代答）
（访问员只念问题不念选项，根据被访者的回答圈选）

没有不满意 ·················· 01

子女不孝顺 ·················· 02

子女离得太远 ·················· 03

与配偶关系不好 ·················· 04

与邻里/朋友有纠纷 ·················· 05

钱不够用 ·················· 06

身体健康状况不好 ·················· 07

住房条件太差 ·················· 08

生活起居无人照料 ·················· 09

生活太寂寞 ·················· 10

照料他人负担过重 ·················· 11

其他（请注明：_____） ·················· 12

无法回答 ·················· 99

B19. 过去 12 个月，您是否遇到过下列事件？（可多选，不可代答）

子女/孙子女结婚 ·················· 01

子女/孙子女生育 ·················· 02

退休/停止工作 ·················· 03

本人重病 ·················· 04

自然灾害 ·················· 05

配偶去世 ·················· 06

子女去世 ·················· 07

其他亲友去世 ·················· 08

附录 问卷示例

  财物损失 ………………………………………… 09
  家人重病 ………………………………………… 10
  与亲友起冲突 …………………………………… 11
  搬家 ……………………………………………… 12
  意外事故 ………………………………………… 13
  其他您认为重要的事件（请注明：_____）…
    ………………………………………………… 14
  以上都没有 ……………………………………… 15
  无法回答 ………………………………………… 99

B20. 您现在居住的房屋属于哪种类型？
  楼房 ……………………………………………… 1
  平房 ……………………………………………… 2→跳问 B21-1
  其他（请注明：_____）……………………… 3→跳问 B21-1

B20-1. 您目前住在 [__|__] 层楼？（高位补零）

B20-2. 您住的楼房是否有电梯？
  是 ………………………………………………… 1
  否 ………………………………………………… 2

B20-3. 您住的楼道门口是否有供轮椅进出的斜坡？
  是 ………………………………………………… 1
  否 ………………………………………………… 2

B21-1. 您现在居住的房屋内是否有浴室？
  是 ………………………………………………… 1
  否 ………………………………………………… 2

B21-2. 您现在居住的房屋是否有室内厕所？
  是 ………………………………………………… 1

否 ………………………………………………… 2

B21-3. 您现在常用的厕所是否有坐便式马桶？

是 ………………………………………………… 1

否 ………………………………………………… 2

B21-4. 您现在居住的房屋内是否有紧急呼叫设备？

是 ………………………………………………… 1

否 ………………………………………………… 2

B21-5. 您现在居住的房屋内是否有自来水？

是 ………………………………………………… 1

否 ………………………………………………… 2

B21-6. 您现在居住的房屋内是否有煤气/天然气/沼气？

是 ………………………………………………… 1

否 ………………………………………………… 2

B22-1. 您现在居住的房屋是否存在光线昏暗的问题？

是 ………………………………………………… 1

否 ………………………………………………… 2

B22-2. 您现在居住的房屋是否存在门槛绊脚或地面高低不平的问题？

是 ………………………………………………… 1

否 ………………………………………………… 2

B22-3. 您现在居住的房屋内（如厕所、浴室或家里的走道）是否安装了扶手？

是 ………………………………………………… 1

否 ………………………………………………… 2

B23. 如果可能，您最希望跟谁住在一起？（可多选，不可代答）

　　　　自己一个人住 ·················· 1

　　　　配偶 ························ 2

　　　　儿子/儿媳妇 ···················· 3

　　　　女儿/女婿 ····················· 4

　　　　（外）孙子女 ···················· 5

　　　　无所谓 ······················· 6

　　　　其他（请注明：＿＿＿＿）············· 7

　　　　无法回答 ······················ 9

B24. 您对本社区（村居）内的下列情况的满意程度是？

	非常满意	比较满意	一般	比较不满意	非常不满意
道路情况					
健身/活动场所					
治安环境					
环境卫生					
尊老敬老氛围					
居委会（村委会）工作人员能力					
道路/街道照明					
无障碍设施					

C 部分：社会经济状况

C1. 目前您从事有收入的工作/活动的情况是（包含农业劳动，农业劳动获得的农产品也可以转化为收入）？

几乎每天 ·································	1 ⎫
每周至少一次 ·····························	2 ⎬ 跳问 C3
每月至少一次 ·····························	3 ⎬
一年几次 ·································	4 ⎭
没有参加 ·································	5

C2. 您在停止从事有收入的工作/活动之前是做什么的？（此题回答完后跳至 C6 继续作答）

国家、企事业单位领导人员 ···················· 1
专业技术人员 ·································· 2
办公室一般工作人员 ···························· 3
商业/服务业/制造业一般职工 ···················· 4
个体户、自由职业者、私营企业主 ················ 5
农、林、牧、渔民 ······························ 6
其他（请注明：＿＿＿＿） ······················ 7

C3. 目前您主要从事什么工作？

国家、企事业单位领导人员 ···················· 1
专业技术人员 ·································· 2
办公室一般工作人员 ···························· 3
商业/服务业/制造业一般职工 ···················· 4
个体户、自由职业者、私营企业主 ················ 5
农、林、牧、渔民 ······························ 6
其他（请注明：＿＿＿＿） ······················ 7

C4. 目前您所在单位的类型是：

  政府部门/党政机关/人民团体 ……………… 1
  事业单位 ……………………………………… 2
  国有及国有控股企业 ………………………… 3
  集体企业 ……………………………………… 4
  私企/外企 ……………………………………… 5
  自办/与他人合办私营企业 …………………… 6
  个体工商户（含个体经营、自雇）、私营企业主 … 7
  社会团体/民办组织（民办非企业组织/协会/行会/基
  金会/村居委会） …………………………… 8
  军队 …………………………………………… 9
  无单位 ………………………………………… 10→**跳问 C6**
  其他（请注明：_____） ………………… 11

C5. 目前您在单位中所处的位置是：

  负责人/高层管理人员 ………………………… 1
  中层管理人员 ………………………………… 2
  基层管理人员 ………………………………… 3
  普通职工/职员 ………………………………… 4
  其他（请注明：_____） ………………… 5

C6. 您是否办理了退休？

  是 ……………………………………………… 1
  否 ……………………………………………… 2→**跳问 C11**

C6–1. 您是哪一年退休的？ _____ 年

C7. 您退休前所在单位的类型是：

  政府部门/党政机关/人民团体 ……………… 1

事业单位 ·················· 2
国有及国有控股企业 ·················· 3
集体企业 ·················· 4
私企/外企 ·················· 5
自办/与他人合办私营企业 ·················· 6
个体工商户（含个体经营、自雇）、私营企业主 ······ 7
社会团体/民办组织（民办非企业组织/协会/行会/基金会/村居委会） ·················· 8
军队 ·················· 9
无单位 ·················· 10→跳问 C9
其他（请注明：_____） ·················· 11

C8. 您退休前在单位中所处的位置是：

负责人/高层管理人员 ·················· 1
中层管理人员 ·················· 2
基层管理人员 ·················· 3
普通职工/职员 ·················· 4
其他（请注明：_____） ·················· 5

C9. (*注：仅询问 2018 年新增样本和 2016 年以后退休的老年人*)
对于退休这一事件，您在退休前主要做了哪些准备？（按照主次列出前三位）

1. 没有准备　　　　2. 储备资金（如存款或投资）
3. 调整心态　　　　4. 改变生活方式
5. 寻找继续工作的机会　6. 筹划休闲娱乐活动
7. 购买长期照护保险　8. 不适用（比如从事的是农业活动，没有退休）
9. 其他（请注明：_____）
A. 第一位 [____]　　B. 第二位 [____]　　C. 第三位 [____]

C10. (*注：仅询问 2018 年新增样本和 2016 年以后退休的老年人*) （用 ***C6，C6-1*** *联合起来做限定跳答，如果是 2018 年新增样本则都询问，如果是追踪样本则询问 2017—2018 年才办理退休的人*）

下面询问与退休前相比，您退休后的生活变化情况。（不可代答）

	A. 变化程度 1. 基本没变化→ 跳问下一项 2. 变化很小 3. 变化较大 4. 变化很大 9. 无法回答→ 跳问下一项	B. 对变化的适应程度 1. 很适应 2. 比较适应 3. 比较不适应 4. 很不适应 9. 无法回答
1. 经济收入	[___]	[___]
2. 时间安排	[___]	[___]
3. 精神状态	[___]	[___]
4. 身体状态	[___]	[___]
5. 与家人的关系	[___]	[___]
6. 与同事的关系	[___]	[___]
7. 与朋友、邻居的关系	[___]	[___]

C11. 您最主要的<u>两项</u>生活来源是：（按重要程度排序）

　　1. 自己的离/退休金、养老金　　　2. 自己劳动或工作所得

　　3. 配偶的收入　　　　　　　　　4. 子女的资助

　　5. 其他亲属的资助　　　　　　　6. 政府/社团的补贴/资助

　　7. 以前的积蓄　　　　　　　　　8. 房屋、土地等租赁收入

　　9. 其他（请注明：_____）

　　第一位 [___]　　第二位 [___]

C12-1. <u>过去 12 个月</u>，您个人的总收入是多少？（记录具体数字，并高位补零）

百万位　十万位　万位　千位　百位　十位　个位
___｜___｜___｜___｜___｜___｜___｜元

9999996. 总收入超过百万位数

9999998. 不知道   9999999. 拒绝回答

C12 – 2. <u>过去 12 个月</u>，您家（在一起吃住的家人）<u>平均每月</u>总收入是多少？（记录具体数字，并高位补零）

十万位	万位	千位	百位	十位	个位
___	___	___	___	___	___	元

999996. 每月总收入超过十万位数

999998. 不知道   999999. 拒绝回答

C13 – 1. <u>过去 12 个月</u>，您家（在一起吃住的家人）<u>平均每月</u>总支出是多少？（记录具体数字，并高位补零）

十万位	万位	千位	百位	十位	个位
___	___	___	___	___	___	元

999996. 每月总支出超过十万位数

999998. 不知道   999999. 拒绝回答

C13 – 2. <u>过去 12 个月</u>，您家在以下各项中<u>平均每月</u>支出分别是多少？（记录具体数字，并高位补零）

1. 日常饮食消费	[_|_|_|_|_|_] 元
2. 医疗费用	[_|_|_|_|_|_] 元
3. 水电气、物业、交通、通信费用	[_|_|_|_|_|_] 元
4. 家务料理、康复护理服务的开支	[_|_|_|_|_|_] 元
5. 文化娱乐消费（旅游、学习、培训等）	[_|_|_|_|_|_] 元
6. 其他大项（请注明：_____）	[_|_|_|_|_|_] 元

999996. 平均每月支出超过十万位数

999998. 不知道　　999999. 拒绝回答

C14. 您的户口所在地在哪里？

　　本村/居委会 ·· 1
　　本乡镇/街道其他村/居委会 ·························· 2
　　本区县其他乡镇/街道 ·································· 3
　　本市其他区县 ·· 4 ⎫
　　本省其他市 ··· 5 ⎬
　　外省 ··· 6 ⎭ 跳问 **C16**
　　　　_____省（请注明具体省份名称）
　　其他（请注明：_____）···························· 7

C15. 您是多大年龄拿到本区县户口的？

　　[___|___] 岁（记录具体数字，并高位补零）
　　00. 一出生就获得本地户口

C16. 您在本区县住了多长时间？

　　[___|___] 年 [___|___] 月（记录具体数字，并高位补零）

D 部分：养老规划与社会支持

D1. 您是否为以后的养老做过以下规划和安排？（多选）

    购买房产 ·· 1
    出售房产 ·· 2
    现金储蓄 ·· 3
    购买商业保险 ··· 4
    购买土地使用权 ·· 5
    转让土地使用权 ·· 6
    投资理财 ·· 7
    购买长期照护保险 ······································· 8
    其他（请注明：_____） ·························· 9
    以上都没有 ·· 10

D2. 下面询问您享受以下社会保障待遇的情况。（记录具体数字，并高位补零）

	A. 是否享受？ 1. 是 2. 否→跳问下一项	B. 每月拿到多少钱？ （单位：元）
1. 企业职工基本养老保险金（城镇职工基本养老金）	[__]	[__|__|__|__|__]
2. 机关事业单位养老保险金（机关事业单位离退休金）	[__]	[__|__|__|__|__]
3. 城乡居民基本养老保险金（城镇居民社会养老保险金和新型农村社会养老保险金）	[__]	[__|__|__|__|__]
4. 最低生活保障金或贫困救助金	[__]	[__|__|__|__|__]
5. 高龄津贴	[__]	[__|__|__|__|__]
6. 居家养老服务补贴（服务券）	[__]	[__|__|__|__|__]
7. 农村计划生育家庭奖励扶助金	[__]	[__|__|__|__|__]
8. 政府其他救助	[__]	[__|__|__|__|__]

9996. 社会保障待遇金额超过千位数　9998. 不知道　9999. 拒绝回答

D3 - 1. 您知道本地有老年人优待（例如免费乘坐公交车、游览公园等）吗？

　　　有 ··· 1
　　　没有 ··· 2→跳问D4

D3 - 2. 您在本地是否享受过老年人优待（例如免费乘坐公交车、游览公园等）？

　　　是 ··· 1
　　　否 ··· 2

D4. 您和老伴一共有几套房子？［＿＿｜＿＿］套（记录具体数字，并高位补零）

D4 - 1. （除房子外）您和老伴还有以下资产吗？（多选）

　　　现金储蓄 ·· 1
　　　黄金等贵金属 ·· 2
　　　古董 ·· 3
　　　股票、基金、外汇、债券等理财产品 ······················ 4
　　　土地 ·· 5
　　　其他（请注明：＿＿＿＿＿） ···························· 6
　　　以上都没有 ·· 7

D5. 您认为老年人的照料应该主要由谁承担？（不可代答）

　　　政府 ·· 1
　　　社会 ·· 2
　　　子女 ·· 3

　　　　老年人自己或配偶 ·················· 4

　　　　政府、子女、老年人共同承担 ········· 5

　　　　无法回答 ························ 9

D6. 今后您打算主要在哪里养老？（不可代答）

　　　　自己家 ························· 1

　　　　子女家 ························· 2

　　　　社区的日托站或托老所 ·············· 3

　　　　养老院 ························· 4

　　　　还没想好 ······················· 5

　　　　其他（请注明：_____） ········· 6

　　　　无法回答 ······················· 9

D7. 您了解养老院吗？

　　　　了解 ·························· 1

　　　　有些了解 ······················· 2

　　　　不了解 ························ 3

D8. 您对养老院的总体印象如何？（不可代答）

　　　　较差 ·························· 1

　　　　一般 ·························· 2

　　　　较好 ·························· 3

　　　　无法回答 ······················· 9

D9. 您在什么情况下会去养老院？（不可代答）

　　　　身体不好，需要有人照料 ············ 1

　　　　孤独寂寞，需要有人陪伴 ············ 2

　　　　出现家庭矛盾 ···················· 3

　　　　为了换个居住环境 ················· 4

无论如何都不会去 ·· 5→跳问 **D11**

　　其他（请注明：_____） ································· 6

　　无法回答 ·· 9

D10. 如果需要住养老院，您/您家一个月最多能承担多少钱？（记录具体数字，并高位补零）

　　万位　　千位　　百位　　十位　　个位
　　___　｜___　｜___　｜___　｜___　｜元

　　99996. 能承担费用超过万位数　　99998. 不知道
　　99999. 拒绝回答

D10-1. 您最喜欢以下哪种养老院？（不可代答）

　　地理位置离家近 ··· 1

　　地理位置离医院近 ··· 2

　　收费低 ··· 3

　　入住的门槛费用低 ··· 4

　　服务质量好 ··· 5

　　居住环境好 ··· 6

　　其他（请注明：_____） ································· 7

D11. 您的家人愿意您去住养老院吗？

　　愿意 ··· 1

　　不愿意 ··· 2

　　意见不统一 ··· 3

　　不知道 ··· 8

D12. 下面询问您一些社区为老年人提供相关服务的问题。

服务类型	A. 您所在的社区是否提供以下服务？ 1. 是 2. 否 3. 不知道	B. 您是否使用过？ 1. 是 2. 否	C. 您是否会花钱购买该服务？ 1. 是 2. 否
1. 上门探访	[＿＿]	[＿＿]	[＿＿]
2. 老年人服务热线	[＿＿]	[＿＿]	[＿＿]
3. 陪同看病	[＿＿]	[＿＿]	[＿＿]
4. 帮助日常购物	[＿＿]	[＿＿]	[＿＿]
5. 法律援助	[＿＿]	[＿＿]	[＿＿]
6. 上门做家务	[＿＿]	[＿＿]	[＿＿]
7. 老年饭桌或送饭	[＿＿]	[＿＿]	[＿＿]
8. 日托站或托老所	[＿＿]	[＿＿]	[＿＿]
9. 心理咨询	[＿＿]	[＿＿]	[＿＿]

D13. 上述服务中，您目前最希望得到的服务或帮助是什么？（不可代答）

[＿＿＿]（记录 D12 题中选项的具体序号）

0. 都不需要

D14. 您所在的社区是否有以下活动场所或者设施？（多选）

老年活动室 …………………………………………… 1

健身场所/设施 ………………………………………… 2

棋牌（麻将）室 ……………………………………… 3

图书室 ………………………………………………… 4

室外活动场地 ………………………………………… 5

其他（请注明：_____） …………………………… 6

以上都没有 …………………………………………… 7

D15. 社会支持和社会网络

	没有	1个	2个	3～4个	5～8个	9个及以上
1. 您一个月至少能与几个家人/亲戚见面或联系？	0	1	2	3	4	5
2. 您能和几个家人/亲戚放心地谈您的私事？（**不可代答**）	0	1	2	3	4	5
3. 当您有需要时，有几个家人/亲戚可以给您提供帮助？	0	1	2	3	4	5
4. 您一个月至少能与几个朋友见面或联系？	0	1	2	3	4	5
5. 您能和几个朋友放心地谈您的私事？（**不可代答**）	0	1	2	3	4	5
6. 当您有需要时，有几个朋友可以给您提供帮助？	0	1	2	3	4	5

D16. 近三年您是否参加过本地居民委员会/村民委员会的投票选举？

　　　　是 …………………………………………………… 1
　　　　没参加，但是知道有选举活动 …………………… 2
　　　　没参加，不知道是否有选举活动 ………………… 3

D17. 假如您外出参加社区或者其他机构组织的活动，您认为下列哪些因素最重要？（多选）

　　　　能够自己选择参加什么样的活动 ………………… 1
　　　　能够自己选择参加的时间 ………………………… 2
　　　　与居住地离得近 …………………………………… 3
　　　　我能得到社区（或者主办机构）的认可 ………… 4
　　　　有一些物质奖励 …………………………………… 5
　　　　有车接送 …………………………………………… 6
　　　　提供医疗救护措施 ………………………………… 7
　　　　其他（请注明：_____）……………………… 8

D18. 请问过去一年中，您参加以下活动的频率是？

	几乎每天（跳问 D18-2）	每周至少一次（跳问 D18-2）	每月至少一次（跳问 D18-2）	一年几次（跳问 D18-2）	没有参加
1. 社区治安巡逻	4	3	2	1	0
2. 照料其他老人/小孩（如帮助购物、起居照料等）	4	3	2	1	0
3. 环境卫生保护	4	3	2	1	0
4. 调解邻里纠纷	4	3	2	1	0
5. 陪同聊天	4	3	2	1	0
6. 需要专业技术的志愿服务（如义诊、文化科技推广等）	4	3	2	1	0
7. 关心教育下一代（不包括自己的孙子女）	4	3	2	1	0
8. 其他（请注明：_____）	4	3	2	1	0

D18-1. 您为什么不参加上述活动呢？（多选）

健康条件不允许 …………………………………… 01
要工作 ………………………………………………… 02
要照料他人 …………………………………………… 03
要参加其他休闲娱乐活动 …………………………… 04
距离太远 ……………………………………………… 05
觉得自己没有一技之长 ……………………………… 06
子女不赞成 …………………………………………… 07
不想担责任 …………………………………………… 08
不知道怎么参加 ……………………………………… 09
得不到认可 …………………………………………… 10
对上述活动不感兴趣 ………………………………… 11
经济条件不允许 ……………………………………… 12
要做家务 ……………………………………………… 13
没人组织 ……………………………………………… 14
不知道有这些活动 …………………………………… 15

其他（请注明：_____） ……………………………… 16

D18 - 2. 过去一年中，您参加以下活动的情况是（不含通过网络参加的）？

	几乎每天	每周至少一次	每月至少一次	一年几次	没有参加
1. 宗教活动	4	3	2	1	0
2. 上老年大学或者参加培训课程	4	3	2	1	0
3. 看电视/听广播/读书/看报/听戏	4	3	2	1	0
4. 唱歌/弹奏乐器	4	3	2	1	0
5. 打麻将/下棋/打牌等	4	3	2	1	0
6. 跳广场舞	4	3	2	1	0

D19. 您现在是否使用智能手机？

　　是 ……………………………………………………… 1
　　否 ……………………………………………………… 2

D20. 您现在居住的房屋是否有网络信号（有线或者无线）？

　　是 ……………………………………………………… 1
　　否 ……………………………………………………… 2

D21. 您上网吗（包括用手机等各种电子设备上网）？

　　每天都上 ………………………………………………… 1
　　每星期至少上一次 ……………………………………… 2
　　每月至少上一次 ………………………………………… 3
　　每年上几次 ……………………………………………… 4
　　从不上网 ………………………………………………… 5→跳问D22

D21 - 1. 您主要使用什么设备上网？（可多选）

　　手机 ……………………………………………………… 1
　　电脑 ……………………………………………………… 2
　　iPad 等平板电脑 ………………………………………… 3

其他可上网的电子设备（请注明：_____） ………… 4

D21－2. 您对这些设备使用的熟练程度是？

	非常不熟练	比较不熟练	一般	比较熟练	非常熟练
a. 手机	1	2	3	4	5
b. 电脑	1	2	3	4	5
c. iPad等平板电脑	1	2	3	4	5
d. 其他可上网的电子设备	1	2	3	4	5

D21－3. 您主要是通过什么途径学会上网的？

自己摸索 ………………………………………………… 1

从子女等家人处学习 …………………………………… 2

从朋友、邻里处学习 …………………………………… 3

通过社区组织的相关活动（比如组织讲座、集体学习培训、志愿者服务等）学习 ……………………………… 4

参加社区外其他组织的培训活动 ……………………… 5

其他（请注明：_____） ……………………………… 6

D21－4. 您上网一般做什么？（可多选）

语音、视频聊天 ………………………………………… 01

文字聊天 ………………………………………………… 02

购物 ……………………………………………………… 03

看新闻 …………………………………………………… 04

浏览除新闻外的各类文章/信息 ………………………… 05

听音乐/广播，看视频 …………………………………… 06

玩游戏 …………………………………………………… 07

交通出行 ………………………………………………… 08

管理健康 ………………………………………………… 09

投资理财（如炒股、买基金等） ……………………… 10

学习培训 ………………………………………………… 11

其他（请注明：_____） …………………… 12

D22. 过去三个月，您使用以下媒体的情况是：

媒体类型	从不	很少	有时	经常	总是
1. 报纸	1	2	3	4	5
2. 杂志	1	2	3	4	5
3. 广播	1	2	3	4	5
4. 电视	1	2	3	4	5
5. 互联网（包括手机上网）	1	2	3	4	5
6. 手机定制消息	1	2	3	4	5

D22-1. 在以上媒体中，哪个是您最主要的信息来源？
（请将具体数字编号填写在横线上）〔____〕

D22-2. 您是否有以下智能设备：

	有	无
1. 智能轮椅	1	2
2. 电子血压计	1	2
3. 血脂检测仪	1	2
4. 智能手环	1	2
5. 红外线摄像头	1	2
6. 智能一体机	1	2
7. 智能睡眠监测器	1	2
8. 有声读物	1	2

E 部分：心理感受（该部分均不可代答）

E1. 下面我将问您几个小问题，请您尽量回答。

问题	对	错	无法回答
1. 今天是几月几日？（阴历阳历均可）	1	2	9
2. 这个小区/村子的名字叫什么？（居委会或小区/村名）	1	2	9
3. 国庆节是哪天？（十月一日）	1	2	9
4. 现任国家主席是谁？（习近平）	1	2	9
5. 今年农历是什么年？（狗年）【或者：今年的属相是什么？】	1	2	9
6. 现在我说三个词，您仔细听一下：苹果/桌子/硬币。请您复述出来。 (不管顺序，只要说对就算，填写重复正确词的个数)	答对了 [＿＿] 个		
7. 假如您有100块钱，花掉7块，还剩多少？（93）	[＿＿] 元		
7.1　再花掉7块剩多少？（86）	[＿＿] 元		
7.2　再花掉7块剩多少？（79） (如果忘记上次答案，请提示答案，但即使这次答对也不算对，再后面答对了才算对，如果在上次错误答案的基础上本次答案对了就算本次正确。)	[＿＿] 元		
7.3　再花掉7块剩多少？（72）	[＿＿] 元		
7.4　再花掉7块剩多少？（65）	[＿＿] 元		
8. 请把刚才我告诉您的三个词再说出来。 (不管顺序，只要说对就算，填写重复正确词的个数)	答对了 [＿＿] 个		

E2. 接下来我想了解一下过去一周您的心情。

	没有	有时	经常	无法回答
1. 过去一周您觉得自己心情很好吗？	1	2	3	9
2. 过去一周您觉得孤单吗？	1	2	3	9
3. 过去一周您觉得心里很难过吗？	1	2	3	9
4. 过去一周您觉得自己的日子过得很不错吗？	1	2	3	9
5. 过去一周您觉得不想吃东西吗？	1	2	3	9

续前表

	没有	有时	经常	无法回答
6. 过去一周您睡眠不好吗？	1	2	3	9
7. 过去一周您觉得自己不中用了吗？	1	2	3	9
8. 过去一周您觉得自己没事可做吗？	1	2	3	9
9. 过去一周您觉得生活中有很多乐趣（有意思的事情）吗？	1	2	3	9
10. 过去一周您觉得自己没人陪伴吗？	1	2	3	9
11. 过去一周您觉得自己被别人忽略了吗？	1	2	3	9
12. 过去一周您觉得自己被别人孤立了吗？	1	2	3	9

E3－1. 您觉得自己多少岁算老？

[＿＿|＿＿|＿＿] 岁（记录具体数字，并高位补零）

999. 无法回答

E3－2. 大多数时候，您觉得您的年龄是多少岁？

[＿＿|＿＿|＿＿] 岁（记录具体数字，并高位补零）

999. 无法回答

E3－3. 大多数时候，您觉得您外表看起来，大概像是多少岁？

[＿＿|＿＿|＿＿] 岁（记录具体数字，并高位补零）

999. 无法回答

E4. 您觉得人什么时候开始变老？（只念问题不念选项，根据被访者的回答圈选）

退休/不工作/不劳作 ······················· 1

行走不便 ······························· 2

生活不能自理 ··························· 3

老伴去世 ······························· 4

有了（外）孙子女 ······················· 5

脑子不好使了/记忆力下降 ………………………………… 6

其他（请说明：_____） ………………………………… 7

无法回答 ……………………………………………………… 9

E5. 最近一年来，您的家人对您有过下列行为吗？

	没有	有	(不读) 不适用	(不读) 不回答
1. 长期不来探望、问候/不和您说话	0	1	7	9
2. 不给您提供基本生活费/私自挪用您的钱款	0	1	7	9
3. 在您有需要时不照顾您	0	1	7	9
4. 侮辱/谩骂/恐吓/殴打您	0	1	7	9
5. 不给您提供固定的住所	0	1	7	9
6. 不给您吃饱/让您吃得很差	0	1	7	9
7. 不许您出家门	0	1	7	9

E5-1. 问上述任何一项回答"1"者 您采取了什么措施来解决？（可多选）

自己忍了 …………………………………………………… 1

找亲属/宗族调解 …………………………………………… 2

找村/居委会、单位调解 …………………………………… 3

打官司 ……………………………………………………… 4

（不读）不回答 …………………………………………… 5

E6. 下面我说一些对孝道及养老问题的看法，您对这些问题是怎么看的？

	非常 同意	有些 同意	不能 确定	有些 不同意	非常 不同意	无法 回答
1. 养儿（子）防老	1	2	3	4	5	9
2. 子女应该做些让父母有光彩的事情	1	2	3	4	5	9
3. 子女应该对父母的养育之恩心存感激	1	2	3	4	5	9
4. 子女应该有赡养父母的责任感	1	2	3	4	5	9

续前表

	非常同意	有些同意	不能确定	有些不同意	非常不同意	无法回答
5. 在必要时，子女应该为父母做出牺牲	1	2	3	4	5	9
6. 无论如何，在家中父母的权威都应该受到子女尊重	1	2	3	4	5	9
7. 子女对父母孝敬最重要的是子女有出息，不让老人操心	1	2	3	4	5	9
8. 子女从情感上对父母的关心比经济上的支持更重要	1	2	3	4	5	9

E7. 您觉得以下描述是否符合您当前的实际情况？

	完全不符合	比较不符合	一般	比较符合	完全符合	无法回答
1. 如有机会，我乐意参加村/居委会的某些工作	1	2	3	4	5	9
2. 我常常想再为社会做点什么事	1	2	3	4	5	9
3. 我现在喜欢学习	1	2	3	4	5	9
4. 我觉得，我还是个对社会有用的人	1	2	3	4	5	9
5. 社会变化太快，我很难适应这种变化	1	2	3	4	5	9
6. 现在，越来越多的观点让我难以接受	1	2	3	4	5	9
7. 当今越来越多新的社会政策让我难以接受	1	2	3	4	5	9
8. 现在的社会变化越来越不利于老年人	1	2	3	4	5	9

F 部分：家庭与子女

F1. 请问您自己（或者配偶）的父母还需要照料吗？

　　　自己的父母需要照料 ……………………………… 1
　　　配偶的父母需要照料 ……………………………… 2
　　　自己和配偶的父母都需要照料 …………………… 3
　　　不需要 ……………………………………………… 4→跳问 F4

F2. 过去 1 个月，您（和配偶）每周平均花费多长时间照料这些老人？

　　　[__|__|__] 小时（记录具体数字，并高位补零）

F3. 您（和配偶）目前在照料老人方面最主要的困难是什么？

　　　身体吃不消 ………………………………………… 1
　　　时间不够 …………………………………………… 2
　　　开支太大 …………………………………………… 3
　　　自己不太会照料 …………………………………… 4
　　　距离太远 …………………………………………… 5
　　　没有困难 …………………………………………… 6
　　　其他（请注明：_____）………………………… 7

F4. 您有几个子女（包括亲生的、领养或抱养的、已经去世的)？（高位补零）

　　　[__|__] 儿子　[__|__] 女儿
　　　都为"00"→跳问 G 部分

F4-1. 现在健在的子女有几个？（高位补零）

　　　[__|__] 儿子　[__|__] 女儿
　　　都为"00"→跳问 G 部分

F5. 现在询问一些有关您健在子女的情况，请按照子女年龄从大到小依次回答。

（如果健在子女多于五个，请依照从大到小的顺序填写，与您同住的和最年幼的子女必须被包括在内。设定电子问卷时，表头始终需要存在，便于老年人知道自己回答的是哪个子女的情况）

F5-1. 子女排行	[_]	[_]	[_]	[_]	[_]
F5-2. 这个子女的性别：1. 男　2. 女	[_]	[_]	[_]	[_]	[_]
F5-3. 这个子女的年龄（周岁）	[_|_]	[_|_]	[_|_]	[_|_]	[_|_]
F5-4. 这个子女的婚姻状况： 1. 已婚且和配偶同住 2. 离婚或因婚姻问题与配偶分居 3. 已婚，因其他原因（如工作）与配偶分居 4. 丧偶 5. 同居 6. 从未结婚	[_]	[_]	[_]	[_]	[_]
F5-5. 这个子女的文化程度（包括在读）： 1. 未上过学 2. 小学 3. 初中 4. 高中/中专或技校 5. 大专 6. 本科及以上	[_]	[_]	[_]	[_]	[_]
F5-6. 这个子女现在有没有工作？ 1. 有 2. 没有→跳问 F5-8	[_]	[_]	[_]	[_]	[_]
F5-7. 这个子女目前的主要职业： 01 国家机关、党群组织、企事业单位负责人 02 专业技术人员 31 公务员 32 企事业单位办事人员和有关人员 04 商业/服务业/制造业一般职工 05 农、林、牧、渔 06 制造业、运输、建筑及其他生产制造及有关人员 07 无固定职业 08 无业 09 其他（请注明：_____）	[_]	[_]	[_]	[_]	[_]

续前表

F5-8. 这个子女现在的住房属于: 1. 他/她自己或配偶所有 2. 父母所有 3. 配偶的父母所有 4. 与父母/配偶父母联合产权 5. 租/借房（不包括租住父母的房子） 6. 其他（请注明：＿＿＿＿）	[__]	[__]	[__]	[__]	[__]
F5-9. 这个子女和哪些人住在一起？(多选) 1. 独自居住 2. 配偶 3. 他/她的子女 4. 父母 5. 配偶的父母 6. 其他亲属 7. 其他非亲属	1 2 3 4 5 6 7	1 2 3 4 5 6 7	1 2 3 4 5 6 7	1 2 3 4 5 6 7	1 2 3 4 5 6 7
F5-10. 这个子女现在常住地在哪里？ 1. 本户 2. 本村/居委会 3. 本街道/乡（镇） 4. 本区/县 5. 本市其他区/县 6. 本省其他市 7. 外省 8. 境外	[__]	[__]	[__]	[__]	[__]
F5-11. 这个子女的户口现在在哪里？ 1. 本街道/乡镇 2. 本区/县其他街道/乡镇 3. 外区/县	[__]	[__]	[__]	[__]	[__]
F5-12. 这个子女最近一次离开本区/县在外地常住是什么时候？(中途回家探视小于6个月不算)	[||] 年 [||] 月	[||] 年 [||] 月	[||] 年 [||] 月	[||] 年 [||] 月	[||] 年 [||] 月
F5-12-1. 这个子女外出的原因是什么？ 1. 工作或打工 2. 上学 3. 婚嫁 4. 其他（请注明：＿＿＿＿）	[__]	[__]	[__]	[__]	[__]

续前表

F5－13. 过去12个月，这个子女有没有给过您（或与您同住的、仍健在的配偶）钱、食品或礼物，这些财物共值多少钱？ 1. 没有给过 2. 1~199元 3. 200~499元 4. 500~999元 5. 1 000~1 999元 6. 2 000~3 999元 7. 4 000~6 999元 8. 7 000~11 999元 9. 12 000元及以上	[__]	[__]	[__]	[__]	[__]
F5－14. 过去12个月，您（或与您同住的、仍健在的配偶）有没有给过这个子女钱、食品或礼物，这些财物共值多少钱？ 1. 没有给过 2. 1~199元 3. 200~499元 4. 500~999元 5. 1 000~1 999元 6. 2 000~3 999元 7. 4 000~6 999元 8. 7 000~11 999元 9. 12 000元及以上	[__]	[__]	[__]	[__]	[__]
F5－15. 您认为这个子女的经济状况： 1. 非常宽裕 2. 比较宽裕 3. 基本够用 4. 比较困难 5. 非常困难	[__]	[__]	[__]	[__]	[__]
F5－16. 过去12个月，这个子女多久帮您做一次家务？ 1. 几乎天天 2. 每周至少一次 3. 每月至少一次 4. 一年几次 5. 几乎没有	[__]	[__]	[__]	[__]	[__]

续前表

F5-17. 过去12个月，您多久帮这个子女做一次家务？ 1. 几乎天天 2. 每周至少一次 3. 每月至少一次 4. 一年几次 5. 几乎没有	[__]	[__]	[__]	[__]	[__]
F5-18. 过去12个月，您与这个子女多久见一次面？ 1. 几乎天天 2. 每周至少一次 3. 每月至少一次 4. 一年几次 5. 几乎没有	[__]	[__]	[__]	[__]	[__]
F5-19. 过去12个月，您与这个子女多久联系一次（包括使用电话、微信等各种通信手段）？ 1. 几乎天天 2. 每周至少一次 3. 每月至少一次 4. 一年几次 5. 几乎没有 9. 不需要通话	[__]	[__]	[__]	[__]	[__]
F5-20. 从各方面考虑，您觉得和这个子女感情上亲近吗？（不可代答） 1. 不亲近 2. 一般 3. 亲近 9. 无法回答	[__]	[__]	[__]	[__]	[__]
F5-21. 过去12个月，您有没有觉得这个子女向您要求了过多的帮助和支持［例如，要钱、帮忙干活、照看（外）孙子女或做家务］？（不可代答） 1. 从未 2. 偶尔 3. 有时候 4. 经常 9. 无法回答	[__]	[__]	[__]	[__]	[__]

续前表

F5-22. 您是否觉得这个子女对您不够关心？（不可代答） 1. 从未 2. 偶尔 3. 有时候 4. 经常 9. 无法回答	[__]	[__]	[__]	[__]
F5-23. 您是否与这个子女的孩子生活在一起？ 1. 是 2. 否	[__]	[__]	[__]	[__]
F5-24. 未来在经济上您是否指望这个子女养老？ 1. 完全指望 2. 部分指望 3. 完全不指望	[__]	[__]	[__]	[__]
F5-25. 未来在照料上您是否指望这个子女养老？ 1. 完全指望 2. 部分指望 3. 完全不指望	[__]	[__]	[__]	[__]
F5-26. 未来您会在这个子女家养老吗？ 1. 会 2. 不会 3. 没想好	[__]	[__]	[__]	[__]
F5-27. 您是否曾经帮这个子女照看过他/她的孩子？ 1. 是 2. 否	[__]	[__]	[__]	[__]
F5-28. 这个子女有没有18岁及以下的孩子？ 1. 有1个，_____岁 2. 多于1个，老大_____岁，最小的_____岁 3. 没有→跳问 F5-30	[__] 老大 [__]岁 老二 [__]岁	[__] 老大 [__]岁 老二 [__]岁	[__] 老大 [__]岁 老二 [__]岁	[__] 老大 [__]岁 老二 [__]岁

续前表

F5-29. <u>过去 12 个月</u>，您照看这个子女的孩子所花的时间是： 1. 平均每天超过 8 小时 2. 平均每天 4～8 小时 3. 平均每天 2～4 小时 4. 平均每天 1～2 小时 5. 平均每天少于 1 小时 6. 完全没有	[___]	[___]	[___]	[___]	[___]
F5-30. <u>过去 12 个月</u>，您与这个子女的关系是否因为照看他/她的孩子而发生变化？ 1. 关系变得更好了 2. 没什么变化 3. 关系变差了	[___]	[___]	[___]	[___]	[___]

G 部分：联系方式

谢谢您参与我们的调查。希望您能告诉我们您的联系方式，以便将来我们还能再联系到您。我们会严格遵守科学研究的伦理及中国有关法律的规定，为您提供的所有信息保密，除了用于本研究之外，不向任何单位和个人泄露，并愿意为此承担法律责任。谢谢您的理解和配合。

G1. 您的姓名：_____

G2. 您的手机号码：[__|__|__|__|__|__|__|__|__|__|__]

G3. 您家固定电话：[__|__|__|__] + [__|__|__|__|__|__|__|__]

G4. 您的邮寄地址：_____省/自治区/直辖市_____县级市/区/县_____乡/镇/街道_____居/村委会_____门牌号/村组

邮政编码：[__|__|__|__|__|__]

G5. 请提供能联系上您的 3 个子女、亲戚或朋友的姓名及联系方式：

1. 姓名：_____
   他/她是您的：_____
   他/她的手机号码：[__|__|__|__|__|__|__|__|__|__|__]
   他/她的固定电话：[__|__|__|__] + [__|__|__|__|__|__|__|__]
   他/她的邮寄地址：_____省/自治区/直辖市_____县级市/区/县_____乡/镇/街道_____居/村委会

_____门牌号/村组

他/她的邮政编码：[__|__|__|__|__|__]

2. 姓名：_____

   他/她是您的：_____

   他/她的手机号码：[__|__|__|__|__|__|__|__|__|__|__]

   他/她的固定电话：[__|__|__|__] + [__|__|__|__|__|__|__]

   他/她的邮寄地址：_____省/自治区/直辖市_____县级市/区/县_____乡/镇/街道_____居/村委会_____门牌号/村组

   他/她的邮政编码：[__|__|__|__|__|__]

3. 姓名：_____

   他/她是您的：_____

   他/她的手机号码：[__|__|__|__|__|__|__|__|__|__|__]

   他/她的固定电话：[__|__|__|__] + [__|__|__|__|__|__|__]

   他/她的邮寄地址：_____省/自治区/直辖市_____县级市/区/县_____乡/镇/街道_____居/村委会_____门牌号/村组

   他/她的邮政编码：[__|__|__|__|__|__]

访问员记录：调查过程中被访者是否求助/有人协助回答：

   从未…………………………………………………… 1
   偶尔几次……………………………………………… 2
   大多数………………………………………………… 3

⏱ **请记录当前时间：**[__|__]月[__|__]日[__|__]时[__|__]分

【访问员注意：读出下列句子："访问到此结束，感谢您对我们工作的支持。"】

附录：属相及出生年对照表

属相	对应年份及可能的年龄范围		
	83～94 岁	71～82 岁	59～70 岁
鼠	1924	1936	1948
牛	1925	1937	1949
虎	1926	1938	1950
兔	1927	1939	1951
龙	1928	1940	1952
蛇	1929	1941	1953
马	1930	1942	1954
羊	1931	1943	1955
猴	1932	1944	1956
鸡	1933	1945	1957
狗	1934	1946	1958
猪	1935	1947	1959

参 考 文 献

[1] CRONBACH L J. Coefficient alpha and the internal structure of tests. Psychometrika, 1951, 16 (3): 297-334.

[2] WALKER D A. A comparison of the spearman-brown and flanagan-rulon formulas for split half reliability under various variance parameter conditions. Journal of modern applied statistical methods, 2006, 5 (2): 443-451.

[3] 巴比. 社会研究方法: 第 10 版. 邱泽奇, 译. 北京: 华夏出版社, 2005.

[4] 边燕杰, 李路路, 蔡禾. 社会调查方法与技术: 中国实践. 北京: 社会科学文献出版社, 2006.

[5] 戴晓阳. 常用心理评估量表手册. 北京: 人民军医出版社, 2010.

[6] 邓远平, 黄仁辉, 周海琳, 等. 农民工社会认同管理策略量表编制及信效度检验. 中国临床心理学杂志, 2018, 26 (1): 30-34.

[7] 风笑天. 社会研究方法. 北京: 高等教育出版社, 2006.

[8] 风笑天. 社会调查原理与方法. 北京: 首都经济贸易大学出版社, 2008.

[9] 风笑天. 社会调查中的问卷设计. 天津: 天津人民出版社, 2002.

[10] 风笑天. 社会学研究方法. 2 版. 北京: 中国人民大学出版社, 2005.

[11] 风笑天. 透视社会的艺术: 社会调查中的问卷设计. 天津: 天津人民出版社, 1990.

[12] 福勒. 调查问卷的设计与评估. 蒋逸民, 译. 重庆: 重庆大学出版社, 2010.

［13］董明伟.调查实战指南·问卷设计手册.北京：中国时代经济出版社，2004.

［14］郭星华，谭国清.问卷调查技术与实例.北京：中国人民大学出版社，1997.

［15］胡亮，杨敏，温煦，等."宅一族"行为自评量表与心理特征量表的编制与信效度检验.浙江大学学报（人文社会科学版），2015，45（3）：187-200.

［16］廖传景，胡瑜，张进辅.留守儿童安全感量表编制及常模建构.西南大学学报（社会科学版），2015，41（2）：80-88，190-191.

［17］纽曼.社会研究方法：定性和定量的取向.郝大海，译.北京：中国人民大学出版社，2007.

［18］布雷.市场调查宝典：问卷设计.胡零，刘智勇，译.上海：上海交通大学出版社，2005.

后 记

由于社会科学研究的对象具有持续性、复杂性和不可复制性的特点，社会科学很少能像自然科学那样，通过各种各样的实验进行研究。因此，社会调查就成为进行社会科学研究最重要的方法和工具，"没有调查就没有发言权"。而在社会调查中，问卷调查又是最常用、最有效的方法之一。调查问卷的高质量（科学、有效、可信、可操作）是一项调查能够成功的前提和关键。从表面上看，问卷设计与编制似乎是人人都能做的简单事情，但实际上它是一项极需方法、技术、技巧、策略和经验的专业性工作。但在目前关于社会调查方法的教科书中，有关问卷设计与编制的篇章比较少，内容也比较单薄，很难满足全面培养学生的社会调查能力的需求。

中国人民大学人口与发展研究中心（教育部人文社科百所重点研究基地）曾主持、组织和参与过上百次全国和地方不同层级、不同主题的社会调查问卷的设计与编制，具有较丰富的实践经验，研究中心的教师也长期开设有关社会调查问卷设计与应用的本科生和研究生课程，具有较深厚的教学积累。有鉴于此，研究中心组织教师编写了这样一本以社会调查问卷设计与应用为主题、以案例分析贯穿全书的教材，希望能填补社会调查教材体系的空缺，满足广大教师和学生学习社会调查类课程的需求。本书是集体分工合作的成果：第一章，杨凡、刘士杰；第二章，靳永爱；第三章，杨凡；第四章，盛亦男；第五章，张现苓；第六、七章，杨江澜；第八章，陶涛；第九章，赵梦晗、翟振武；附录，翟振武；全书由翟振武统稿。

在本书初稿的教学试用过程中，很多教师和学生提出了非常重要的修改意见，中国人民大学出版社的潘宇和盛杰编辑在本书的成书全过程提出了大量宝贵的建议，并为本书的出版面世付出了巨大的努力和辛勤的劳作，在此一并致以深深的谢意。

翟振武
于中国人民大学崇德西楼

图书在版编目（CIP）数据

如何设计调查问卷 / 翟振武等编. --北京：中国人民大学出版社，2025.8. --（社会科学研究方法系列丛书）. --ISBN 978-7-300-34199-6

Ⅰ.C915

中国国家版本馆 CIP 数据核字第 2025XE0523 号

社会科学研究方法系列丛书
如何设计调查问卷
翟振武 等 编
Ruhe Sheji Diaocha Wenjuan

出版发行	中国人民大学出版社		
社　　址	北京中关村大街 31 号	邮政编码	100080
电　　话	010-62511242（总编室）	010-62511770（质管部）	
	010-82501766（邮购部）	010-62514148（门市部）	
	010-62511173（发行公司）	010-62515275（盗版举报）	
网　　址	http://www.crup.com.cn		
经　　销	新华书店		
印　　刷	北京昌联印刷有限公司		
开　　本	720 mm×1000 mm　1/16	版　次	2025 年 8 月第 1 版
印　　张	19.75 插页 1	印　次	2025 年 8 月第 1 次印刷
字　　数	289 000	定　价	69.00 元

版权所有　侵权必究　印装差错　负责调换